多様性がいきる
インクルーシブ保育

対話と活動が生み出す豊かな実践に学ぶ

浜谷直人・芦澤清音・五十嵐元子・三山 岳 [著]

ミネルヴァ書房

まえがき

想定外の保育の展開を楽しむ

　目の前の子どもに，「そんなことしたら○○ちゃん，痛いでしょ」と，言い聞かせていると，突然，園庭に突っ走っていく。それを追いかけると，後ろの方で，別の子どもが隣の子どもに体当たりして大声が上がる。トイレに連れて行くだけでも一苦労だが，トイレに行ったら，行ったで，そこで，一緒に水をまき散らしている。言い聞かせていると，隣で，足蹴りし合って泣いて訴えてくる。午睡の時間に，ようやく布団に連れて行ったかと思うと，布団をまたいで走り回って，寝ている子どもを平気で踏んで，踏まれた子どもが泣きだす。

　「毎日，毎日，そういうことへの対処だけで時間が過ぎていって，へとへとになってしまいます。どう対処していいのか，見通しをもつことができません」という保育者の悩みを聞くことが珍しくなくなった。毎日，トラブルに対処しているだけで，心身ともに疲弊していくのは，想像するだけでもつらいだろうと思われる。

　筆者は，全国各地の保育園や幼稚園や認定こども園で，支援が必要な子どもがいる状況について保育者から数多くの話を聞いてきた。以前は，二十数人のクラスに，せいぜい，二，三人の支援児がいて，担任は加配の保育者と，その支援児にどのように配慮して保育するかということが実践上の課題であった。いわゆる，統合保育と呼ばれる時代の話である。

　ところが，今や，クラスの中は，支援が必要な子どもばかりだという話をいたるところで聞くようになった。マジョリティの子どもたちの集団に，マイノリティの支援児を統合するという発想そのものが成立しない状況がいたるところで見られる時代になった。

　その一方で，そういう子どもたちだから，奇想天外な活動が展開して，ほん

とうに素晴らしい仲間に育ったという話も聞く。担任になった4月，あまりのたいへんさで途方に暮れていたが，覚悟を決めて楽しい遊びをつくりこんでいくことで，一年の終わりや，卒園を迎えてみると，こんな楽しい子どもたちはいなかったと語ってくれた保育者もいた。

　子どもたちは，たしかに，とんでもない困ったことをするかもしれないが，同時に，予想もできなかった楽しいこともしてくれる。そういう想定外の展開を，保育者が楽しむことができると，素晴らしい仲間たちになっていく。

　ある保育者は，「つらくて，毎朝，園に出勤するのが嫌だった。辞職したいとまで思ったけど，代わりの人はいないし」と，担任になった一時期を思い出しながらも，「もう，今は，毎日が，楽しくてたまらない」とまで語ってくれた。

　統合保育の時代の発想の保育実践から，インクルーシブ保育の時代の実践へ転換できた，言い換えれば，支援児も含めた子どもたちの多様性が実践を豊かに楽しくしてくれたのである。

多様性がいきる：車椅子を使う障がいの人から学ぶ

　多様性がいきるとはどういうことだろうか？読者の方々の中には，言葉はわかるが，実際のイメージが具体的に見えてこない，という方もいるだろう。

　保育実践において，多様性がいきる事例は，第1章以降に紹介するとして，よりわかりやすい状況から考えてみよう。

　サラリーマンが脱サラして，永年の夢であった民宿を経営することになったというニュースを聞いた。その人を山田さんとしよう。もともとは民家だった家を改造してペンションにした。障がい者も快適に宿泊できるようにと，室内に何か所かあった段差のところには，可動式のスロープを置けるようにした。また，宿泊客が，お互い，知り合ってほしいという気持ちで，気軽に居残ることのできる懇話室を作った。

　段差をなくしてバリアフリーにすることは，よくある発想である。ところが，宿泊者が，お互い知り合いになったら，山田さんは，あえて，スロープを撤去するのだそうだ。

　ある日のことである。全国の城を見ることが趣味の車椅子の人が宿泊した。

鈴木さんとする。スロープのおかげで，室内を自力で移動できる。

その日は，食事のあと，宿泊客が懇話室に残って雑談をする。鈴木さんは，宿泊客に自分の趣味のことなどを話す。頃合いを見て，山田さんは，スロープを撤去する。

話が弾んできて，鈴木さんの城の話があまりに面白いので，鈴木さんの話に出てきた城を見たいなという話になる。「では，お見せしましょう」と，鈴木さんは，自分の部屋からパソコンをとってくることになる。

同宿した田中さんは，車椅子の人を支援した経験があるので，お手伝いしましょうと言って，横にいた斎藤さんを誘って二人で介助する。

斎藤さんは，若い高校の日本史の教師で，出張での宿泊だ。斎藤さんは，生徒が興味をもって学びたくなる授業をすることが課題だと考えている。その斎藤さんにとって，鈴木さんが見せてくれる城の映像と解説は魅力的だ。

「ここに鉄砲狭間があるのが見えるでしょう。かなり高い位置にあるんですよ。この内堀ですが，この幅はどうしてこうなったか，意外に狭いでしょ，わかりますか？」「当時，火縄銃の精度は，せいぜい60ｍだったんですよ。それ以上，遠くなると命中しなくなるわけです。それで，この幅になったんですよ。…」と，楽しく話してくれる。

鈴木さんの障がい（多様性）は，同宿した人々のつながりを豊かにし，斎藤さんにとっての，意義深い学びの経験になる。また，自分が，車椅子の人を介助できたことも，心地よい体験である。

多様性がいきる：発達のゆっくりした子どもの発想が授業を豊かにする

支援児は，鈴木さんのように，障がいとは別のユニークな能力を持っている子どもとは限らない。だから，こんなうまくいく話ばかりではないと考える人もいるだろう。もう一つ，わかりやすい例をあげよう。

小学校の算数の授業。「リンゴが６個あります，３人で分けると，１人，何個でしょう」と，先生が問題を出した。一人の女の子，ユイちゃんとしよう。ユイちゃんは，少し発達に遅れがある子どもだ。

「リンゴが６個か…。お母さんは，リンゴが大好き…。だけど，お父さんは，

あんまり好きじゃない…。お母さんが３個？違う，４個かな？お父さんは，１個だけかな？自分は，１個だけじゃいやだな，２個食べたいな…。だったら，お母さんは何個かな。どうしようかな…」と，考えていた。

　この問題に，たいていの子どもは，即座に，２個と答える。教室によっては，「せんせー，せんせー，はーい，はーい」と先を競うように挙手して答えようとする。そして次の問題，次の問題へと授業は早いテンポで展開していく。ユイちゃんが，いろいろ考えて悩んでいるうちに，授業は，ずっと先に進んでいく。

　仮に，先生が，ユイちゃんが考えていることに関心を向けて，聞いてくれたらどうなるだろう。それを，みんなで考える問題だとして位置づけてくれたら。

　先生が，「ユイちゃんはこう考えるけれど，皆は，どう思う？」と投げかける。

　「そんなのおかしい」「間違っている」という子どももいるだろう。でも，そうじゃない子どももいるはずである。いくつか意見が出たところで，「いろんな考えがあるみたいだから，グループで話し合ってみよう」と促す。

　あるグループでは，「カブトムシ６匹だったら，僕が全部で，ママは，０匹」，「うちは，ママとパパとお兄ちゃんの４人で分けることになるけど」，「アイスクリーム６個だったらどうしよう。分けているうちに，溶けてしまう」など，いろいろな想像がはたらく。

　６個を３人で分けるということは，じつは，なかなか，深遠な問題であることがわかってくる。そこから，先生が，どう引き取るかは様々だが，子どもたちの話し合いから関心をキャッチして，たとえば，子どもたちが真剣に考えたくなる状況を提示する。

　「１万円，知っているかな？わかるかな？」

　「１万円札を６枚作ってみよう。それを，３人で分けることを考えてみよう」「１万円持ってると，何が買えるかな？」と投げかける。

　「ゲーム」「アディダスのシューズ」…次々に，子どもたちが言う。

　１万円があれば，欲しいものが買えること，その価値が確認され共有されたところで，

「ジャイアンとのび太としずかちゃんで分けるとどうなるかな？」

「ジャイアンがみんなとってしまう」

「それで，いいのかな？」

「いけないような気がする」

「どうしたらいいかな？」

「のび太も，しずかちゃんも，ちゃんともらうのがいい」

「3人が同じだけ」

「ユイちゃんわかるかな？」

「うん，それだったら，わかる」

　ユイちゃんが考えることをクラスの仲間が丁寧に受けとめることができるようにすれば，機械的に割り算の学習をする以上に豊かな学びが教室に生まれる可能性がひらけてくる。話し合いや，1万円札を作ってみる作業の過程で，数の世界のイメージが豊かになる。文章題の文章の意味を丁寧に考えることは，生活の中でいきる国語の力が形成されることにつながる。「公平」「平等」とはどういうことなのかについて，身近なことを通して実感をもって理解が深まることにもなる。なにより，一緒に考えることは楽しいということを実感できる，そういう授業になる。

　クラスには，最初は，そんなことはとっくにわかっていると思っている「できる子」がいるだろう。それまで，ユイちゃんを見下していたかもしれない。でも，一緒に考えることが楽しいことを実感できれば，ユイちゃんと，本当の意味で対等な関係を持つことができるようになる。

　考えることが楽しくなるということは，言い換えれば，「真実は何か」という人間らしい好奇心をもとに学ぶ態度が形成されるということでもある。

　今日，学校教育における重要な問題の一つは，先生や教科書が提示する「正解」を「速く」答えようとはするが，「ほんとはどうなんだろう」「真実は何か」とは，考えなくなって，真の意味での学力がついていないということである。多様性をいかすことは，子どもの硬くなった「常識」をゆさぶる格好の契機になりうる。子どもの発想がより豊かになる可能性を開いてくれる。また，「正

解」「速さ」を競うことで，その副作用として，子ども間に序列が生まれ，いじめや排除が生まれる。様々な考え方があり，それぞれの魅力に接することができれば，一人ひとりが対等な関係をもつことになる。

ユイちゃんの考えを丁寧に取り上げる（多様性がいきる）ことの意義は，計り知れないほど大きいのである。

対話と活動：他者を理解することを諦めない，楽しいことを大切にする

山田さんがスロープを設置することは，宿の主人として，客の宿泊体験を豊かにすることの，ほんの始まりに過ぎない。このエピソードでは，スロープを外すことで，宿泊客の交流がより実り多いものになる。だからと言って，スロープを外すことをルーティーンのようにすればよいというわけでもない。スロープを外したからといって，斎藤さんが経験した深い意義ある体験が必ず生じるとは限らない。山田さんは，一人ひとりの宿泊客が楽しく過ごすことができることを大事にして，宿泊客の様子を丁寧に見たりしながら，柔軟に判断している。山田さんの宿泊客の気持ちを理解しようという姿勢，これが対話の姿勢であり，それ自体が，関係する人たちの心を和やかにする。それは，そうやって生まれる雰囲気が，排除という現象からもっとも遠い状態にある，すなわちインクルーシブな状態だからだ。

先日，発達障がい児の母親が経験したエピソードをネット上で見かけた。母親は，小学校に入学する我が子のことが心配だった。その子どもは，数の理解は得意だった（発達障がい児には，幼児期から大人顔負けの計算能力を獲得する子どもがいる）ので，算数の授業だけは，心配していなかったのである。ところが，

小学校に入り，算数の授業が始まった初日に，すごく暗い顔をして家に帰ってきたのです。そして，「小学校の算数って難しい」と言った。お母さんが不思議に思って「何が難しかったの？」と尋ねたら，こう答えた。

「それがね，小学校ではリンゴ3個とミカン2個を足せって言うんだよ。」

学校では，「リンゴ3個とミカン2個を合わせていくつ？」と問われたら，

ほとんどの子どもは「5個」と答えるのかもしれない。しかし，この子は「リンゴとミカンは足せないでしょ」と考えたのだ。もっともである。

この子どもが授業を受けている場面を想像することができる。教室には，足し算をわかりやすく図示した大きな紙（足し算を図示した表）が黒板の正面に提示され，その学習に関係ないものは極力除去された，シンプルな環境になっている。教師は，問題に応じて，足し算の表の該当部分を，明確に指示して，正解を確認していく。

一桁の足し算など，今更関心がないうえに，さっきの課題（リンゴとミカンを足す）が気になっている，この子どもにとっては，この時間は，退屈であるし，イライラさせられるものである。しだいに，そわそわして，思わず，身体が動いてしまう。教師は，この子は，発達障がい児だからと思い込んだり，「行儀が悪い」と勘違いする。

教師は，算数の理解が遅れている子どもへの配慮のうえで工夫して，そういう授業をしているのであるが，この子どもにとっては，それは，苦痛以外の何物でもない。このようなことは，これまで，あまり注目されてこなかった。しかし，この子どものように，教師の提示する課題について，よく理解し，本当の学習をしたいと思っている子どももまた，排除されやすいのである。

これは，バリアフリー・コンフリクト（中邑・福島，2012）という言葉で注目されるようになったことの一例にあたる。特定の障がいのためのバリアフリー化は，他の障がいのある人や障がいのない人への新たなバリアーになる，という事実だ。たしかに，視覚障がい者のための点字ブロックは，車椅子の人や，少なからぬ人の移動の新たな障がいになりかねない。どの子どもにとってもよいと考えるユニバーサルデザインもまた，コンフリクトを引き起こすのである。当たり前のことだが，なにか決まった形が，だれでもいつでも都合がよいということはあり得ない。

冒頭で紹介した，「覚悟を決めて楽しい遊びをつくりこんでいくことで，一年の終わりや，卒園を迎えてみると，こんな楽しい子どもたちはいなかった」と語ってくれた実践がどんなに素晴らしく見えても，その形を真似すれば，だ

れでも素晴らしい実践ができるわけではない。次の年には，そのときのクラス
に集まった子どもたちの心に響く材料で，先生なりの切り口と工夫で実践をつ
くりあげることでしか，素晴らしい実践は生まれない。

　つねにカスタマイズして，その子どもたちならでは，そのクラスならではの
ローカルで，パーソナルなデザインを不断に創造し，創りこんでいくことが大
切である。そのためには，対話の姿勢をもちつづけ，活動を楽しむ心が不可欠
なのである。

　さて，本書のタイトルだが，「多様性をいかす」とはしないで，「多様性がい
きる」という言葉にした。保育者があらかじめ，子どもたちの個性や持ち味を
評価して，それを活かそうと予定や計画をたてて実践する，そういう保育が優
れた保育だと思われるかもしれない。しかし，どうも，それは，保育現場で経
験する実感とは異なる。この子どもたちと，このクラスで，この園で，「楽しい
活動」をしていると，子ども一人ひとりの多様性は，自然にいきてくるもので
あるというのが実感に近い。問題は，それを柔軟に受けとめ，しなやかに楽し
むことができるかどうかである。そういうわけで，本書を読んで，少し気が楽
になった，明日から，遊び心をもって保育を楽しみたい，そんな気持ちになっ
ていただければ幸いである。

　本書ができるまでに多くの方々のお力をいただきました。ここに，心より感
謝申し上げます。

　2018年4月

執筆者を代表して　浜谷直人

〈文　献〉
中邑賢龍・福島智（編）　2012　バリアーフリー・コンフリクト──争われる身
　体と共生のゆくえ　東京大学出版会

目　次

まえがき

第Ⅰ部　統合保育からインクルーシブ保育の時代へ

第1章　同質性（同じ）を前提とする保育から多様性の尊重へ
……………………………………………… 浜谷直人… 3

1 同質性を前提とした（「同じ」を大事にする）保育形態
（Aタイプの保育実践形態）………………………………………… 4

2 多様性を尊重する保育実践の一例（Bタイプの保育実践形態）…… 8

3 インクルーシブ保育時代の実践は統合保育時代の実践と
なにがどう違うのか？………………………………………………… 19

4 計画をもとに臨機応変に子どもの気持ちを尊重して
保育を創り上げる保育形態（Cタイプの保育実践形態）…………… 26

5 インクルーシブ保育時代における行事の取り組み………………… 28

6 局所での楽しさがクラスに広がって集団活動になる……………… 40

7 インクルーシブな保育実践は一回性を特徴とし
再現することはできない……………………………………………… 42

第Ⅱ部　多様性がいきる活動と対話が生まれた実践

第2章　ファンタジーの世界を遊びこんで
互いに認め合えた仲間関係……………………… 三山　岳… 49

1 生活発表会で喜び合った子どもの成長……………………………… 49

2 みんながばらばらな状態でのスタート……………………………… 53

ix

3 保育者の反省をうながした「あかこの大脱走ファンタジー」………*56*

4 保育者主導の危うさに気づいた「へびおんなごっこ」………………*62*

5 ねずみばあさんパニック！………………………………………………*65*

6 ねずみばあさんへの贈り物になったうろこのドレス…………………*71*

7 冒険ファンタジーから生み出された子どもたちの変化………………*75*

8 実践のまとめ………………………………………………………………*78*

第3章　日々の活動を通して一人ひとりを対話でつなぐ
………………………………………………五十嵐元子…*83*

1 劇づくりを通して垣間見た子ども同士のつながり……………………*83*

2 固定化する仲間関係と排除の構造………………………………………*84*

3 手探りの保育の中で──日々の活動と話し合いから見る子どもの姿…*88*

4 おたまじゃくしの世話をきっかけにユタカ君が関係を広げる…………*91*

5 排除の状態にあったマサオ君と他の子どもとの関係性を変える……*94*

6 からかわれやすいメグミちゃんが他の子どもに認められるまで……*99*

7 好きな活動を選びつながり合う──アトラクションごっこの取り組み
……………………………………………………………………………*103*

8 他の子を排除していたリュウジ君の仲間関係の変化…………………*106*

9 クラスの一人ひとりが仲間
──劇遊びで明らかになった子ども同士の結びつき…………………*111*

10 実践のまとめ──日々の活動や遊びを通して子どもの関係を組み替え，
子ども同士の対話的な関係をつくる保育………………………………*115*

第4章　保育者間の対話が子ども理解を豊かにする園内研修
──クラス関係図をつくりエピソードで語り合う
………………………………………………芦澤清音…*119*

1 インクルーシブ保育を支える同僚性……………………………………*119*

2 子どもの姿を語り合う場としてのケース検討会………………………*121*

3 ケース検討会の実際
　　——対話を豊かにする保育エピソードとクラス関係図……………*124*

4 ケース検討会はどのような場なのか……………………………………*149*

5 同僚性と対話が生み出すインクルーシブ保育の可能性……………*153*

第Ⅲ部　インクルーシブ保育時代の実践と研究のあり方

第5章　活動への参加とインクルーシブ保育
　　——ごっこ遊びとルール遊びにおける参加と排除
　　………………………………………………………浜谷直人… *159*

1 ごっこ遊びにおける対等な参加…………………………………………*159*

2 ルール遊びにおける対等な参加…………………………………………*172*

第6章　見通しが不確実な中で保育を創造する
　　——不確実さへの耐性と責任の問題…………浜谷直人… *183*

1 「甘えさせている」のか「適切な保育をしている」のかの線引きに悩
　　む——職員間の見方の違い……………………………………………*184*

2 「正しく」保育しようとする実践と「楽しく」保育しようとする実践
　　………………………………………………………………………*186*

3 「最善」の保育とは？……………………………………………………*187*

4 保育実践の方向を左右する人間関係の特徴……………………………*189*

5 問責状況では視野狭窄が生じる…………………………………………*192*

6 問責志向では排除の力学が働くが,
　　免責することでインクルーシブな状況が生まれる…………………*193*

7 管理モード…………………………………………………………………*195*

8 ゆとりモードとファンタジー・ユーモア………………………………*196*

9 保育者が子どもの活動から排除されている……………………………*198*

10 「想定外」が楽しいドラマを生み出し
インクルーシブな状況が生まれる……………………………………199

第7章　インクルーシブ保育時代までの歴史とインクルーシブ保育の実践上の課題……………………浜谷直人… 205

1 障がい児保育の時代…………………………………………………………205

2 統合保育の時代……………………………………………………………207

3 インクルーシブ保育の時代
——多様性を前提として価値とする保育を創造する …………………210

4 インクルーシブ保育の共通理解に向けて…………………………………213

5 インクルーシブ保育実践の現状と課題…………………………………215

あとがき

第Ⅰ部

統合保育から
インクルーシブ保育の時代へ

第1章　同質性（同じ）を前提とする保育から 多様性の尊重へ

浜谷直人

　インクルーシブ保育とは，具体的にはどういう保育なのか。多くの読者の方々が，その保育の様子を想像して，イメージを共有しやすい保育形態を，いくつか例に挙げて，具体的に論じてみたい。

　わが国の保育園，幼稚園では，長い間，1人の担任保育者が20人以上の子どもを保育するという状況が一般的であった。このような保育の体制は，国際的に見れば，例外的である。職員配置など，保育の基礎的な条件が，保育の姿に大きな影響を与えることは間違いない。実際，わが国の保育では，いくつかの基礎的な条件に支えられ（同時に制約を受け）ながら，集団的な活動（一斉活動という言葉が，その象徴であろう）を重視する保育を生み出してきたという歴史がある。

　一方で，集団的な活動を重視するという点では共通しながらも，現在，わが国の園の中には，それぞれに，個性豊かな，様々な形態の保育が行われているのも事実である。それらは，単純に「一斉（集団）活動を重視している」という言葉で括ることはできない。

　また，同じ一つの園においても，一年という期間で見れば季節によって保育形態が変化するし，季節の節目に行事と呼ばれる異質な保育形態が展開する。また，一日の中でも，時間帯によって様々な保育が展開されている。当然だが，

（1）　本章では，以下，保育園，幼稚園，認定こども園を，まとめて，園と記載する。

第Ⅰ部 統合保育からインクルーシブ保育の時代へ

年齢によって保育形態はかなり異なるのが普通である。

　職員配置などの事情から，ある園では，ある種の保育形態を採用せざるを得ないということが現実的には起こっていると考えられる。しかし，それらの保育形態の違いの背景には，実践を支える価値観や前提があるのも事実である。この章では，普段は自覚することのない，そういう実践に影響を与える価値観や前提をあぶりだしながら，インクルーシブ保育とは，どういう保育であるかについて論じてみる。

1 同質性を前提とした（「同じ」を大事にする）保育形態 （Ａタイプの保育実践形態）

　筆者は巡回相談員として，これまで多くの園に出向いて，支援が必要な子どもの保育を観る経験があった。振り返ると，３割程度の園では，多少の違いはあるにしても，子ども理解においても，保育の進行においても，あらゆる局面で「同質性」を前提として，「同質性」を価値とする保育実践が行われていたと思われる。以下の保育の一場面は筆者が実際に見た複数の保育の場面を合成して，一場面として再構成したものである。

　年長児の６月のある日の保育。１クラス28人の子どもに担任１人と補助１人の保育者がいる。父の日のプレゼント（父の顔をした団扇）を作る製作課題が，その日の主活動。以下の場面は，朝の集まりから設定保育場面になり，その後自由遊び場面に移行する時間の様子である。

（1）同質性を前提とした保育の一場面

　朝のお集りの時間：五つのグループのそれぞれの当番５人が前に出て整列している。当番が，いつものあいさつの言葉を言う。その前日は，お菓子作りをしたので，先生が，「何が楽しかった？」と当番に質問し，順番に「（小麦粉を）コネコネしたのが楽しかった」などと答えている。それから，それぞれ自分の席に戻った。

4

第1章　同質性（同じ）を前提とする保育から多様性の尊重へ

　先生が，あらかじめ作っておいた製作見本（楕円の台紙に，目や口を描き入れ，短く切った毛糸を頭に張り付けて髪にした，父の顔）を取り出して見せる。10分弱ほど，今日の課題（作り方の手順）と，注意すること（ハサミや糊の使い方など）を説明する。途中，「○○さん，ちゃんと聞いてね」，「……すると間違ってしまうよ」などと言って，子どもたちの注意を引き付ける言葉かけをする。

　説明が終わり，グループごとに順番に，すでに先生が子ども一人ひとりの名前を書いて準備してある父の顔の形の台紙をテーブルに取りに行く。子どもたちは，自分のグループが呼ばれるまで着席して待つ。呼ばれたグループの子どもは，テーブルの上に準備してあった台紙の中から，自分の名前が記入されたものを選んで，自分の席に持ち帰る。

　全員，自分の台紙を持ち帰ったことを確認してから，もう一度，注意点などを先生が説明して，子どもは一斉に製作作業に取り掛かる。

　目や鼻や口を描き入れたり，そのために，はさみで折り紙を円形に切ったり（事前に，先生が小さな丸を折り紙に描いて準備してある），毛糸を短く切ったり，糊で張り付けたりして，目，口，鼻，頭などを作り，早い子どもは15分ほどで完成する。その間，先生は，室内を周りながら，子どもが作業している様子を見て，適宜，教えたり，間違いを指摘したりする。また，ときどき，「××ちゃん，上手」と他の子どもにも聞こえるような声で言ったりしている。30分ほどで全員が顔の形を作る。

　それから，先生がテーブルで待っていて，そこにグループごとに順番に，完成した父の顔を持っていく。

　課題の時間が終了し，先生が「おしまいです。お片付けします」と言うと，子どもたちは，ハサミや糊などをそれぞれのロッカーに片付け始める。

　その後，しばらく園庭での自由遊びになる。

　次の日は，先生が準備した団扇の形をした台紙に，この日作った父の顔を糊付けして完成になる。

第Ⅰ部　統合保育からインクルーシブ保育の時代へ

（2）同質性を前提とした保育に支援児がいるときの様子

　このような保育が行われている状況で，クラスに特別支援の必要な子ども（以下，支援児）がいる状況を何度も見たことがある。

　先生が長時間説明しているときや順番を待たなければいけないときに，支援児が落ち着かなくなり，離席したり，声を出したり，あるいは，周りの子どもにちょっかいをだしたりすることがある。

　そういうとき，周囲の子どもが穏やかに受けとめながら，補助の先生の支えもあり，比較的落ち着いて過ごしているときもある。

　一方，同じような場面だが，支援児が落ち着かなくなるだけでなく，周りの子どもといざこざになったり，支援児が故意に周囲の子どもが困るようなことや，保育の進行にとって不都合になるようなことをしたりして，保育者が想定していた保育がしばしば中断することがある。そういうときには，補助の保育者が，支援児の手をとって席から離して，一人だけ，別の場所でしばらく個別に対応することになることがある。さらには，支援児だけが，別室でしばらく過ごすということもある。

　もともと支援児が抱えている困難の状況の違い，そのときのクラスの雰囲気や他の子どもたちの状態の違い，さらには，その日の保育内容など，いくつかの要因が影響しながら，そのクラスの状況と支援児の状態は変化する。

（3）「みんな」が「同じ」であることが前提とされる保育

　このような保育形態には，いわゆる「統合保育」と呼ばれてきた時代の保育の特徴が随所に見られる。

　まず，保育者はほとんど自覚することなく健常児集団を想定して準備した保育を前提にしている。その保育の場に，支援児を入れる，つまり，健常児集団の保育の場に支援児を統合しようとしている。その基本的な保育の骨格の上で，支援児の発達や障がいの特徴などに応じて，保育を工夫したり，特別な配慮を付加したりして，健常児の活動に支援児を導き入れようとする。

　子どもたちは，しばしば，「みんな」と呼ばれ，一人ひとりの子どもたちには

第1章　同質性（同じ）を前提とする保育から多様性の尊重へ

違いがないこと，つまり，同質（同じ）であることが前提とされる。

このような実践では，保育者が提示した「見本」が「正解」として示され，子どもたちは，それと同じものを製作することが要求あるいは期待される。それだけでなく，製作過程も，製作する進度においても，「同じ」になることがよいと考えられる。すなわち，実践のあらゆる面で，「同質性」が前提とされる。そのような保育は，目標の形，進行経過，進行速度などが，だれにでもわかりやすいこと，つまり，形式的に「同質（同じ）」であることに価値があるという信念によって支えられている。

このような保育実践の特徴には共通した構造があり，それを模式的に示したのが，図1-1である。

保育者が，その時間に設定した課題を，子ども集団（みんな）に提示し，何をどうするかを指示する。それを受けて，子どもたちが，それぞれの理解や関心に応じて行動しようとする（それぞれの矢印で示した）。

少し想像すればわかることだが，課題を提示されたときに，子どもたちの中には，面白そうと思って意欲的に取り組みたい子どももいれば，保育者が期待すること以上に面白いことを発想したり，まったく違ったことをしたいと思う子どもがいたり，様々なはずである。それらの子どもの関心の違いに注目する

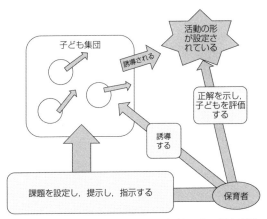

図1-1　子どもの同質性を前提とし価値とする保育実践

第Ⅰ部　統合保育からインクルーシブ保育の時代へ

ことなく，子どもたちは，（みんな）同じことをしたくなると考えているという
ことを，図では，どの子どもも同じ○という形で描き，それぞれの子どもが活
動する方向も，おおむね同じ方向になっていることを矢印の方向で表している。
保育者は，「上手」「早くできたね」などの言葉をかけ，子どもの行動について，
「正解」との関係で評価する。そうやって，子どもは，保育者の提示する活動
の形に誘導される。

2　多様性を尊重する保育実践の一例　（Bタイプの保育実践形態）

　一方，インクルーシブ保育は，同質性ではなく多様性を前提とし，多様性を
価値とし，子ども一人ひとり（支援児だけでなく，どの子どもも）の多様性がい
きる保育を創造するものである。その意味で，統合保育とは対照的な特徴をも
つものとして理論的に構想され，実践的に考察されなければいけない。

　多様性を尊重している保育実践に出会うことは珍しくないし，実際，いたる
ところで保育実践は生み出されている。それらは，文字通り多様であり，一律
に論じることはできない。以下の「ブラックスワンごっこ実践」は，保育者が
即興性を活かす中で，子どもの多様性が尊重される保育が展開した一例である。
園の主任のミズヨ先生の当時の実践発表を紹介する。

（1）ブラックスワンごっこ実践（年長児クラス）[(2)]

1日目

　ソナちゃんは年少組のころから，ごっこ遊びが大好きで，豊かな想像力で劇
遊びなどをリードし，クラスを盛り上げている女の子だった。年長組に進級す
るころには，先生たちと対等に話ができるほど，語彙が増えた。また，「先生の

（2）　この実践は，2015年9月，八王子市私立幼稚園協会の研修（テーマ「ごっこ遊びを遊び
　　こむ」）で，学校法人八王子学園なかよし幼稚園，須永瑞代園務主任が報告した発表資
　　料をもとに，加筆修正したものである。

第1章　同質性（同じ）を前提とする保育から多様性の尊重へ

代わりに私がやるから，任せて！」と言って，先生のお手伝いを率先してやり，友だちとのかかわりも，遊びをリードするタイプの子どもだった。

　5月末のある日，ソナちゃんが，園で飼育しているチャボの羽を拾って，チャボに詳しいミズヨ先生に「これって，誰の羽かな？」と何気なく聞いてきた。[(3)] 幼稚園には10羽ほどチャボがいて，ソナちゃんは毎日チャボの世話をしていたので，拾った羽が気になったようだ。黒くて長くて少し緑色に光る綺麗な羽を手に「こんな綺麗な羽，持っている鶏さん，誰かなぁ」。黒い羽なので，明らかに黒チャボのクロちゃんの羽に違いなかったのだが，他にも黒い羽が混ざったチャボもいたので迷ったのだろう。そんなソナちゃんの質問を受けたミズヨ先生に，ちょっと遊び心が湧いた。

　ミズヨ先生「黒い羽…こんなに綺麗に光る黒い羽は今まで見たことがないわ…。ソナちゃん，この羽，どこで見つけたの？」少し劇的に質問してみた。すると，

　ソナちゃん「えっ？さっき，靴箱の前に落ちてたんだけど…。えっ，先生。どういうこと？」ソナちゃんは少し驚いた表情でミズヨ先生に聞き返した。先生は続けて，

　ミズヨ先生「実はね…。ここだけの話なんだけど，白い羽の白鳥って，知ってる？とっても綺麗な踊りの上手な鳥。スワンともいうの，英語で。」

　ソナちゃん「うん。白鳥！知ってるよ！」

　ミズヨ先生「その白い白鳥，スワンは，綺麗で踊りも上手だから，みんな大好きでね。あと，もう1羽，黒い白鳥（黒鳥）もいたの。同じスワンでも羽根は真っ黒。ブラックスワンって言うんだけど。ブラックスワンも，踊りが上手でとても綺麗だったのよ。でも，誰からも好かれなかったの。それで，白鳥のことが，羨ましくて，だんだん妬ましくなってきて，白鳥ばかりを褒める人が，許せなくなって。ブラックスワンは，魔法を使って，意地悪をするようになったのよ。…これ，ブラックスワンの羽に，とても似ているのよね…。でも，な

（3）　幼稚園にはチャボ10羽とニワトリ1羽がいて，チャボは銀笹，銀笹五色，黒，碁石矮鶏という種類で，ニワトリは茶色い洋鶏だった。園庭にはよく羽が落ちていた。

第Ⅰ部　統合保育からインクルーシブ保育の時代へ

んでこんなところに…。」

　食い入るように話を聞いていたソナちゃんの目がキラン！と輝いた。

　ソナちゃん「みんなが，チャボを可愛がるから，悔しくなってきたのかも！」さすがソナちゃん！素晴らしい返し！ミズヨ先生はすかさず，

　ミズヨ先生「えっ，そんなぁ！大変だわ。ブラックスワンが，何かを狙っているのかも。まさか私たちが，狙われているってこと？チャボやニワトリを可愛がるから？ソナちゃん…どうしよう。」

　ソナちゃん「先生，待って。落ち着いて。ちょっと，ハナちゃん呼んでくる！」

　ソナちゃんは，ハナちゃんを探しに行った。

　ハナちゃんは，「これ，クロちゃんの羽だよ。」と，あっさり。幼稚園には，黒い羽をした黒チャボがいるので，ハナちゃんは，ごもっともな回答をしてくれた。すると，ソナちゃんは，ミズヨ先生から聞いた話を自分の言葉にして，ハナちゃんに話し始めた。

　ソナちゃん「よく見て。ここ，光ってるでしょ？あのね，内緒なんだけどね。ブラックスワンっていう黒い白鳥の話，知ってる？…」

　ソナちゃんの凄い記憶力，理解力，国語力にミズヨ先生はびっくり！

　ハナちゃんは，ソナちゃんの話を食い入るように聞いていた。そして，ハナちゃんの目もスイッチが入ったようにキランと輝いた。

　ハナちゃん「もしかして，この黒い羽，もっと落ちているんじゃない？」

そして，ソナちゃんとハナちゃんは，落ちている羽という羽を集め始め，ウッドデッキに並べて，その中に，ブラックスワンの羽があるか，検証する遊びを始めた。

　〈検証結果〉

・白黒模様の羽→ごま塩ちゃんのだね。（チャボ碁石矮鶏の羽）

・茶色い羽→これは，ニワトリのコッコちゃんの羽だね。（ニワトリ洋鶏の羽）

・白い羽→まさかこれは…白鳥の羽じゃない？（チャボ銀笹の羽）

・黒い羽→やっぱり，緑色に光る！これも！こっちもよ！ブラックスワンの羽

に違いないわ。（黒チャボの羽）

　ソナちゃん「じゃあ，なんで，ここに，ブラックスワンの羽が落ちてるわけ？しかも，こんなに！」「私たちが，一体何をしたって言うの？」（なんで○○なわけ？という話し言葉がソナちゃんの口癖だった。笑）

　ミズヨ先生「この緑色に光る黒い羽が，本当にブラックスワンのものだとしたら，きっと何かを企んでいるに違いないわ！」

　ソナちゃん「まさか……うそでしょ？やだぁ！」

　ハナちゃん「えっ？なに？先生，何が起こるの？」

　ミズヨ先生「それは…言えないわ。みんな，泣いちゃうかも。でも！そうと決まった訳じゃないし！大丈夫。きっと心配ないわ。…たぶんね。」

　というような，ソナちゃん，ハナちゃん，ミズヨ先生のやり取り（劇的な会話）が，繰り返された。周りには，人集りができてきた。それに気づいた担任のエミ先生が，二人に声を掛けた。するとやはりソナちゃんは，「ちょっと，これ内緒なんだけどね…。」と，お決まりの台詞から話を始め，エミ先生の「えっ，やだ！うそでしょ？」という大きな声とリアクションは，辺りの子どもに，「なに？どうしたの？」という好奇心を湧かせた。すると，またソナちゃんがその子に，「しー！ちょっと来て。…あのね，内緒なんだけどね…。」こうして，ブラックスワンの話は少しずつ広まっていった。

2日目

　朝から興奮気味に登園したソナちゃん。そして，昨日拾い集めた黒い羽を袋から出してウッドデッキに並べ，何本あるか，数えて遊んでいた。ハナちゃんも登園し，遊びに合流。このとき，すでに男女含めた６，７人ほどの友だちが「ブラックスワンごっこ」に参加していた。

　ソナちゃん「とにかく，なんでこんなに幼稚園に黒い羽が落ちてるわけ？」

　そのことを一生懸命話し合っている子どもたちに，ちょっと通りかかったミズヨ先生がまた一言。

　ミズヨ先生「あっ。そういえば，昔の人って，字を書くとき，鳥の羽をペンにしていたよ。みんなも羽で字を書いてみる？何かわかるかもしれない。」

第Ⅰ部　統合保育からインクルーシブ保育の時代へ

　墨汁をプリンカップに入れ，羽の根元に墨汁をつけて，画用紙に字を書いてみた。子どもたちは，羽で字や線を書けることに大喜び。

　エミ先生が「わぁ！何してるの？楽しそう！」と，自然と遊びに参加すると，いつの間にか，また人集りができた。そこで，ミズヨ先生に，遊び心が再び湧いた。ミズヨ先生が持っている黒い羽ペンが勝手に動き出したのだ。

　ミズヨ先生「やだ！ペンが，勝手に動く。あっ，これ字じゃない?!なんで？きゃぁー！」

　エミ先生「もしかして，これは，ブラックスワンからのメッセージじゃない？」

　ナイス，コンビネーション!!打ち合わせもしていないのに，エミ先生がミズヨ先生にリアクションしてくれた！そして，勝手に動く羽ペンが画用紙に書いた字は，

　「も・う・や・め・て……×(ばつ)」

　ソナちゃん「もうやめて？何がいやなの？だれなの？あなたはいったいだれ？」

　子どもたちはもう真剣。ピンと張り詰めた空気の中，今度は，エミ先生が羽ペンを持ってみた。するとやはり，またペンは勝手に動き出し，記した文字は，

　「わ・た・し・が・だ・れ・だ・か・わ・か・る・か」

　ソナちゃん「これは，やっぱりブラックスワンだよ！なにか，言いたいんだよ！何かをやめてほしいんだよ！」

　名探偵コナンごっこが好きな男の子たちも，「たしかに，なにかある…。」と，コナン風に賛同した。

　今度は，子どもたちが持つ羽ペンも，勝手に動き出した。先生たちを模倣した「ブラックスワンからのメッセージごっこ」が始まったのだ。羽をペンにして，墨汁で字を書く→勝手に手が動く→ブラックスワンのメッセージを解読する，というように遊びは展開した。そして，みんなの推理の結果，ソナちゃんとハナちゃんは，「①ブラックスワンが，チャボばかり可愛がる子どもたちに怒っている②仕返しに，何か子どもたちにいたずらをしようとしている」と仮

説を立てた。

　子どもたちの想像が広がり，それぞれの想像力が，友だちとのごっこ遊びを盛り上げている瞬間だった。子どもたちの目は，キラキラと輝いていた。

ますます深まる謎

　このブラックスワンごっこは，しばらく子どもたちの流行り遊びとして続いた。当時，男の子の間で，名探偵コナンごっこも流行っていたので，ソナちゃんたちが，その男の子グループのトモ君とレン君に探偵を依頼した。

　ソナちゃんは，まず，なぜブラックスワンが自分の羽を園庭に落としたのかをトモ君とレン君に調べてもらいたかった。しかし，二人は，「これは，ブラックスワンの羽に違いない！」といった答えしかしないので，ソナちゃんは，「だ・か・ら，この羽がブラックスワンのだってことは，わかったから，な・ん・で，ここに，こんなに落ちてるのかってことを聞いてんのよ！」と，ますます興奮して言っていた。

　すると，困ったコナンたちは，スケーターに乗って園庭を走り回っては，年下の年中児や年少児に「もし，黒い羽を見つけたら，ミズヨ先生に渡してね。危ないからね！」と，言って回っていた。そのお陰で，ミズヨ先生は毎日子どもたちからたくさんの羽を渡されて預かることになり，エプロンのポケットはいつも羽で一杯だった（笑）。こうして，「黒い羽は，危険！ミズヨ先生に渡す」という噂が幼稚園中に広まった。

　また，その後も，羽ペンは大流行りで，どの子もやってみたくて，ウッドデッキには，画用紙に羽ペンで字を書く子がたくさんいた。先生たちは，子どもたちが好きな遊びを選べるように毎日環境を設定するが，その中に，羽，墨汁，画用紙が加わった。

　こうして，ブラックスワンごっこは，しばらくの間，遊びとして定着した。①幼稚園に落ちている羽を収集，検証する遊び，②羽ペンを使って，ブラックスワンからのメッセージを解読する遊び，③とにかく，それについて話し合う遊び，④探偵が黒い羽を集めて先生に渡すように周知する遊び。そして，また羽を収集する，というように，この遊びは展開しつつも，堂々巡りする遊びと

して，毎日繰り返されて終わる気配がなかった。

この遊びが1か月も続いたころ。年長児が羽ペンでブラックスワンとコンタクトをとっていると，先生の持った羽ペンがまたもや前と同じメッセージを紙に書き始めた。

「も・う・や・め・て」

ソナちゃん「まただ！もうやめてって！一体何をやめてほしいわけ？」

ハナちゃん「何か，苦しいのかな。」

すると，子どもたちからいろいろな意見が出た。

「みんなが，チャボたちを可愛がるのをやめてほしいんじゃない？」

「羽を集めるのをやめてほしいのかもよ！」

「どこかで，見てるんだよ，きっと！」

謎はますます深まっていった。

お泊り会での冒険

その謎に答えるべく，年長担任のエミ先生とリエ先生は，このブラックスワンごっこを7月上旬に行う年長お泊り会の職員の出し物の劇として，職員会議に提案した。ミズヨ先生は，二人の担任の発想にはじめはびっくりした。「えっ?!本当に？子どもたちの遊びが劇になっちゃうの?!凄いな～！（笑）」日頃のちょっとした遊びを，お泊り会メインイベントのオリエンテーリングに繋げようとした二人の担任の粋な計らいは，子どもたちをますます喜ばせることになった。そして，お泊り会当日，キャンプファイヤーの後，職員によるブラックスワンの劇が始まった。子どもたちは，大冒険を経験することになった。

シナリオは，以下の通り。

〈ブラックスワン劇　シナリオ〉

キャンプファイヤーで，みんなで楽しくフォークダンスを踊って楽しんでいると，名探偵コナンが子どもたちにお土産を持って幼稚園にやってきてくれた。

ところが…そこに現れたのは，黒い羽を持つ「ブラックスワン」!!黒いフード付きのマントの下は，ヒラヒラと羽が施された黒いドレスに，羽付きの仮面を被っている怪しい女。そして，こう言い放った。（ブラックスワン役になった

のは，なんとミズヨ先生。子どもたちの疑問に答えるように登場。）

「毎日，毎日，私の黒い羽を拾い集めているのは，どこのだれだ!!私がいくら羽を落としても，誰も私を好きになってくれないじゃないか！せっかくこんなに羽を落としているのに，幼稚園のチャボやニワトリばかり可愛がって！私の羽をむしり取る気ね！もういい加減にやめて！」「ほっほっほ。そう，私がブラックスワン！幼稚園のチャボやニワトリばかりを可愛がって，もう，許せないわ！名探偵コナンが持ってきたプレゼントがあるって？それは，この私ブラックスワンが全部いただくわ！プレゼントを返してほしければ，このミッションをクリアすることね。まあ，あなたたちには，無理だと思うけど。やれるものなら，やってみなさい！ほーほっほっほ！」

悔しくて仕返しに来たブラックスワンは，名探偵コナンが，お泊まり会にせっかく持ってきてくれた子どもたちへのお土産を横取りし，何処かへ隠してしまった。お土産を返してほしければ，お土産の隠し場所をみんなで探し出さなくてはならない，という困難なミッションを言い残して消えてしまったのだ。

突然，目の前に現れた本物のブラックスワンを見て，泣き出す子が続出する中，子どもたちは生活グループに分かれオリエンテーリングに挑戦した。四つの保育室には，それぞれミッションが用意されていた。クイズに答えたり，暗いトンネルを潜ったり，平均台で綱渡りに挑戦したり，グループの仲間と協力しながら，各ミッションをクリアしていった。しかし，四つ目の保育室は容易ではなかった。部屋は真っ暗で，奥にある机の上には，パズルのピースが散らばっていた。そして，ブラックスワンを思わせるような不気味なBGMが流れていた。グループによっては，女子は全員泣いてしまって部屋に入れず，でも，誰かがパズルを取りにいかないと！と緊迫するグループもあった。ここに，年長担任のねらいがあった。仲間と協力して困難に挑戦し目標を達成することで，仲間意識を深める，といったものだ。先生たちの狙い通り，「僕が取ってくるよ！」と勇気を振り絞るグループのリーダーがいて，グループの仲間から「すごい，ありがとう！」と感謝されていた。また，「みんなで行けば，怖くないよ！」と全員で手をつないで，物凄いスピードで，ピースをゲットするグルー

プもあった。仲間がいれば，一人ではできないことも，できるのだ！という感覚を味わえたであろう。

　全グループがミッションをクリアした後，年長の保育室に全員で集結した。各グループで集めたパズルのピースをつなぎ合わせると，プレゼントを隠してあった場所を記す手紙と地図が見つかり，無事，名探偵コナンからのプレゼントを取り返すことができた。

　まさか，本当にあのブラックスワンが幼稚園に，しかも，お泊り会の夜に現れるとは想像もしていなかった子どもたちだったが，仲間と力を合わせ，ブラックスワンに勝利した。みんなで勝ち取ったこの勝利は，何にも代え難い，勇気と友だちとの絆をもたらしてくれたように思う。

　そして，それが年長担任のお泊り会のねらいの一つでもあったので，設定保育としても，目標を達成することができた。

　ちょっとした保育者の遊び心と子どもの好奇心から生まれた「ブラックスワンごっこ」は，その後2学期，3学期にも，子どもたちの間で楽しまれていた。そして，この年長児が卒園してもなお，卒園児やその兄弟姉妹から，ブラックスワンの話が聞こえてきた。

　子どもの豊かな発想と先生のちょっとした遊び心，そして，保育者同士のチームワークが生み出したファンタジーの世界だった。

（2）ブラックスワンごっこ実践の構造

　この実践の構造を模式的に示したのが，図1-2と図1-3であり，図1-2から図1-3へと展開した。

　この園では，子どもたちが，絵本の読み聞かせや，園外保育や，多彩な楽しい経験をできる環境づくりや保育計画を行っている。それが，子どもたちが豊かに自発的に活動をする上での下地になっている。この実践では，10羽あまりのチャボを飼って，子どもたちが世話をしたり，抱っこしたりしながら遊んでいる経験が，直接にはこの活動の下地となった。

　子どもたちはそれぞれに，経験したことや，関心があることや，できること，

第1章 同質性（同じ）を前提とする保育から多様性の尊重へ

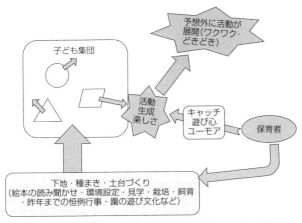

図1-2 子どもの自発的関心と保育者の遊び心・ユーモアが響き合って（化学反応して）活動が展開する実践（初期）

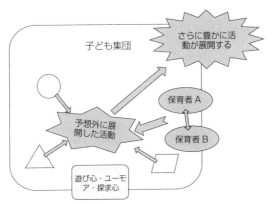

図1-3 子どもの遊び心・探求心と保育者の遊び心・ユーモアが響き合って（化学反応して）活動が展開する実践（発展期）

できないことも，それぞれに違うことを，図1-2では，子どもを異なる形にすることで描いてある。また，子どもたちに多様な活動が生まれていることを，違う方向の矢印で表現している。その中で，この実践では，ソナちゃんが疑問に思って聞いてきたことに遊びの契機があると瞬間的にひらめいたミズヨ先生が，遊び心を発揮して，ソナちゃんの言葉を敏感にキャッチして反応する。そ

17

こから，一つの活動が生成している。そうしていると，先生が予想もしていなかった方向に活動が展開していく。

さらに，その活動の楽しい雰囲気や様子は周囲に伝わっていく。他の子どもたちが，一人二人と，その楽しさにひきつけられていく。その様子を模式的に示したのが図1-3である。しだいに，その遊びの輪がさらに広がっていく。また，この実践では，ミズヨ先生の発想に対して，打ち合わせもないのに，エミ先生が阿吽の呼吸で楽しく応じる。それによって，子どもたちがさらに，遊びの世界に引き込まれていく。

このようにして，もともとは，多様な方向への活動傾向があったものが，ソナちゃん，ミズヨ先生，エミ先生の間で，楽しい活動が生成されると，他の子どもが，そこに引き込まれて，それぞれの子どもの多様性は尊重されながらも，一つの方向の活動として展開していく。その展開過程で，それぞれの子どもが自分らしさを発揮しながら，活動に参加していく。

（3）多様性を尊重することから生まれる豊かな学びの世界

さて，この実践は，子どもたちに何かを学習させようというようなねらいがあって，はじめられたものではない。しかし，結果的に，多様な学びの機会が生まれている。同じ年長児と言っても，子どもたちの間には，数の理解や，文字の理解においても，大きな隔たりがある。羽を数える場面を想像してみれば，種類の違う羽を区分けして，並べて，一枚一枚数えて，全部で何枚あったかとか，ブラックスワンの羽が多い（少ない）のはなぜかと考えたりとか，楽しく，数的な学習が小集団で生じていることがわかる。指示されたり強制されたりしたのではないぶん，子どもたちは自然に意欲的に学習する。発達障がい児の中には，年齢以上に数の理解の発達している子どもがいるが，こういう楽しい活動の中では，仲間の中で，活動をリードできる場面が生まれることがある。反対に，友だちが熱中して整理し数えているのを間近に見て，数への関心が芽生える子どもも出てくるだろう。文字の理解についても同様なことが，ペンの遊びの過程で生じるだろう。さらには，チャボやブラックスワンについて詳しく

第1章　同質性（同じ）を前提とする保育から多様性の尊重へ

知りたいと思う子どもが出てきて，家で，保護者に聞いたりして好奇心を発展させ，図鑑などを調べたりする子どもも出てくるだろう。

　一斉活動のように，どの子どもも一律に同じ学習をするのではなく，子どもたちの興味や関心をもとに，ときには，一人だけで，ときには，仲間と協働しながら学習を深めていく。この幼稚園には，例年，何人も支援児が在籍しているが，そういう集団的な活動に，それぞれの子どもなりに参加していく姿を見ることになるのである。

3　インクルーシブ保育時代の実践は統合保育時代の実践となにがどう違うのか？

　二つの対照的な実践を参照しながら，インクルーシブ保育時代の実践は，どうあるべきか，いくつかの視点から考察する。

（1）同質性を前提とする実践では，排除が生まれることを免れない

　同質性を前提にし，それを価値とすることは，集団において，次のような過程をたどりながら，「序列」と「排除」が生じることを免れない。「正解」「見本」が提示されると，子どもなりの工夫による違いが尊重されず，それは誤りとして正されることになる。保育者は，しばしば，正解を早く作る子どもに「○○ちゃん，早いね，すごい」とか「△△ちゃん，上手」と言う。しかも，その子だけでなく，クラスの子どもたちに聞こえるように言う。そうすると，「早く作ると褒められる」「正解のように作ると褒められる」と思う子どもが必ず出現する（もちろん，全員ではないが）。「正解」に至るまでの速さと，「正解」との類似性の高さを競う雰囲気が生まれ，それが子どもたちの気持ちと行動に影響を与える。それは，裏返せば，遅い子や，正解のようにはできない子どもは低く評価されることになる。このようにして，保育者の価値の基準に即した，一元的な「序列」が，子ども集団の中につくられることになる。時間を経て，「そうはできない子ども」はもちろんだが，「そうはしない子ども」まで，

19

第Ⅰ部　統合保育からインクルーシブ保育の時代へ

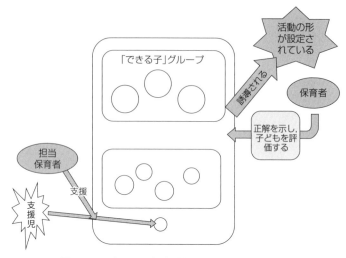

図1-4　子ども間に序列と排除が生まれる保育実践

自尊心が傷つくことになる。子どもの自尊心が毀損されること，これは，子どもが心においてクラスから排除されるということである。

　このような状態を模式的に示したのが図1-4である。保育者が設定した保育活動の中に，多くの子どもがいるが，その集団が分節化されて，「できる子」グループと，そうではない子どもに分かれる。もちろん，もっとグループは細分化されることが普通であるが，ここでは単純化して考えてみる。クラスの中に，序列のトップになるボスのような子どもや，「よい子」が生まれることもある。「できる子」グループの子どもが，他のグループの子どもたちを見下したり，遊びから排除するということが生じたりする。これらの序列や排除は，形式的に「同じ」を価値とするクラスの秩序をつくろうとする保育から生じるものである。

　そのような中で，支援児は，「同じ」ことができなかったり，「同じ」ことをすることを拒否したりする。その事態に対して，担当・加配保育者は，支援という名の下で，保育者が提示する活動の方向に支援児の気持ちと行動を方向付けて，「みんな」の活動の中に入れようとする。そうすると，もともとは，ギザ

ギザ線で描いたようなユニークな支援児であったのが，みんなと同じ○に変化させられる。しかも，ひときわ小さな丸として，子ども間の序列の下に位置づくことになる。

統合保育の実践では，加配や補助の保育者がついて，できるだけ「差が目立たない」ように支援児を支えることで，表面的には，皆と一緒に活動しているような状態を創ることに取り組んできた。また，支援児の違いが目立たないように，きめ細かな工夫がされてきた。これが，統合保育の基本的な構造であった。そのような配慮によって，支援児が健常児とともに保育の場にいることができたことは間違いがない。その時代において，そのような保育がはたしてきた意義が大きかったことは，いくら強調してもしすぎることはない。

（2）インクルーシブ保育という言葉を使う意義

今日，わざわざ，統合保育に代わって，インクルーシブ保育という言葉を使うのは，同質性を前提として，同質性を価値とするのではなく，多様性を前提として，多様性を価値とするという意味で，どの子どもも排除されることなく意見を表明し活動に参加できる保育を構想したいと願うからである。

自尊心が低下した支援児は，自分の意見を言っても，「間違いと指摘されるだけ」「無視されるだけ」だと感じるようになり，自分が感じたことも，自分がしたいことも，自分の意見も表明できないし，表明しようとしなくなる。

一方で，「早い」「上手」と評価される子どもの中には，自分の気持ちや意見を言うよりは，評価されることを意識した意見を言うようになる子どもが出てくる（全員ではない）。「できる」と評価される子どもも，安心して自分のありのままを受け入れることができる状態にいるわけではなく，内実を見れば，評価されなければという過剰な圧力を感じたり，評価されなくなる不安を抱えたりするという意味で，自己肯定感を感じることができない状態でいることになる。

保育の一場面を切り取って見れば，保育者は，子どもの意見を聞いているように見えるかもしれない。しかし，それは，あくまで，保育者が予定した範囲を逸脱しない限りであり，それをはみ出した意見は取り上げられないことにな

第Ⅰ部　統合保育からインクルーシブ保育の時代へ

る。

　以上の意味において，このような保育は，どの子どもの意見も尊重されて実践が創られている保育とみなすことはできない。子どもたちは，形式的には保育に参加しているように見えるとしても，それを主体的に参加している状態であると認めることはできない。つまり，インクルーシブ保育とは本質的に異なるのである。

（3）統合保育では「こなす」「処理する」保育になってしまう危惧がある

　さらに，統合保育の時代において見られたＡタイプの実践に類する保育においては，子どもたちは，今の時間を大切にして味わいながら充実した活動をすることよりも，これから先のことを意識する気持ちが強くなる。これからの予定（いつまでに作業を終えて，片付けなければいけないなど）に敏感になり，それに向けて準備しようとする。そういう保育を続けるうちに，保育者は，予定通りに保育が進むことを当然だと考えるようになる。そういう状態では，今，自分が感じていることや，今，起きていることに鈍感になる。同時に，子どもが気づいたり感じたりしていることにも鈍感になる。ユイちゃんの発想（まえがき参照）と同様なことは，保育においても，支援児だけでなく，どの子どもにも見られるものであろう。それは，保育が楽しく展開する契機となるはずだが，保育者から，それに気づく感性を奪ってしまう。ブラックスワンの実践のソナちゃんの，最初の何気ない一言のような言葉も，注目されることはないので，ワクワクドキドキする豊かな活動の契機が埋もれてしまうことになる。

　もっと言えば，子どもたちも保育者も，保育の予定を処理して先にすすめるために，自分の心から湧き上がる感情に気づかず，自分の感覚や感情を粗末にすることになってしまう。このようなことが，子どもたちが心から保育を楽しむ気持ちを薄れさせる。極端な場合は，このような保育は，予定を「こなして」「消化している」と見えることがある。そうなれば，当然，子どもたちが本来誰でも持っている，それぞれの子どもらしい発想を生み出すことを抑制する。それは，保育が多様に豊かに展開する可能性を狭めることになる。

（4）統合保育の時代における個への支援の意義と問題点

「早い」ことが評価されるクラスでは，たとえば，「園庭に集まれ」と保育者が指示すると，「できる子」は，先を争うように靴を履き替えて跳び出していき，「一番」と，みんなに聞こえるような声を出して喜ぶ。一方で，支援児の中には，そういう場面でいつも，人一倍遅れる子どもがいる。

　靴の履き替えのときに，「モタモタ」して遅れてしまうのを防ごうと，履き替えやすい靴を作って，その子どもの自尊心が傷つかないように配慮する実践が語られることがある。また，遅れがちな子どもの状況をクラスの子どもたちが十分に理解しながら，待ってくれたり，適切な援助をしてくれる，そういう子どもが育つようになった保育実践も少なくない。「できる子」が，支援が必要な子どもに，丁寧に教えたり，支えている光景は珍しくない。

　着脱しやすい靴の工夫や配慮や，支援児に対して思いやりがある子ども集団が育つ，そういう実践を聞けば，多くの人が，それは素晴らしいと感じることは間違いない。しかし，これらは，統合保育時代の優れた個への実践の一例であり，インクルーシブ保育として，本書で描きたいことではない。

　子どもたちが先を争って，その結果，クラスの子どもたちに一元的な序列が生まれる，そういう保育について再考することがインクルーシブ保育の時代の課題である。同質性ではなく，多様性を認め，それを前提として，それがいきる保育とはどういう実践なのか。そういう実践を今の時代にみんなで創ろうという意味で，インクルーシブ保育という言葉を使う必要がある。

　ぱっと見には，遅れていたり，皆と同じにできないように見える子どもの考えに丁寧に寄り添うと，保育が多彩に発展する契機が見つかり，それがいきれば，他の子どもにとっても保育がいっそう楽しくなるということはけっして珍しいことではない。

　様々な配慮をすることで，Aタイプの実践のような保育において，比較的，支援児が落ち着いているときの状態の方が，そうでない状態のときより，インクルーシブであるという考え方は，少なからぬ人から支持されるかもしれない。しかし，そういう考え方は，インクルーシブ保育に関する誤解であるというの

が，本書の主張である。

（5）具体的なエピソードを豊かに想起できる実践

　Bタイプの実践はもちろんとして，Aタイプの実践も，クラスのすべての子どもが，保育に参加できるように保育者が考えて実践しているという点では変わりはない。しかし，実際には，Bタイプの実践では，クラスの一人ひとりが，その子なりの関心や興味を持ち，ときには同じことをすることがあるにしても，基本的な前提としては，一人ひとりの違いを大切にしている。同時に，一人ひとりの違いから，保育が発展する契機が生まれているという点で，Aタイプの実践とは決定的に異なる。

　Aタイプの実践においては，保育は細かな手順，進行までもが，予定通りである・計画通りであることが前提とされる。したがって，子どもの予想外の行動は，間違いとして修正されるべきものとされる。これに対して，Bタイプの実践では，子どもの予想外の発想は，保育が豊かに展開する契機となるものとして尊重され，保育者はそれに対して臨機応変に，ときにはユーモアや遊び心を発揮して応答する。その過程で，子どもは，それぞれの体験を深めたり，多様な仲間関係が生まれたりしていく。

　さらにBタイプの実践で興味深いのは，ミズヨ先生の発想に対して，打ち合わせもないのに，エミ先生が，呼吸を合わせるように乗ってくるという意味での，遊び心に満ちた同僚性によって実践が展開している点である。保育者が保育を楽しもうという姿勢が根底にあり，このような遊び心が生まれる。これは，最初から計画できるものではない。

　Bタイプの実践は，多様性を尊重するという，インクルーシブ保育のもっとも重要な原則を尊重し，そのうえで，クラスの子どもたちが自主的に楽しく活動に参加する可能性を随所に含んでいる実践である。

　では，この両者の違いは，どこから生まれるのだろうか。筆者は，一年の子どもの成長を文章化することについて，保育者が話している場面に何度か出会ったことがある。Aタイプの実践のような園では，もともと，園が掲げている

保育の目標を参照して，それぞれの子どもがどう成長したかを文章化していることが多い。たとえば，「○○さんは，運動会を経験して，お友だちと仲良く協力することができるようになりました」というような記述である。28人の子どもたちについて，多少の表現の違いはあるにしても，同じような観点で成長したことが記述されることになる。もしかして，その子どものことを，きちんと把握していなくても書けてしまうのではないかと思ったことがある。一方，Bタイプの実践のような園では，「ソナちゃんの，鋭い観察と発見で，クラス中が，何か月も楽しい遊びに熱中しました。ソナちゃんの発想の豊かさはほんとに素晴らしい。…」というように，具体的なエピソードに彩られた楽しい記述になる。

　おそらく，Aタイプの実践では，保育者が子どもの一人ひとりの個性あるエピソードを生き生きと思い出すことが容易ではないので，成長記録を文章化する作業は，苦痛になりかねない。一方，Bタイプの実践では，楽しかった保育の記憶を追体験しながら，記述することになる。それは，保護者などと，あらためて思い出を共有することができることなので，楽しくて仕方がないことではないかと思われる。書きながら，隣にいる保育者に，「○○ちゃんは，こうだったわね」と話しかけ，「そうそう，ほんとに，○○ちゃんは，ユニークな子どもよね。将来が楽しみ」と，話が弾むことになる。

（6）場面の区切りを超えて活動が展開する

　さて，巡回相談で，よく見かける保育では，午前中だけを見ても，朝の自由遊び，片付け，お集り，設定保育，片付け，準備，食事，片付け，自由遊びと場面が区切られて転換していく。

　Aタイプの実践の，父の日の団扇づくりは，設定保育場面で，保育者が子どもに与える課題として位置づくものである。Aタイプの実践のような保育では，自由遊び場面と，設定保育場面の活動には，あまり関連がないことが多い。保育者は，設定保育の活動を「楽しい遊び」と考えているつもりでも，しばしば，子どもは，その活動が終わったら，「先生，遊んでいい？」と聞く場面を見かけ

第Ⅰ部　統合保育からインクルーシブ保育の時代へ

る。子どもにとっては，設定保育は「しなければいけない与えられた活動の時間」であり，自由遊びの時間は，「自分の好きなことができる時間」という対照的といってもよい区別がある。

　一方，ブラックスワンの遊びが始まるきっかけは，朝の自由遊びの時間での，子どもの自由な活動に，保育者が遊び心をもって何気なくかかわったことであった。次第に，その遊びが発展すると，設定保育の時間にも，その活動に取り組むようになっていく。さらには，夏のお泊り会のメインイベントになり，その準備を設定保育の時間にも行うようになった。その間，自由遊びなどの時間で，子どもたちは自由に，自分なりに，その活動を展開し発展させている。つまり，子どもは，場面を切り替える区切りを超えて，この活動を楽しむようになった。保育者にとっても，子どもにとっても，場面の区切りには，完全には拘束されることなく，自主的で楽しい活動の時間となっている。

　さらに年間単位で保育をみれば，Ａタイプの実践の保育では，日常の保育の日と，行事に向けて準備する日に区別があり，そこで取り組む内容にも連続性が見られないことが多い。一方，Ｂタイプの実践では，自由遊びで始まり，設定保育でも取り組んだ活動が，お泊り会などの大きな行事の活動につながり，さらに，それが，自由遊びを多彩にする活動へと循環する。

4　計画をもとに臨機応変に子どもの気持ちを尊重して保育を創り上げる保育形態（Ｃタイプの保育実践形態）

　さて，Ａタイプの実践は，「計画」にもとづいて保育している。どんな園でも，年間計画から，日案まで，いろいろなレベルでの計画を作成し，それにもとづいて保育している。一般的に，「計画性」が保育実践において求められることに異論はない。計画性がなく，ただ，行き当たりばったりの保育で，子どもたちが楽しくなったり，育つことになるということは期待しにくい。

　Ｂタイプの実践の舞台となった園でも，十分に練り上げられた保育計画があり，日々の保育実践は，その計画を土台にして実践されている点では変わらな

第1章　同質性（同じ）を前提とする保育から多様性の尊重へ

い。図1-2を，もう一度見てみよう。計画を想定しながらも，子どもたちが自発的に活動したくなるような，下地づくりを大切にしている。

　日常的に絵本などの読み聞かせを積み重ねると，子どもたちは，関心を持った絵本の世界に取りつかれるようにして，その登場人物（動物，空想のものなど）になりきったりして，ごっこ遊びが始まり楽しむようになる。それが，しだいにクラス全体の遊びに発展していくという経過は，きわめてよくある話である。それが，生活発表会の劇にまでなるということもよくある。また，園外への散歩だけでなく，芋などを栽培し収穫するという経験や，消防署への見学など，いろいろなことがきっかけとなって活動が豊かに展開する。Bタイプの実践のような保育が展開する土台には，必ずと言っていいほど，保育者が日常的に活動の種をまいているものである。

　計画を立てたとしても，それが，ストレートに具体的な細部の保育実践につながるわけではない。子どもたちが楽しく豊かに育ち，どの子どももクラスの仲間になっていくというような大きな目標を念頭に置きながら，子どもの状況に合わせて，臨機応変に，具体的な活動はつくられるのである。

　実際に，よく見かける保育実践は，その日やその週の活動の大枠は，日案，週案などで，保育者が事前に決めておき，具体的に実践するときに，子どもたちがそれまで取り組んできたことを踏まえながら，子どもたちの思いをキャッチして，保育者が子どもたちに活動を提案して，一緒につくりあげていく保育であろう。

　たとえば，Aタイプの実践のように，季節の節目の日に，活動したいと考えて，その日にふさわしい製作活動に取り組むことを計画する。その日を迎える，何日か前から，保育者自身が子どものころ，その日をどんな気持ちで迎えたか，どんなことが楽しかったかを子どもたちに話す。関連する絵本を読み聞かせたりもする。そのうえで，子どもたちは，その日をどんな気持ちで迎えたいか，どんなものを作りたいかなど，子ども同士で，意見交換したりする。

　いくつか，意見が出てきたら，場合によっては，同じようなものを作りたいと考える子どもで小グループを作って，イメージを交換して共同製作したりす

27

第Ⅰ部　統合保育からインクルーシブ保育の時代へ

る。また，一人だけで準備したりする子どももいる。

　そういう中で，支援児も，その子なりの興味・関心や特性を尊重される状況で，補助の先生が適宜，援助しながら，同じグループになった子どもたちと活動する。

　このような実践は，クラス集団全体としてのテーマは保育者が設定して同一の活動に取り組むが，具体的な活動においては，子ども一人ひとりの主体性を尊重し，多様性が実現できるという意味でインクルーシブ保育となる可能性をもっている。

5　インクルーシブ保育時代における行事の取り組み

　統合保育の時代から，支援児が楽しく参加できる行事を創ることは，日常の保育以上に，きわめて大きな関心事であった。しかし，それは同時に難しい課題でもあった。しばしば，園と保育者が一方的に筋書を設定した行事は，健常児集団を想定したものになりがちであり，それは，練習などによって，子どもの行動において一定水準以上の同質性（同じ）が形成されることが前提となって実現できるものであった。また，行事の形式的な見栄えが重視されるとき，それは，子どものための行事である以上に保護者に見せるためのものではないかと批判的に語られることが少なくなかった。

　日常保育のとき以上の水準で，子どもの同質性（同じ）が要求される行事に，支援児が参加することは，関係者に葛藤を引き起こすことになった。極端な場合には行事が予定通りに円滑に進行することを重視して，支援児が，その日は欠席するということがあった。そのような判断をせざるをえなかった園と保育者と保護者の苦悩は，いかばかりかと想像に難くない。また，クラスの子どもにとっても割り切れない気持ちであったと思われる。

　支援児が排除されることがない行事を創りたいという思いは，統合保育であれ，インクルーシブ保育であれ，共通する切実なものである。そして，それをどう実現するかは共通する課題である。

第1章　同質性（同じ）を前提とする保育から多様性の尊重へ

　運動会や発表会などの行事では，「できる・できない」という観点で，子ど
もを序列化することになりやすく，それが，子どもたちにも，保護者にも見え
やすい場である。子どもたちは，ちゃんとできるかと緊張し，負けるのが嫌だ
と怖気づいたりする場面でもある。一方，そういう経験をくぐって，子ども集
団がぐっと成長するということも，よく経験することである。支援児にとって
も，その仲間にとっても，行事をくぐって成長し，クラスとしても成長する，
そういう機会にしたいというのが多くの保育者の願いである。

　行事において，子どもの一人ひとりの多様性が尊重されて，インクルーシブ
な保育になるとは，どういう実践だろうか。もちろん，今まで，素晴らしい実
践が数多く創造されてきた。そして，今でも，たくさんの実践が創られている。
そのあり方は多様である。以下に，5歳児の一つの実践（運動会）を取り上げ
て，インクルーシブな行事ができあがっていく様子を見てみよう。

（1）5歳児前半の自信のない子どもたち
——弱い自分を仲間の中で出してもいいんやで（運動会の実践事例）[4]

　4歳児2クラスが5歳児になって36人1クラスとなったぞう組。"自分のこ
と見てくれているのかな"と，どこか自信のないところがある子どもが多いク
ラス。前半の保育では，友だちの前で"ドキドキするねん"という子には"い
っしょにする？"と保育者が寄り添ってきた。そうして，自分をまるごと認め
られ，できてもできなくてもわかってくれる人がいると思えるようになり，わ
からないことは「せんせい，できひん」と言えるようになってきた。後半はと
くに，仲間の中で，「弱い自分も出していいんやで」という願いをもって保育
してきた。

　とはいっても，友だちと比べて"できるか""できないか？"の意識がつよい
時期。運動会の竹馬の取り組みは，夏，プールで自信をつけて，身体もできて

（4）　この実践は，東・谷沢（2015）の一部を加筆修正したものを基にして，新たに聞き取っ
　　たエピソードなどを付け加えて作成したものである。筆者は，著者に2度インタビュー
　　して，実践のポイントなどについて確認している。

きた 8 月末（ちょっとがんばったら乗れる時期）にした。高い竹馬に乗っている人を見ると挑戦する気持ちをもちにくくなると考えて，乗れた子もすぐに高くすることはしなかった。他の職員から声をかけてもらいやすい場所を練習場所にして，また，保護者に見てほしい子どもの気持ちを大事にして，お迎え時，自分の子どもの練習を見ると同時に，友だちにも励ましの声をかけてもらえればうれしいと伝えた。

竹馬：葛藤も大事なスタートライン

りゅう君たちが，毎日コツコツと竹馬に足を置く練習を一生懸命している。それをちらちらと見ている，おうすけ君。きっと "本当は自分もやりたいけどできない" と葛藤していると思った。その葛藤も大事なスタートラインと考え，自分から気持ちが動くまで待った。

「最初はできなくて当たり前やで」と担任は声をかけ続けた。指で竹をはさむことが難しかったりゅう君たちが毎日コツコツ練習を続けて，前傾姿勢で，1 歩，2 歩と竹馬で歩けるようになった過程をずっと見ていたおうすけ君。"もしかしたらぼくもできるかも？" と思ったのだろう。ついに自分から竹馬をとりにいき，足をのせる練習を始めた。そんな，おうすけ君を見て，りゅう君は「おうすけ，練習してるのか」と声をかけ，りこちゃんは「あんなあ，腰を前にすると乗れるで」と教えている。それは "自分たちも一生懸命練習したし，今のおうすけ君の気持ちもわかるよ，応援しているよ" という温かいものだった。すると，やめようかと思ったおうすけ君が，笑顔になり練習を始める。「練習している自分をまるごとわかって温かく見守ってくれる」ことを感じて練習を続けていた。これからの人生，つまずくこともあるだろう。でもそのとき「弱いところを友だちに出してもいいんで，そうすれば，必ずだれかが支えてくれるよ」ということを感じてくれたらと思う。

高さを追求しないで，面白さ追求？

運動会の竹馬では，例年，頑張って乗れた人に温かい声援があり，高い竹馬を乗ってる人に「うわーすごい！」と保護者の注目が集まる。でも本当に私たちの運動会で意図していることだろうか？と考えた。

一人ひとりが自信を持って「こんな技できるんだというところを見せたい」という思いがあった。そこである程度の高さからあえて高くしないことにした。すると，いろんな技を考え出した。"ぴょんぴょん飛び" "バック" "荒馬" "片足立ち" "カニ歩き" "スキップ" そして "♪きみがいた夏は〜" と歌いながら竹馬でおどりだす女の子もいた。どんどん自分ができる技を考えてやってみて，それが友だちにひろがっていく。高いからすごいという評価を忘れて，技を磨く面白さを感じ，みんな竹馬を楽しんでいる。本番では堂々と自分の技を披露した。

　乗れるようになって，うれしそうに竹馬を握りしめて駆け寄って，「せんせーい，うさぎできた」とぴょんぴょんと竹馬両足とびをしては "ほら私の技みて！" と得意げに保育者と目をあわせてにっこり笑う。するとほかの子も「バックで歩けるで〜」と後ろ向きで歩いているのを保育者に見せる。いろんな技を考えやってみせる子どもたちに「へえ〜面白いなあ」と言って，一緒に楽しんでいた保育者だった。友だちのやっている技を "私もやってみたい" という姿があった。そして友だちと同じようにできるようになると，竹馬ぴょんぴょんとびをしている子の隣に一人集まり，また一人集まり，技を一緒にする面白さも感じていた女の子たちだった。

　友だちと楽しんでいる女の子たちの姿を見て，まだ竹馬に触れることもなかった男の子たちがじっとみて，"僕も竹馬に乗ってみたい" "楽しそう" という思いがでてきたのか，挑戦する気持ちになっていった。

　さらに，保育者の想定以上に面白い技をどんどん考えだしていく。「先生，みはるちゃんが（竹馬で）ダンスしたはるねん」と言いにきた。竹馬に乗りながら，軽快なステップを踏みながら，リズミカルに動いてダンスしている。「へえ!! 竹馬でそんなことできるんや!!」と驚いた。クラスの子どもたちもびっくりするように見ている。自分の気持ちをコントロールできずにクラスの中で大泣きしているみはるちゃんが自分の考えた竹馬ダンスで注目を浴びている。いつもなら自分をみてほしくて集団からはずれてい

くみはるちゃんが，そんなことをしなくても，竹馬ダンスで，クラスの友だちがあこがれのまなざしでみている。いつもより大はりきりで竹馬ステップを踏んでいた。集団の中での自分を心地よく感じていた。

　みはるちゃんのダンスをみて，きこちゃんが「♪きみがいた夏は〜」と歌いながら違うステップをする。「へえ〜，歌（付き）ダンス‼」「面白そう！」と，また驚く。するとその周りで，みはるちゃん，まやちゃん，さやかちゃんも"おもしろそう"と感じて，きこちゃん発信ダンスでダンスチームが歌いながら踊りだした。子どもたちは技を考えだすプロだなあとつくづく思う。いつも，先生にみてほしい思いで集団をはずれる"評価に敏感"な，きこちゃんが目を輝かせて竹馬を楽しんでいる。

　縄跳びでは，「たいが君（ダウン症），縄跳びでなにしたらいいかな？」と子どもたちと相談した。「へび，すきやで」「前とんでた」ということで，大好きなりゅうしん君とともにクラス全員でへびをしているところを，たいが君も，17本のへびをにっこり笑いながら仲間を感じながらとんでいった。もちろん保護者は暖かく笑顔と拍手に包まれていた。

紅白リレー：東先生が横で走ったらいいやん

　紅白リレーの練習では"勝ちたい！"思いで熱くなるチームの中で"自分が走れるだろうか？"と心揺れて"走らない"と言う，きえちゃん。練習のときは見るだけの参加だったが，円陣を組んで作戦を立てるときは必ずいる。"本当は走りたいんやろうなあ"と思い，「先生と走る？」と聞くと「うん」とうなずき，手をつないで走った。私を引っ張って，バトンを握りしめて走りきった。次の練習で，「きょうはどうする？」「一人で走る？それとも手をつないで走る？」と聞くと，心揺れていた。その様子を見て，あきと君が，「東先生が横で一緒に走ったらいいやん」と，さらりと言ってくれた。一人で走るか，手をつないで走るか，どちらかを迫っていたが"そんな考えがあるのか"と教えてもらった。「それいいやん」と子どもたち。「それでいいか？」と聞くとコックリと"いいよ"と言いたげにうなずく。"一人で走ることの不安，揺れ"を，友だ

ちがわかってくれていると感じて，ふっきれたように保育者の横で走りきった。次の練習からは一人で走った。友だちに自分の気持ちがわかってもらえることが次の一歩へつながる。

鉄棒：さかさの世界，面白い！

　前回りしたいけど，怖くて頭を下にできない，でもやりたいと葛藤するゆずき君。運動会前日にも練習していた。鉄棒をぎゅっと握ってお腹で支えるが，そこから下にいけない。友だちは「こうするねん」と横で応援していた。保育者が「手を回してみて」と言うと，しばらくして意を決したように，頭を下にして布団干しの格好になった。すると「さかさの世界，面白い！」と大発見したゆずき君。

　この言葉にハッとした。"できる，できない"ではなく，面白いことを大事にして，追求していたつもりだったのに，そのことを忘れていた，と気づかされた。面白さを知らないままに，逆上がりができたとしても，子どもの心には何も残らないだろう。鉄棒が楽しい，その魅力を知ることが，子どもにとって大切なことを再確認。

お母さんへの手紙

　一生懸命練習してできたところについて，一番見てほしい人（お母さん）に絵手紙を書いた。「リレーで走ってるところ応援してね」と思いを込めた絵手紙を部屋に張った。お母さんは，「書いてくれたん？うれしいわ！」と，やわらかな表情でうれしい気持ちを伝えている。子どもたちは嬉しそうだ。また，お母さんやお父さんから子どもへと，気持ちがいっぱい詰まった手紙が応援旗だ。親と子どもの絆を再確認する場となった。大勢の人の目でドキドキした子どもも，保護者の気持ちのこもった言葉や表情に背中を押される感じで，本番はどの競技も堂々と自信を持って生き生きとやっていた。

たくさんの大人に大事にされる中で

　担任だけで子どもは育たない。担任以外にも，竹馬や鉄棒を見てもらい「できるようになったん。すごいやん」と認めてもらった。がんばったことを認められて自信になり，次は"カニ歩きやってみるわ"と，新たな挑戦にむかう。

第Ⅰ部　統合保育からインクルーシブ保育の時代へ

保護者には，「朝，夕の練習に少しでもつき合ってもらえたらうれしいです。自分の子どもだけでなくクラスの子どもたちに声をかけてあげてください」と話をした。他の子にも竹馬の介助をしてくれて，「乗れるようになったやん」と声をかけてくれた。担任とともに保護者が盛り上げてくれたこともうれしかった。お迎えが遅く子どもの様子を知らない母親が，懇談会で「うちの子は歩くの遅くって，竹馬も乗れへんかなと思ってた」と言うと，よく見てくれていた保護者が「毎日コツコツ練習したはるで。すごいよなあと思って見ててん」と伝えてくれた。担任からも伝えていたが，保護者の立場からも伝え合うことで，実感をもって我が子の頑張りを知ることになった。保育者も保護者も一緒になって，子どもたちが挑戦する姿を見守り支え合うことで盛り上がった。

運動会は通過点

　一人ひとりが自分のできないところを集団の中で出しながら，温かい仲間がいることを感じて挑戦することは，“できる，できない”にとらわれない，大切な宝物を得た経験であった。運動会が終わっても，“次はこんなこと挑戦したい”と思いが膨らむ。竹馬は，高くすると簡単にクリアした。鉄棒では，運動会では逆上がりだったが，連続逆上がりに挑戦していった。運動会は大きな目標への通過点ととらえ，卒園前に，年長の“技披露の日”を設けた。保育者の見守る園庭で堂々と自分の技を披露する姿を見て，あらためて，行事を終えることが目標ではなく，子どもが挑戦して達成感，満足感を経験することが大切だと思った。また，4月から年長になる年中児は，技披露を見て“年長になったら竹馬ができる”“すごいなあ”と，憧れと期待を膨らませていた。

（2）時代の先端にあるクラスの状況
——インクルーシブ保育が切実に求められている

　このクラスには，障がい児だけでなく，多くの多様な支援児が在籍していた。健常児集団を前提として，少数の支援児に配慮するという統合保育の時代の発想は，そもそも成立しない状況である。それを正面から受けとめれば，行事とはどうあるべきかを考え直さざるをえない。行事で「子どもたちにどう育って

第1章　同質性（同じ）を前提とする保育から多様性の尊重へ

ほしいのか，何が大切なことなのか」という問いが生まれ，それが保育者に共有されて，いわば，自分たちの保育の原点に立ち返って取り組もうとして，この実践は生まれた。今日，支援児が多数いて，その子どもたちは自信がないと保育者が感じているクラスが増えている。このクラスの担任の気持ちがわかるという保育者は多いだろう。この実践は，時代の先端の状況にあるクラスにおいて生まれてきたということができる。この実践には，従来の統合保育的な発想での運動会から，インクルーシブ保育としての運動会へ転換する様子が随所に見られる。

「友だちと自信をもって卒園してほしい」という思いにつながるものとして，運動会は見直されることになった。「自信をもって卒園してほしい」のは，もちろん，全員である。その点では，一人として排除されることがあってはならないこと，これが，この園の保育者集団の保育で大切にしたい原点であった。従来の運動会について，その点から反省したわけである。

見直したいと考えた時点で，どんな運動会になるか明確なイメージがあったわけではない。取り組みながら，アイデアを出し合い，修正していくと，最初は考えもしなかった展開になっていった。保育者が考える以上に，子どもたちが，思いもかけない動きをする。それが，保育者が大切にしたいことを具体化することに気づかされる。子ども一人ひとりの多様性（違い）がいきて，自然な流れとして実践が展開した。

統合保育時代の運動会

この行事は，統合保育の時代の実践とは，どこがどう違うのだろうか？

竹馬は，運動会でしばしば見られる種目である。ただ，なかなか，上手には乗ることができない子どもがいる。すいすいと高くまで上手に乗れるようになる子もいれば，一所懸命練習して，どうにか乗れるようになっていく子どももいるのが普通である。支援児に，保育者がていねいに寄り添いながら練習を重ねる。その様子をクラスの子どもたちは温かく応援する。運動会当日には，怖い気持ちを乗り越えて，ほんの少しの高さで，2，3歩だけだが，前に進むようになった姿が披露される。それまで頑張った経過を，保育者は会場の保護者

35

第Ⅰ部　統合保育からインクルーシブ保育の時代へ

にもわかるようにアナウンスする。会場全体が温かな気持ちで見守る。

　統合保育の時代，そういう運動会の様子に出会い，参加者は，支援児の頑張りと，それを支えた保育者・子どもたちの姿に感動したものである。

　一方で，同様な経過で支援児が竹馬に取り組んだ実践で，その様子を見て，立派な真面目な実践だし，そこまで一生懸命に取り組んだ保育者と園には頭が下がると思いながらも，なにか窮屈な感じを抱くこともある。たしかに，支援児が「竹馬に挑戦するまでの道筋」について，丁寧に考えられた論理的な実践であるとは思うが，そこまでのドラマに意外性がなく，ストレートすぎることに違和感を持つのである。あるいは，その支援児が他児と一緒に活動する意義はどこにあるのかわかりにくいと感じることもある。

　できない子どもを支える，練習するとできるようになる，周囲が応援する，保育者が献身的にできない子どもに寄り添う，そうして，できるようになった。たしかに，それは素晴らしいことである。しかし，今日，多数の支援児がいる園の状況に直面するとき，この時代の実践は，そんなわかりやすい筋書きで進めることができるものではないと感じる。

インクルーシブ保育時代の運動会

　では，この行事の実践は，以前の統合保育の時代の実践とはどこがどう違うのか。

　子どもたちが竹馬に乗れるようになって，一定の高さになったときに，それ以上には高さを上げないことにした。そうしたら，子どもが面白い技を考えて楽しそうに遊びはじめた。それを見て，保育者もまた，面白そうだと感じる。最初は，その子どもと保育者のあいだで，楽しい経験が共有された。そうすると，周囲の子どもが，それに気づき，引き付けられる。すぐに，その子どもたちも，同じような乗り方を試したりして楽しんだはずだ。同時に，自分なりの技を考えて楽しむ子どもが出現する。

　このように，最初は，子ども集団のごく一部と保育者という，クラスの局所で生じた遊びの渦が，しだいに，クラス全体に広がったのである。このように展開していく構造は，ブラックスワンの実践と基本的に同じである（図1-2から

36

図1-3へ遊びが発展した)。

この実践が展開するうえで,「高さをあげないようにしたこと」が,ポイントだったのではない。子どもが,面白い技で遊びだしたことに,保育者がタイミングよく,「それ,楽しいね」と反応したことがポイントなのである。

統合保育の時代では,子どもがそういう技を考えて遊びだしても,保育者は,気づかなかったり,気づいたとしても,楽しそうには反応しなかった。「高く乗れるようなる」という,設定した目標から視点をずらすことができないからである。

おそらく,いたるところで,このような運動会の実践は生まれていると思われる。

小柳(2013)は,異年齢保育に取り組んできた経過の中で,運動会を改革した実践を紹介している。該当部分を引用する。

「楽しさを追求することから運動会を考える」
　年長を中心に話し合ってみたところ,昨年の年長が跳び箱しているのを見てきた年長児から跳び箱の話が出た。従来は同年齢で取り組んできた体育的な活動で,異年齢のかかわりを感じあえるにはどうしたらいいか再度検討した。
　子どもの発想は面白い。
　最近,子どもたちは一から二段の低い跳び箱が楽しくなっている。高い跳び箱では味わえない楽しさがある。手をついて跳ぶのが低すぎて難しく,それが面白かったり,跳び箱を超えて前転する技,飛び越える技等,いろんな遊び方を考えて楽しんでいる。
　それに,エアー大縄跳び(回すフリ)も大人気。どんな技でもひっかからないし,みんなで何回も跳べる。子どもたちは楽しいと思える遊び方を考える天才。
　…(中略)…
　大人が考えもつかなかったやり方で,楽しみ方を広げていく姿があった。

第Ⅰ部　統合保育からインクルーシブ保育の時代へ

　　私はこんな子どもたちを見ていると「できないことって悪くないな」と思
　　う。できないことは，それだけやりたい気持ちをため込むことができるし，
　　できないからこそ広がる楽しさがある。

　「できないことって悪くないな」，これは，「同質性」を価値とする保育実践
においては，けっして聞くことができない言葉であろう。「多様性がいきる」
ことを言い換えれば，こういう表現になる。誰一人として排除されることのな
い運動会になった，そのうれしい気持ちの実感がこもった言葉である。
　最初から保育者が低い竹馬や跳び箱でできる技を，子どもたちが工夫するよ
うに目標設定した場合，保育者も子どもも，こんなには楽しくないし，数々の
心躍るドラマは生まれない。「高い竹馬に乗っている人を見ると，挑戦する気
持ちをもてなくなる子どもが出てくる」から，乗れるようになっても高くしな
いということを決めたら，子どもたちが多彩な技を発案し，それを楽しみ，教
え合うようになったのである。そういう子どもたちの実態を丁寧に受け止めて，
そこで生じた偶然をいかしながら自然な流れで展開した実践である。このよう
なことは，最初から計画することは不可能であるということは重要な点である。

（3）行事のイメージと大切にすることを保護者と調整する

　どんな保護者であれ，子どもにとっても，自分たちにとっても，行事が楽し
いものになってほしいと期待する。その点では変わらない。同時に，運動会な
どの行事は，子どもが園で過ごしたことの成果を見る機会だと考えている。多
くの人の前に立つ我が子の姿に，こんなに成長したと実感することを期待する。
　一方で，どのような形で成果を見たいと考えるかは，保護者それぞれの，そ
れまでの経験や価値観などによって異なるだろう。少なからぬ保護者にとって
は，子どもが走る速さ，跳ぶ高さなどは，わかりやすいモノサシで見ることが
できるし，また，見たいと考える。そのような競技では，勝敗や，出来不出来
で，子ども間の優劣が顕わになりやすいが，成果というものは，そういうもの
だろうと考える。同時に，友だちや，みんなと仲良く一緒にいる姿に安堵を感

じるという面もある。

　この運動会では，子どもそれぞれが異なる技を考案し，それが仲間に広がり，多彩な楽しさが展開したことを披露する場となった。保護者が，最初から，我が子の年長児としての成長を，そういう姿として見ることになると思っていたとは考えにくい。クラス便りを読んだり，練習に取り組む姿を目にすることで，保護者なりに，運動会というものの見方が変化し，広がっていったのだろう。

　少なからぬ保護者は，自分の子どもだけでなく，どの子どもに対しても，練習で頑張っている姿を認めて，温かい声援を送りたいと考える。しかし，練習している姿を，速さ，高さなど，一つの次元で評価できると，どうしても，子どもの出来具合を比較する心が働いてしまう。そういう評価する気持ちがあると，素直な気持ちで，子どもに声をかけることが難しい。他の保護者と立ち話しているときでも，自分の自然な感想を抑制してしまう。ところが，竹馬の実践では，不自然に配慮したり抑制したりすることなく，保護者が子ども一人ひとりの頑張りを認めて，気軽な気持ちで話題にできる。

　従来のように成果をわかりやすい競技の形で披露するのではなく，子ども一人ひとりが様々な取り組みを楽しんでいる姿を披露するという運動会に変わるまでには，保護者の中には，賛否の意見があったり，よく理解できないという疑問がでてくる。跳び箱の実践では，保護者からの理解を得るための取り組みと経過が次のようにまとめられている。

　　　保護者からは，「運動会の内容が変わる」ことに様々な意見があった。
　　　そのたびに，膝附合わせて何度も何度も話をしてきた。保護者全員に理解されたわけではないが，「すっきりしたわけではないが。先生たちの思いは理解できたよ」という中で運動会を迎えた。

（４）統合保育の時代から大切にしてきたこと
——先回りせず，子どもが自分から取り組むまで待つ

　りゅう君は，もともと，運動面で不器用な子どもである。4歳児のときに，

第Ⅰ部　統合保育からインクルーシブ保育の時代へ

サッカーに取り組み，うまくはできないけれど，認められた経験があって，それが心の支えとなって年長を迎えることになった。竹馬に取り組むことになり，自分は，すぐには上手にはできないと思いながらも，コツコツと練習に取り組むことができたのは，4歳児のときの経験があったからである。おうすけ君は，りゅう君よりも運動発達がさらにゆっくりで，その走っている姿は，2歳児のようであった。この二人は，以前から一緒にいることが多い仲良しだった。

　クラスの中には，すぐに竹馬を自在に乗れるようになった子どももいた。一方，りゅう君は，コツコツと練習して，時間がかかったが乗れるようになっていく。その仲良しの姿を見て，おうすけ君は葛藤していた。保育者は，おうすけ君に，「おいで，一緒にやってごらん」と誘いたい気持ちになったと思われる。しかし，その葛藤している時間も，練習している最初の時間であるととらえて，自分から一歩を踏み出すまで，粘り強く待つ。

　りゅう君は，自分も不器用なので，なかなか，うまくは乗れない気持ちがよくわかる。「自分たちも一生懸命練習したし，今の，おうすけ君の気持ちもわかるよ，応援しているよ」という気持ちで見守る。

　保育者が，先にすべきこと，次にしてほしいことを，待ちきれずに子どもに言ってしまうことがある。予定通りに進めたいという保育者の気持ちを，一部の子どもは敏感に察知する。そうすると，保育者に代わって，動きだせないでいる子どもを指摘して，急かせるような言葉を言うようになる。子どもたち同志で，お互いを監視して指示する関係になる。

　この実践では，子ども一人ひとりが，お互いの気持ちの動きやペースを尊重している。その子ども同士が支え合う雰囲気が，この実践の展開を下支えしている点は，統合保育の時代から今日においても変わらない。

6　局所での楽しさがクラスに広がって集団活動になる

　本章で取り上げたブラックスワン実践と，運動会の（竹馬）実践には，従来，指摘されることのなかった共通する重要な点がある。ブラックスワンでは，こ

の活動の始まりは，一人の子どものふとした言葉を保育者が面白いと感じ，それに遊び心が触発されて，活動が芽生えた時点である。そこに，もう一人の子どもと担任保育者が加わって，いっそう楽しい活動になった。しだいに，周囲の子どもたちが，その活動の楽しさに気づいて，引き寄せられ，一緒に活動し，最後には，クラス全体から他クラスの子どもたちにまで活動が伝播していった。同様に，竹馬でも，最初は，二，三人が乗り技を工夫して，新しい技を練習するのが楽しくなった。それに保育者が注目し，一緒に楽しんでいると，少しずつ，クラス全体に伝播していった。

　保育実践が展開された後の姿だけを見ると，最初から，保育者がクラス全体の子どもたちが参加できるような活動を創ろうとしたように見えるかもしれない。しかし，この二つの実践が好例だと思われるが，そういう理解は重大な誤解なのではないだろうか。むしろ，一部の局所から始まって，しだいに広がっていくというのが真実なのだろう。言い換えれば，最初から全体が参加できる活動を創ろうと考えても，なかなか，実践は展開しないのではないか。

　両実践ともに，どの子どもも，また，どの保育者も，こういう実践にしなければいけないという気持ちがあったわけではない。子どもも保育者も，心底から，「それは面白い，楽しい」という純粋な気持ちがあったから実践が展開したのである。つまり，誰に指示されたわけではないし，誰に強制されたりしたわけでもない。また，ブラックスワンの実践では，ブラックスワンごっこに触発されて後に参加した子どもたちは，その子どもなりに関心のある内容の活動を自分で選択したり考えたりして遊んでいる。竹馬実践でも，自分なりの技に取り組んでいる。だから，友だちと自分の出来具合を比較する気持ちにならない。劣等感や優越感のような序列意識とは無縁な気持ちで虚心に楽しむことができる。これらの点は，多様性がいきる実践の本質を考えるときに，いくら強調してもしすぎることはないだろう。

　最初から，クラスの全員が参加できる保育を創ろうとするときには，そうはいかないだろう。最初から全員が，関心・興味を持つということは，通常はありえない。気乗りしない子どもの気持ちを向けさせるために保育者は腐心せざ

第 I 部　統合保育からインクルーシブ保育の時代へ

るをえない。そういう保育者の計らいを，子どもは敏感に感じて，かえって反発する子どもがいるだろう。また，全員一緒に活動すれば，そのペースについていくことが困難な子どももいれば，逆に，もっと早いペースを期待して退屈になってしまう子どももいるだろう。実践の原動力である「楽しさ・面白さ」が，薄れてしまわざるをえない。

　インクルーシブな保育を実践するのは難しいと考える保育者は，最初からクラス全員が楽しく参加できるように，活動を計画しようとしているのではないかと考えられる。時々刻々と変わる目の前の子どもが見せる一瞬一瞬の姿に，魅力を感じ，その行動や言葉を，面白い，楽しいと感じ，ワクワクしたり，子どもと一緒に熱中したりして，思わず時間が過ぎることを忘れてしまう，そういう保育者と子どもが一体となった時間から実践は始まっていくのだろう。

7　インクルーシブな保育実践は一回性を特徴とし再現することはできない

　ブラックスワンの実践が始まったときの園の様子を想像してみる。ミズヨ先生は，たまたま，ソナちゃんの言動に出会い，そこに興味をもち，二人の会話が始まった。これは，だれが計画したものでもないという意味で，偶然である。そのとき，他の子どもたちは，違うことに関心を持ち，違う活動に取り組んでいた。少し，タイミングが違ったり，先生の気持ちのもち方が違えば，ソナちゃんとは別の子どもと別の活動を一緒に始めていたかもしれない。

　このことを図1-2で考えてみよう。子どもたちは，一人ひとり，異なる方向へ向かって活動している。保育者が，そのうちの一つに出会い，そこに，一種の化学反応が生じて，楽しい活動（この場合は，ブラックスワンごっこ）が生まれる。保育者が別の子どもの動きに関心をもつことは，当然あり得る。そうなれば，まったく別の実践が展開していくことになる。もちろん，それが他の子どもにとって魅力的でなければ，図1-3のように広がってはいかない。他の子どもにとって魅力的であるかどうかは，そのときの子どもたちが，それまで，

42

第1章　同質性（同じ）を前提とする保育から多様性の尊重へ

どんな園生活を過ごしてきたかなどによるだろう。これも，あらかじめ計画したり予想したりすることはできない。偶然による出会いである。

　この年のこのクラスの子どもたちは，ブラックスワン実践に熱中して楽しかったし，子どもたちの仲間関係が豊かになり，多くの学びを経験できた。だから，これを次の年にもやってみようと考えたくなる。しかし，次の年の子どもたちが関心をもって熱中することは，また，別のことである。仮に，次の年に同じ実践に取り組もうとすれば，昨年は子どもたちが熱中したのに，今年は，一向に乗ってこないということになる。それは，保育者の指導力の不足とか，実践の計画に不備があるとか，そういう問題のためではない。実践とは，一回性のものであり，同じことは二度と再現できないものなのである。実際，ミズヨ先生は，ブラックスワン実践に，再度，取り組むようなことは考えなかった。この実践は，この年の，この子どもたちとだから意味があるのである。また，他の先生が，真似をすることにも意味がない。真似することができるとすれば，子どもと一緒になってワクワクして活動を楽しむということであり，その具体的な活動は，その保育者とそのときの子どもたちとの出会いの中で見つけ出すしかない。

　このように，多様性がいきる保育実践とは，原理的に模倣とか応用という発想にはなじまない。だれでも，いつでも実践できることを目指す「標準化」「マニュアル化」「スタンダード化」という方向とは対極的な発想を持たなければ，インクルーシブな保育を実践することは難しい。

　一方，同質性を価値とするＡタイプの実践は，別の保育者がそれを見ることで，同じような実践を模倣することができる。その概要を書いた指導案や，使用した材料などを使えば，別の保育者でも同様な実践を再現できる。もちろん，保育者ごとの経験の違いや，様々な工夫によって，細かな部分は変わるかもしれない。それでも，予定したように，保育者が手本として示したものを，クラスの子どもたちが製作するという点から見れば，ほぼ，同様な実践が再現できる。

　このクラスに，たとえば，自閉スペクトラム症の支援児（Ｑ君とする）が在籍

43

第Ⅰ部　統合保育からインクルーシブ保育の時代へ

しているとしよう。現在，多くの園では，Q君が混乱することなく，保育者の指示を理解して動けるようにと，いろいろな配慮がされている。たとえば，室内の掲示物や物の配置を簡素で単純なものにして，Q君の気が散らないようにする，指示を聞き逃したりしても，次にすることがわかりやすいように，図式化したスケジュールボードを目につきやすいところに設置したり，言葉だけでなく絵カードを併用して説明するなどである。自閉スペクトラム症児が，一般的に言語コミュニケーション能力が劣り，視覚認知能力が高く，さらに，感覚の過敏さ・鈍感さを持ち，予定の変更や新しいことを指示されたときに混乱しやすい，そういう，いわゆる，障がい特性理解にもとづいた配慮である。Q君が，このような配慮がない場合には，混乱してしまうが，このような配慮をすることで，比較的落ち着いて，この製作活動に取り組むことができることはありうる。しかし，実際には，自閉スペクトラム症と診断されていても，十人十色であり，その特徴は一人ひとり異なる。一見乱雑に見える環境で楽しく活動できる子どももいる。

　学校教育において，特別支援教育の制度整備が進む過程において，実践レベルでは，絵カード使用などの「視覚化」，教室環境を簡素にするなどの「構造化」などと呼ばれる細かな工夫が開発され共有されるようになった。また，「ユニバーサルデザイン」は，発達障がい児だけでなく，どの子どもにもわかりやすい環境・授業だと主張している。それらが，幼児期の教育・保育の場にも急速に浸透してきている。

　このような発想を基にした実践は，大人（保育者や教師）が設定した学習内容や目標を，子どもが効率よく「わかる」「できる」ことを目指すことを基本的理念とした支援である。したがって，そうできないことは「誤り」とみなされ，「価値がなく」「正されるべき」と考えられる。まえがきに紹介した，6個のリンゴを3人にどのように分けるかをじっくり考えていたユイちゃんは，そういう発想の授業では，「間違っている」と指摘されて，「正解」をするように急かされるのである。しかし，多様性がいきることとは，「間違っている」ことの中にこそ，実践を豊かにする宝物が隠されていると考えることであろう。

44

現在，園で浸透してきているそれらの取り組みは，統合保育の時代の発想の支援が洗練されたものである。つまり，できるだけ，保育者が提示した保育の枠組みに，子どもたちを上手に入れようとするものである。その意味で，子どもたちを「同質」にすることを価値としている。しかし，このような保育実践では，排除が生じることを避けることができない。

本章では，主に発達障がい児を念頭に置きながら，インクルーシブ保育とはどうあるべきかを論じてきた。世界的に見れば，たとえば，ヨーロッパの少なからぬ国の園においては，1クラス20人に満たない子どもたちが，その国の公用語とは別の10種類もの異なる母語を持ち，多様な宗教・民族的背景をもっている。つまり，発達障がいというのは，多様性の一部に過ぎない。そういうクラスにおいて，「同質性」を価値とするという発想はそもそも成立しない。インクルーシブ保育とは，支援児を含めて，子ども一人ひとりの違いを大切に尊重したいということを原点にして，そこに集まった子どもたちが，一人ひとりつながりあう活動を創造することなしには実現しようがないのである。

付記
本章は，浜谷（2018）の論文をもとに，加筆修正したものである。

〈文　献〉
東恵美・谷沢英輝　2015　友だちとともに自信をもって卒園すること　ちいさいなかま，2015年1月臨時増刊号，44-55.
浜谷直人　2018　統合保育からインクルーシブ保育の時代へ　首都大学東京人文科学研究科　人文学報教育学，**53**，1-45.
小柳由美子　2013　おとなも子どもも「こうでなければ」から抜け出す異年齢保育　現代と保育，**86**，6-19.

第Ⅱ部

多様性がいきる活動と対話が
生まれた実践

第2章 ファンタジーの世界を遊びこんで 互いに認め合えた仲間関係

三山　岳

1 生活発表会で喜び合った子どもの成長

　12月に迎えた年中児こぐま組の生活発表会。この日，舞台で起こった出来事を，会場いっぱいに詰めかけて子どもたちの劇を見ていた保護者のだれが想像できただろうか。それはこぐま組担任の尚子先生と副担任の秋子先生にとっても，まったく同じだった。「あの祐が友だちの話を聞き入れて，劇の役を演じきるなんて！」保護者や先生たちは驚いて，何が起きたのか，最初はわからないほどだった。

（1）自ら舞台に立った祐
　祐はのちに年長児になってから，自閉スペクトラム症の診断がついた男の子である。知的な遅れはないものの，集団で集まっての活動には好き嫌いがあり，年中児になってからも一人だけ活動から外れてブロック遊びをしていることも多かった。とはいえ，近頃は友だちがしている遊びに少しずつ関心を持つようになってきていた。しかし，友だちとのかかわり方はまだ経験不足で，自己中心的な思考が強いうえ，相手の気を引きたいときや，相手に嫌な気持ちを抱いたときに，すぐに相手に唾を吐きかけてしまう。このため，日頃の保育活動や遊びでは，彼を避けようとする友だちがこぐま組でも目立ってきていた。

49

こぐま組では11月から生活発表会に向けて，子どもたちと話し合い，絵本の『イエコさん』（角野／ヴォリ，2007）を題材にして，劇をつくっていこうということに決まっていた。「イエコさん」は森の中の一軒家。イエコさんのもとには，ネズミやネコやオオカミなど，いろんな動物が訪れる。しかしなんと，彼女は訪れた動物たちを次々に食べてしまう。最後に人間の子どもまでもが食べられてしまうが，じつはそれはイエコさんと動物たち（人間の子どもも含む）の遊びで，最後にパッカーンとイエコさんの壁や屋根が外れるやいなや，動物たちが元気よく出てくる。そして「また遊ぼうね」と約束して，みんなが帰っていく。

　3歳までの祐は，生活発表会の劇に一度も加わったことがない。いや，正確に言えば，舞台袖でじっと待機しているのが難しく，劇が始まるまでには観客席にいる両親を見つけて，親のもとに走っていってしまう，そういう子どもだった。けれどもその日，今年はだれも傍につかなかったにもかかわらず，自分でイエコさんのお面をつけて，自ら舞台に進んでいった。尚子先生たちは正直なところ，それだけで凄いことだと思っていた。けれども，感動したのもつかの間，祐が突然，同じイエコさん役で隣に立っていた蒼汰を舞台の上でガンガンと蹴り始めたのだ。

（2）自分のしたいことを表現できた祐

　祐がイエコさんの役に気乗りしなかったからではない。先生たちは一人ひとりが関心を持った役を納得のうえで決めてほしいという方針から，練習の終盤まで役を決めなかった。練習のたび，その都度，そのときにやりたい役を演じ，本番の1週間前まで当日の役も決めていなかった。舞台の大きさから，一度にでられる子どもの人数の数が限られているので，イエコさんになるのは一場面に二人までと決まっていた。そして，この最後の大団円のシーンでイエコさんの役を選んだのは蒼汰一人だけだった。一方の祐はと言えば，練習に加わったり，加わらずに遊んでいたりして，どちらかと言えば，練習に加わらないことが多かった。先生たちは本人のやりたい気持ちが育つのを待ち，無理に練習に

50

加えることはせず，クラス全体では自分の好きな役で楽しく練習が演じられるように心がけていた。

　このような調子だったので，本番の役を決めるときも，自分のでる役を最後まで伝えにこなかったのは祐だった。先生は内心「今年も厳しいかな」と思いつつも，その日も練習には加わらないで，部屋の隅で遊んでいた彼に向って「祐，何の役がしたい？」と尋ねてみた。すると，部屋の隅から先生の方にすっとやってきて，「イエコさん，やりたい」とひとこと言うと，また部屋の隅に遊びに行ってしまった。祐が大きな行事で自分のしたいことを表現したのは，今回が初めてで，先生もその祐の変化に驚いたのがつい一週間前。そんな祐がイエコさんの役を嫌がって，蒼汰を蹴っているとは先生たちには思えなかった。

　ただ，その蒼汰はどんな子かと言えば，かなり控え目に言ってもにぎやかな子どもが多いこのこぐま組で，彼は真面目に活動に取り組めるが，自己主張が苦手で，トラブルになるとさめざめと泣いてしまう子どもだった。これまでの練習でもイエコさんの役を最後まで演じきることへに執着がなかった祐の状況を考えるのなら，イエコさんが舞台から不在とならずに，劇自体が成り立つかどうかはまさに蒼汰にかかっていた。こぐま組はほとんどが年少児からずっと一緒なので，保護者ももちろん全員，いままでの祐の姿を知っているし，彼なりに頑張っているのもわかっていた。けれども，現実に今，観客の目の前で，蒼汰は嫌な顔ひとつ見せていないが，その蒼汰を何度も蹴っている祐が舞台にいる。

（3）呼び止める蒼汰に応えた祐

　張り詰めた空気の中，舞台袖の子どもたちも，保護者も，先生も，これからどうなってしまうのかと固唾をのんで注目していた。舞台袖で見守っていた尚子先生の耳にも，保護者の間からの「かわいそう…」というひそひそ声が聞こえていた。そのような雰囲気を感じ取ったのか，それとも緊張がピークに達したのか，祐は蒼汰を蹴るのをやめると，いきなり舞台から降りようとしたのだ。もう駄目だ，このままでは蒼汰ひとりが舞台に取り残され，彼が泣いてしまっ

て劇はおしまいになるのか，誰もがそう思ったときだった。

　舞台から降りようとする祐を見遣った蒼汰が，「もう，祐君，手伝ってよ
ー！」と突然，大きな声で祐を呼び止めたのだ。すると，いつもは声をかけて
も我関せずとばかりに，バァーッと走り去ってしまう祐が，ぴたっとその場で
立ち止まった。そして舞台を振り返り，ポカンとした表情で蒼汰を見つめた後，
またタタタッと舞台に戻ってくると，なんと蒼汰と手をつないでイエコさんの
役を演じはじめたではないか。昨日までの練習ですら，一度も最後まで演じき
ったことのなかった祐が，本番で蒼汰と一緒に見事に役を演じきった。これま
で一度も，他の子に強い要求を伝えたことのなかった蒼汰が，じつに堂々と大
きな声で祐に向かい合ったのだ。

　劇をやり終え，舞台袖に戻ってくる祐と蒼汰を見て，尚子先生と秋子先生は
これまでにない驚きと感激の思いで，彼らを出迎えたのだった。もちろん，プ
ログラムの終了後，蒼汰と祐の保護者にはこれ以上ないというくらい，丁寧に
フォローをしたことは言うまでもない。蹴られた蒼汰のお母さんの反応が一番
心配だったが，「泣くと思ったけど，乗り越えてくれてよかったです」とむし
ろ喜んでいる表情で，ホッと胸をなでおろす先生たちだった。

＊

　このエピソードは自閉的な傾向のある祐と，自己主張が苦手な蒼汰が行事を
通じて互いに成長する姿が見られた，という単純な話ではない。じつはこのク
ラス，４月の当初はこれまで保育歴20年を超える尚子先生の経験でも指折りの，
子ども同士のつながりが希薄だったクラスで，あちこちトラブル対応に追われ
ていた状態だったのだ。そのような状態では，蒼汰のような真面目でおとなし
い子どもとのかかわりは後回しになりがちとなる。この物語はこうした悩みを
抱えてきた尚子先生と秋子先生によって，どの子も対話できる環境がファンタ
ジー遊びを通してクラスに形成され，一人ひとりが多様なままに育ち合った保
育実践である。

第2章　ファンタジーの世界を遊びこんで互いに認め合えた仲間関係

2　みんながばらばらな状態でのスタート

（1）子どもとのかかわりに悩む日々

　「私，もともと4歳のクラスって苦手で。4歳になると集団ができてくるし。で，そこで何ができるかというと…。こんなんかな，でも中途半端やなって思って。それに加えて，この子らには私らが注意することがとにかく多くって。これだけ私たちが怒ってて，1日に何回この子ら怒られてるんだろうって。」（尚子先生）

　「私，持ち上がりだったんですけど，本当にもうめちゃくちゃしてはったんですよ，この子ら。あるときケンカの仲裁に入ったら，私の指を引き裂くように拡げられて，もう指ちぎれるんじゃないか，みたいな。で，泣いたこともあって。なんでそんなことするんだって。」（秋子先生）

　こぐま組を受け持った先生たちは子どもたちが進級したころの様子をこう振り返っている。とにかくクラス全体が落ち着かず，トラブル対応と注意に明け暮れる毎日だった。尚子先生にとって年少児のときはそこまで対応が大変だった記憶はない。けれども，年中児に近づくにつれ，集団全体として騒がしくなっていった。こうした状況は，子どもを園まで迎えに来た保護者が読めるように，と保育所前に設置されていた保育日誌にも記されている。

　「今日は完全にお疲れデー。さんぽはケンカ勃発で大変!!」

　昨日も雨，明日も雨の予報なので，今日は全員で行っちゃえと学生ボランティアと一緒に散歩に出かけました。大通りに出るまでにケンカ…，小さな路地に入ってケンカ…，川さんぽでケンカ…，ケンカの仲裁のたんびにストップして，それはそれは大変でした。きっかけはささいなことで，普段ならちょっとしたいざこざですみそうなところが，今日は一触即発！それでもなんとかさんぽは続行し，川でははっぱ流しやとび石渡り，虫さがしなどを楽しみました。

53

第Ⅱ部　多様性がいきる活動と対話が生まれた実践

　こうして４歳児のこぐま組は男児15名，女児12名を合わせた27名でスタートした。担当していた尚子先生と秋子先生は，どうしたらこの子どもたち一人ひとりと向き合うことができるのか，悩みどおしの毎日だった。尚子先生や秋子先生からすれば，一緒のクラスで，一緒に給食を食べ，昼寝も一緒にしているのに，子どもたち同士のつながりが希薄な状況のように見えた。それどころか，あっちでトラブルを解決してやれやれ，と思う暇もなく，こっちでもケンカ，またあっちでも仲裁，という毎日。尚子先生や秋子先生自身，クラスに安心と安全を感じられないときもあり，どのように子どもとかかわればよいのか，すでに自信を失いかけている状況だった。

（２）三つのグループと気がかりな状況

　発達相談を受けていたり，療育に通っていたりする子どもは５人（うち１人は事情により４月から長期欠席）。最初のエピソードで紹介した祐には年長児のとき，自閉スペクトラム症の診断がついた。登羅には自閉傾向に加え，軽い知的な遅れがある。普段から一人で遊んでいることが多く，友だちとのトラブルは少ないのだが，急に指をくわえて床に寝転がると，一人でグルグルと床を回る遊びにふけっていることも多い。敏は発達相談を受けた結果，知的には遅れはないものの，友だちとの会話がちぐはぐになり，長続きしない。このため，友だちと遊んでいても，いつの間にか輪から外れてしまい，別の盛り上がっている遊びを転々としている。啓太は発達相談でとくに問題はないと判断されているが，朝の会などの集まりで先生がみんなに質問を投げかけると，自信満々で焦点がずれた返事をしてくるので，クラス中が「ハテナ？」と首を傾げてしまうことが多く，場面を共有することが難しい気になる子である。

　集団としてのこぐま組はといえば，４月の時点では，子ども同士の友だち意識というより，子どものタイプによって三つのグループに分かれていた。一番目立っていたのは，３歳児のころから行動が派手でつねに動き回っており，遊んでいるうちに物の取り合いやケンカといったトラブルに発展してしまう「やんちゃグループ」（７人）。つぎに会話の量は豊かなのだが，言葉での応酬が激

第2章 ファンタジーの世界を遊びこんで互いに認め合えた仲間関係

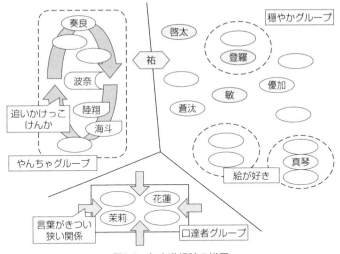

図2-1 年中進級時の様子
（注） 網掛けは気になる子。楕円以外は目立つ子。点線はなんとなくのつながり。

しいため，他の子たちが会話についていけず，他の子との遊びが広がらない「口達者グループ」（4人）。そして，お絵かきやままごとなどをして何となく遊んでいるが，それぞれが仲のよい友だち同士というわけでもなく，そのときにその場かぎりで一緒に遊んでいる「穏やかグループ」（15人）。それぞれの数の上では穏やかグループがクラスの半分を占めているが，実際には，やんちゃグループが巻き起こす騒動に先生が振り回されている状況だった（図2-1）。

また，子どもたちもタイプは似ている者同士でも，友だちとしての意識をもっているというわけではなかった。たとえば，やんちゃグループはホールや園庭をぐるぐるとただ走り回っているだけで，トラブルがあるとばらばらになってしまう。口達者グループも言葉のやりとりは多いものの，会話の中で仲間外れや口喧嘩がつねに絶えなかった。穏やかグループもつながりがあるわけではなく，他の二つのグループに入らないといった程度のタイプ分けで，一緒に遊びの場は共有していても，友だちより遊びのほうに関心があって，3歳児のように一人ひとりがばらばらに並行遊びをしている状況だった。結局，三つのグ

55

ループとも内実はばらばらで，違うグループの子ども同士で遊ぶ姿もほとんどなく，グループを越えた友だち意識はほとんど見られなかった。

　無論，先生たちは何よりも，このつながりのないばらばらとした状況がとても気がかりだった。気がかりではあるのだが，とくにやんちゃグループにいる陸翔と海斗，それに奏良の三人を中心にトラブルが頻繁に起こり，その対応に追われる毎日だった。三人のうちのだれかがきっかけになってケンカが始まり，先生たちがトラブルの対応に入っても，今度は他の二人が騒ぎに交じってきたり，別の場所で別のトラブルを起こしたり，といったことが頻繁に起こった。このため，保育も毎日がトラブル対応で手いっぱいになり，それどころか，とくに秋子先生にはトラブル仲裁のたびに，先生をつねったり，叩いたりしてくるので，先生自身がやんちゃグループの子どもとかかわるのを避けたくなるような日々が続いた。

3　保育者の反省をうながした「あかこの大脱走ファンタジー」

（1）過去に成功したファンタジー遊び

　どうすれば友だち同士のつながりや関係の深まりができてくるのだろうか，先生たちは悩んだ。最初のころは，だれをこのクラスで求心力のある，いわゆるキーパーソンとして中心に据えれば，現在の壁のある状況を崩せるか，とも考えた。その第一候補が，やんちゃグループの女の子である，波奈だった。彼女は年の離れた姉と家でケンカすることが多く，行動も言葉もなかなか迫力があるため，やんちゃグループの中でも一人だけ一目置かれている感じだった。ところが，波奈自身が興味のわかない活動にはまったく動こうとしないタイプの性格で，日によっても気分のムラがあるので，先生同士で話し合って，簡単にはいかないだろう，という結論になったのである。

　このとき，尚子先生の頭に浮かんだのが，5年前，同じく4歳児を担当したときに盛り上がった，ファンタジーを使った継続的な遊びだった。このときのクラスも今のクラスと同じくらいかそれ以上に子どもたちがばらばらで，子ど

も同士のつながりが希薄だった。けれどもある子がたまたま持ってきた絵本『かいぞく　がぼがぼまる』（かこ，1978）を題材にして，海賊ごっこを中心にしたストーリーや役割をつくりながら，みんなで遊び始めたことをきっかけに，子どもたちが徐々に互いの関係をつくり，先生自身も楽しめた経験を尚子先生は覚えていた。4歳児が苦手だったにもかかわらず，もう一度担任をやってみてもいいかな，と思えたのもこの経験があったからだった。そこで，秋子先生と相談して，ファンタジーを取り入れた遊びを始めようということになったのだった。

（2）設定に凝ったこいのぼりの物語

　ファンタジーと言っても，子どもたちと無関係に大人が内容を決めてしまっては意味がない。どの子どもも楽しんでいた遊びを振り返って考えるうち，5月に飾るこいのぼりに使うために，4月にみんなで取り組んだうろこづくりが思い浮かんだ。このうろこづくり，絞り染めの手法でやってみると，どの子も夢中で取り組んでいた。普段はあまり製作活動に関心を持たない祐ですら，説明は聞いていなくても，みんながくしゃくしゃに丸めた布を数色の絵の具に順番につけていき，最後に絞って染めるのを見ると，自分もやってみようとする姿があったことを先生たちは覚えていた。そこで，このうろこを使って作った「こいのぼり」なら，ファンタジーの世界を一人ひとりと共有できるのではないか，そう考えたのだ。

　みんなで作ったうろこを貼り付けた赤色のこのこいのぼりは，壁面装飾としてクラスの壁に飾ってあった。このこいのぼりが5月の下旬，突然姿を消したのである。最初はだれも気づかず，先生に言われてはじめて壁からこいのぼりが消えたことに気がついた子どもたちだったが，もちろん，どこに行ったかはわからない。好奇心旺盛な陸翔（やんちゃグループ）は興奮して，「きっとドロボウだ！絶対そうだよ！」と言い出し，保育者が止める間もなく，園長先生のところに報告に行ってしまったので，園じゅうが大騒ぎになってしまった。そこで園をあげて，あちこち探したのだが，こいのぼりはやはりいない。どこに

第Ⅱ部　多様性がいきる活動と対話が生まれた実践

行ってしまったんだろうね，と子どもたちに伝えていた6月のことだった。

【エピソード1】

　園庭にあるビワの木から取れたビワの実を食べていたとき，年少組の真理先生がこぐま組のみんなに話があるとやってきた。昨日，真理先生が公園の近くをお散歩していると，大きな魚のしっぽのようなものを目撃したとのこと。赤い色をしていたので，こいのぼりじゃないかと思って，みんなに尋ねに来たのだった。

　「え？」「なんで？」と子どもたち。「ドロボウが持っていったんちゃうかったん？」と尚子先生に尋ねたのはあれだけ大騒ぎした，好奇心旺盛な陸翔。その陸翔の言葉に，子どもたちも「こいのぼりってさあ，どっから逃げたんやろー？」とこいのぼりがいなくなったことを思い出したのだった。尚子先生が「それじゃあ，真理先生が捕まえてきてくれたの？」と尋ねると，「それがなぁ，追いかけたけど，逃げちゃってん…」と真理先生。子どもたちはまたまた「えーっ？」「どうしてー？」と驚いた表情。そのときぽつりと花蓮（口達者グループ）が「迷子になってるんかな…」とつぶやいた。この言葉にはっ！とした表情をした子どもが何人かいることに気がついた秋子先生は，「もしかして，こいのぼりは保育園までの道，わからへんのちゃうか？」と問いかけてみると，何となく納得した表情の子がちらほらと見えた。

　とりあえず，ファンタジー遊びにはみんな，興味を持ったようだった。やんちゃグループや口達者グループの子どもたちはもともと好奇心が旺盛で，言葉での働きかけには敏感だったため，ファンタジーは楽しめるだろう，という先生たちの期待はあった。失踪後の展開はあまり考えていなかったが，花蓮の言葉から，道に迷って帰ってこれないこいのぼり，そんな物語が生まれ始めていた。

【エピソード2】

　こいのぼりの目撃証言から2週間後。事務室で仕事をしている先生がこぐま組にやってきて，3歳児クラスのときに保育実習に来ていた学生から手紙が届

いたことを教えてくれた。そのお手紙を秋子先生が「あ，なんかお姉さん先生からのお手紙や。何やろなぁ」と言いながら受け取り，みんなの前で読むことになった。

手紙の中身を見た子どもたちはびっくり仰天。そこには手紙とともに岩のうえをこいのぼりが登っている姿が写った写真が同封されていたのである。手紙の内容は，実習生がみんなと行った山を散歩していたら，こいのぼりが山を登っているのを見て，そう言えば最近秋子先生からこいのぼりが迷子になったという話を聞いたことを思い出して，みんなに知らせようとそのときの写真を送ったというものだった。陸翔や花蓮はもちろん，波奈や海斗，奏良もみんな手紙や写真のまわりに集まって，「なんであそこの山にいたんやろ？」「どうやって行かはったんやろ？」「岩登ってるー。上手やなぁ，あんなとこ絶対登れへんわー」「どーやってこぐま組の部屋から出ていったんやろ‼」と大興奮。陸翔や海斗，奏良などはこいのぼりがいなくなったときと同様，やっぱり部屋を飛び出して，園長先生や他の先生にお手紙が届いたと伝えに向かったのだった。

もちろん，その写真は秋子先生が自分の休日を返上して，遠足で登った山まで赴いて，他の観光客が季節外れになにをしているのか，と奇異の目で眺めてくる中，わざわざ岩肌を登ってこいのぼりを置いて撮影をしたものだった。せっかく迷子になったという物語を花蓮が出してくれたのなら，みんなが行ったことのある場所でないと真実味がでない，そう思って写真まで撮ってきたのだった。

【エピソード3】

さらにその2週間後。いつも扉が開いているはずのプレイルームが閉まっている。尚子先生が「きのう，年少さんの真理先生が使っていたから，開けるの忘れたんかな。みんなで開けてきてくれる？」と頼むので，こぐま組みんなでプレイルームの扉を開けると，なんとそこにはあのこいのぼりが横たわっていた。「えー⁉」「なんでー？」「帰ってきてるやーん！」と歓声をあげる子どもたち。こいのぼりのすぐ傍には，いびつな字で書かれた手紙がひとつ落ちていた。

第Ⅱ部　多様性がいきる活動と対話が生まれた実践

　　"あー，たのしかった。こうえん，えんそくのおやま，たんぼのためいけ，
　いろんなところにいってきたよ。でも，もうつかれたからねむります。く
　らいところにかたづけてね。

　　　　　　　　　　　　　　　　　　　　　　　こいのぼりのあかこ"

　どうも「あかこ」というのは，このこいのぼりが自分でつけた名前らしい。
よくよく見ると，こいのぼりのしっぽに墨汁のあとも…。「そういえば真理先生，
なんかこいのぼりが落ちていたけど，しまい忘れたって言ってたわー」と尚子
先生が言うと，「このしっぽで字書きはったんかな」とまたまた絶妙なタイミ
ングで推測してくれる花蓮。「もう疲れたみたいやし，片づけといてあげよっ
か」と秋子先生が提案して，陸翔や波奈たちと一緒に倉庫に片づけたのだった。

（3）とりのこされていた子どもたち

　こうして1か月をかけ，こいのぼりのあかこのファンタジー遊びは幕を閉じ
た。花蓮の言葉をきっかけにして，こぐま組の子どもの関心も惹くことができ
た。無事，あかこも帰ってきて，これでひと段落，のはずだった。ところが，
尚子先生も秋子先生もすっきりしない，もやもやした気持ちが残ったままだっ
た。あかこのファンタジーは，もともと好奇心が旺盛であるやんちゃグループ
の陸翔や波奈，起きたことを頭で考えるのが得意な口達者グループの花蓮など
にとっては，たしかにとても盛り上がる活動だった。けれども，こぐま組の半
分を占める穏やかグループの子どもにとってはどうだったのだろうか，何より
も，集団に向けた言葉の理解がやや難しい祐，登羅，敏，そして啓太にはどの
ように映っただろうか，という思いがあかこのファンタジーを進めるほどに募
ってきていた。

　たしかに届いた手紙や写真，尚子先生や秋子先生の言葉に子どもたちは関心
を示していた。公園の目撃情報，あかこ発見の写真，帰ってきたあかこのしっ
ぽ。どのときも子どもたちは一斉に先生やあかこの周りに集まってきた。けれ
ども，興奮した顔つきで盛り上がっていたのは集まった子どもの半分ぐらいだ

60

第2章　ファンタジーの世界を遊びこんで互いに認め合えた仲間関係

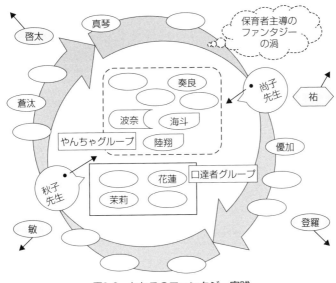

図2-2　あかこのファンタジー実践

った。穏やかグループの子どもたちはいつも集まりの外側に近いところで，陸翔や花蓮が大騒ぎするのを眺めていただけで，そこには興奮の渦が広がっていなかった気がする。それを裏付けるように，しばらくすると，一人，また一人とお絵かきやままごとに戻っていってしまう。もしかしたら，今回の遊びの渦は，子どもたちの側にたったものではなく，自分（先生）たちの自己満足だったのではないか？（図2-2）

祐や登羅，敏，啓太もほかの子どもと同じように「なになに？」と集まっては来るのだが，一番先に離れていってしまったのもこの子どもたちだった。考えてみると，あかこがその場にいないのに，あかこの話をしたところで，はたしてそのときにあかこのイメージが彼らの頭に浮かんでいたのだろうか。もちろん，遠足で行った山の写真が送られてきたときや，あかこが帰ってきたときは，写真やあかこを見ることができたため，すぐには離れていかなかった。けれども，年少児のときの実習生からの手紙は，誰からの手紙なのかわからずにまるできょとんとしていた。また，あかこが帰ってきてみんなが騒いでいるの

61

はわかるけれども，そもそも公園であかこを見かけたという真理先生の話や，すこし前に実習生から手紙が来たという出来事を彼らは思い出せていたのだろうか。実際には，陸翔や花蓮がなぜそんなに大興奮しているのか，彼らにはわかっていなかったのではないだろうか。そんな疑問が先生たちの頭をよぎった。

　先生たちにとって，毎日トラブルの対応に明け暮れるのはやんちゃグループの子どもたちに対してだったが，今回のファンタジー遊びでも盛り上がって，目立っていたのはやんちゃグループや口達者グループの子どもたちばかり。はたして，子どもたち全員の特徴や発達を考えて，取り組んだ活動だっただろうか。ぜんぶ大人が話の筋（物語）を創ってしまって，それに乗っかることができる子どもばかりが活動を楽しんでいたのではないだろうか。花蓮の一言から物語は広がっていったのに，そのワクワク感やそうだ！という気持ちを，彼らが十分に共有できるだけの働きかけをしていただろうか。

　よく振り返ってみれば，物語に乗っかることが難しかった祐や登羅，敏，啓太に対してだけでなく，穏やかグループの子どもたちが盛り上がりにかけていた。ということは，その子どもたちにも何もできていないということではないか。あかこのファンタジー遊びを終えて，先生はそうした反省の気持ちを痛烈に感じていた。

4　保育者主導の危うさに気づいた「へびおんなごっこ」

　5月から6月にかけて取り組んだファンタジー遊びで見えてきたことは，どんな活動であれ，よい意味でも悪い意味でも，大人の目はやんちゃグループに向いてしまう現状がある，ということだった。しかし，こぐま組に日常的にかかわれるのは尚子先生と秋子先生，という人数が限られた中で，穏やかグループに働きかけたいという願いはあっても，結局はやんちゃグループですぐに仲裁が必要なトラブルが起きるため，穏やかグループに働きかける時間が十分に取れないという矛盾が生まれていた。

　やんちゃグループを構成しているのは，あかこの脱走で陸翔が見せたような

第2章　ファンタジーの世界を遊びこんで互いに認め合えた仲間関係

好奇心の強い子が多く，それだけにファンタジー遊びにもノリノリで入ってくることができる子どもたちである。知的に問題はないが，コミュニケーションに課題のある祐にとって，このやんちゃグループの動きはとても目立ち，目についてしまう魅力的なグループだった。彼はその中でもとくに奏良が気になってしまい，彼と一緒に遊びたいと自分からその遊びに入っていくことが多かった。しかし，その場のノリのような曖昧なルールについていくことはできず，すぐに嫌になってトラブル相手につばを吐き，またトラブルになる…。毎日，その繰り返しだった。そこで尚子先生と秋子先生は，やんちゃグループにルールのある遊びを根付かせること，そして，グループを超えた子どものつながりを強くすることが当面の目標だと考えて，保育に取り組むことに決めた。

　夏が終わったころ，「へびおんなごっこ」がクラスに流行り始めた。オニにタッチされたら，特定の場所（木や壁，柱やフェンスなど）で手をつないでつながり，まだタッチされていない子どもがオニの隙を突いてその手つなぎを切れば，また逃げられるという単純なルールの遊びだ。こぐま組の子どもたちも年少児のころから，当時の年中児や年長児がそのへびおんなごっこで遊んでいるのを目にしていたので，遊び自体は知っていた。

　ところが，こぐま組になって夏を迎えるころになっても，子どもたちの遊びはよくて「ばくだんオニ」（オニがボール（爆弾）を持ち，タッチされるとその爆弾が爆発してアウトになる）や，「引っ越しオニ」（高オニの一種で，地面に描いた丸や三角，四角といったゾーンに入っているうちはオニにならない遊び）など，ルールが単純な遊びにとどまっていた。しかも，そうした単純な追いかけっこでさえ，やんちゃグループがやたらに走り回って自分たちだけで楽しんでいるだけで，自分たちと似たタイプの子（やんちゃグループ）以外にはタッチすらしようとしない。たまに他のグループの子どもが追いかけっこに加わっても，ずっとタッチされることなく，たんにぐるぐる走り回っておしまいになってしまう。そうすると，支援が必要な敏などは，さめざめと涙を流して，「敏君のこと，誰もタッチしてくれない」と泣いてしまうことが幾度もあった。そして最終的に

63

第Ⅱ部　多様性がいきる活動と対話が生まれた実践

はやはり，やんちゃグループの中でタッチした，しないで揉めて，そのうち互いに手が出てしまって先生が仲裁に乗り出す，といういつものパターンになっていた。

　そこである日，尚子先生は思い切って「へびおんなごっこ」をやろう，と子どもたちに声をかけて一緒に遊んでみた。最初のうちは先生が積極的に入って，ルールを徹底したのでみんな面白がって，大盛り上がりだった。しばらくは自由遊びの時間になると，先生も一緒になって園庭に出て，へびおんなで楽しく遊ぶことができた。『なんだ，ルールのある遊びだってできるんだ』と，尚子先生は子どもたちに偏見の混じった見方をしていた自分を反省しながら考えていた。ところが，秋も深まって草花が咲き始めると，穏やかグループの女の子がへびおんなごっこに誘ってもやらなくなり，すると，普通のごっこ遊びをしたい別の穏やかグループの子も抜け，気づくとへびおんなごっこをやる子（主にやんちゃグループ）とやらない子（主に口達者グループや穏やかグループ）が分かれ，結局，また以前と同じ構造になっているのだった。

　そんなある日，たまたま秋子先生が休みの日，へびおんなごっこには尚子先生，へびおんなごっこに加わらない子たちにはごっこ遊びが好きなフリーの保育者が担当してみると，今度はごっこ遊びが大盛り上がり。その日以降，ごっこ遊びはごっこ遊びのチームで盛り上がるという流れができてしまった。それならごっこ遊びにも先生が積極的に加わろうかという話になったものの，いざ入ってみると，こぐま組の半分の子どもがいるのに，それぞれが恐竜ごっこや，妖精ごっこ，ご飯づくりに夢中で，それが突発的に別のごっこ遊びとつながる瞬間はあっても，基本的に子どもが個々にその場その場で遊んでいるだけで，自然な流れの中で，他の子どもが巻き込まれるような，大きな遊びの渦やつながりになることはほとんどなかった。

　先生たちはクラスの子ども同士が一緒に同じ遊びで楽しめば，互いのつながりは深まるはずと思っていたが，実際には口達者グループや穏やかグループの子どもは自分のしたい遊びすら遊びこめていなかったという事実や，そうした状況なのに無理に保育者が主導してこぐま組全体を盛り上げようとすること自

64

体に無理があったことに気づいたのだった。

5 ねずみばあさんパニック！

（1）保育が子どもたちに壁をつくりだしていた？

　あかこの脱走やへびおんなごっこといった保育の活動を通して見えてきたクラスの現状は，保育者主導で遊びの渦をつくろうとしても，いくら魅力的な活動でもとくに配慮が必要な子どもや，もともと活発でない子どもは置いてけぼりになること，そして，一人ひとりが遊び込めていない状況では，子ども同士のつながりが切れて遊びの渦から外れていくという状況だった。

　さらに，もう一つ先生たちにとってここまでの実践で頭から離れない出来事があった。もともと園では以前から，月齢が低かったり，発達に気がかりがあったりして，友だちの遊びに乗りきれず，遊び込めていないと感じる子どもには，日頃の保育とは別に保育者が一人ついて，少人数でゆっくり好きな遊びができる時間を設けていた。多くの場合，祐や登羅，敏や啓太といった，日常の保育で個別の支援が必要な子どもを中心に遊んでいたが，活動を羨ましがる子どももいるので，支援が必要な子どもに限らず，その都度，四，五人のグループをつくって遊んでいた。

　先生たちが気になっていたのは，年中になってしばらくたったころ，普段からやや背伸びしてやんちゃグループで遊んでいる，と感じていた子に対して，ゆっくりとグループ活動してほしいと思い，グループ替えのときにこの少人数保育によく参加している子どもたちと一緒にしたときのことだった。するとその子は，『えっ，なんで僕が一緒のグループなの？』と明らかに驚いた顔をし，僕はこっちじゃないという表情を露骨に示したのだ。年少児のころから，個別の丁寧な保育を心がけて一生懸命に取り組んできたが，もしかしてこっちは特別な子，自分とは違う世界の子という意識を子どもに生み出していたのでは，という疑問がそのときに先生たちの頭をよぎった。自分たちでは支援が必要な子どもに，丁寧な発達の保障を個別にしていたつもりだったが，逆に子どもに

第Ⅱ部　多様性がいきる活動と対話が生まれた実践

グループ間の壁が見えてしまう形でつくりだしていたのではないだろうか。そういう疑問がそれからずっと頭の中から離れなかった。

（2）子ども一人ひとりの反応を大事にするファンタジー遊びを

　先生自身が子ども一人ひとりと自然な関係でつながっている場面はなかったのかとあらためて振り返ってみると，先生たちの頭に浮かんできたのが昼寝の前のお話の時間だった。尚子先生は年少児のころから寝る前に子どもに絵本を読んでいた。年中児になってからは，少し長めの絵本を数日に分けて読んでいた。思い返してみると，ほかの時間は配慮が必要な子や，やんちゃグループの子が部屋から飛び出したり，クラスにいても活動に関心を向けない子が少なからずいたりする中で，この絵本の時間だけは子どもは誰一人として抜けることなく，絵本と先生の話に聞き入っていた。そういえば，最近読んだ『おしいれのぼうけん』（古田・田畑，1974）も子どもが一人残らず，真剣なまなざしで聞き入っていた。これをきっかけに子どもたち全員とつながることができないだろうか。そう考えた尚子先生は秋子先生とも相談して，もういちどこの絵本のファンタジーの力を借りて，子ども一人ひとりの反応を大事にしながらかかわってみよう，そう決めた。

（3）ねずみばあさんからの手紙
【エピソード4】

　11月のある日。穏やかグループの真琴が「せんせー，海斗君の作ったうろこが床に落ちてた」と言いながら，4月にみんなで作ったこいのぼりのうろこを拾ってきた。そこで尚子先生が帰りの会でこのことを取り上げ，「これ，たぶん，あかこさんのうろこやな。倉庫にしまったはずなのに，どうしてこんなところに落ちてたんやろ？」とみんなに尋ねた。するとうろこを拾った真琴が「あかこがまた落としたんちゃう？」と冗談ぽく言うので，「そうかも知れんね」と先生は答えて，うろこを戸棚にしまった。

　次の日。尚子先生が朝から戸棚をごそごそして，「昨日さ，見つけてくれた

第2章　ファンタジーの世界を遊びこんで互いに認め合えた仲間関係

うろこがここにないんだけど？」と真琴に尋ねた。すると「秋子先生が片づけたんちゃう？」と答える真琴。そこで秋子先生に尋ねると「えっ？先生は片づけてないで。知らないなぁ」という答え。そこで，一度あかこを倉庫から持ってきて確認してみることになった。真琴は「あかこさん，起きれるかな？」と心配そうな表情をし，うろこを作った海斗も「海斗のうろこさ，あかこさんとこに戻ったんちゃうかな？」と友だちと話していた。

　倉庫から戻ってきた尚子先生が袋からあかこを出してみると，子どもたちが一斉に驚いた表情になった。あかこからうろこが全部はがれて，一枚も残っていないのだ。「全然，うろこないやん！」「無くなってるやん。なんで!?」「なんでなーん？」と子どもたちは口々に騒ぎ出した。すると花蓮（口達者グループ）が6月の大脱走を思い出したのか，「また，あかこのうろこだけが飛んでいったんちゃう？」と言い出した。ところがそのとき，袋から何か布切れが落ちてきた。それに目ざとく気づいた陸翔が「なんか入ってたで！」と拾い上げたので，みんなで布切れを見てみると，そこにはたった一言だけ書かれていた。

　　　　"うろこはもらったよ　ねずみばあさん"

　それを見て，一瞬，シーンとなった後，蒼汰（穏やかグループ）が「こ，怖い…」とポツリ。その言葉を境に，「どういうこと？ねずみばあさんが保育園にいてるってこと？」「ねずみばあさんはどっから入ってきたんやろ？」とその場は騒然とした状況になった。支援が必要な敏などは，不安を隠しきれずに「怖い。来たらどうしよう…」と泣き出す始末。同じく支援児の登羅も子どもたちの集まりから少し離れて，怯えた表情で固まっていた。

　ねずみばあさんは実在する。そう確信すると，奏良（やんちゃグループ）が「そういえばこの前，なんかチュウチュウって声が聞こえていた…」と言ってみたり，支援児の敏も「この窓のところの傷，ねずみばあさんのつめのあとや！」と，それまで気に留めていなかった窓の傷に理由をつけて言い出したりして，次々と証言が出てくる。さっそくみんなで窓のところまで行って「ほんとうだ！」「こんなんなかったな！」と大騒ぎ。

67

第Ⅱ部　多様性がいきる活動と対話が生まれた実践

そのうち，蒼汰が「もしかしたら，夜とかに来てねずみばあさんに連れて行かれんかな？」と言い出した。すると，子どもたちは口々に「倉庫に戻したら危ないんちゃう？」「絶対，来るわ！」と言い出し，どこが安全かという話から，あかこには部屋の戸棚の中にひとまず隠れてもらうことになった。それでも啓太（支援児）は不安な様子で，「まさか，目玉まで取られへんとええけど…」と言いながら，あかこの目玉に絆創膏を貼り，部屋で眠ってもらうことにした。そんな中，昨日，床にうろこが落ちているのを見つけた真琴は「ねずみばあさんはさ，なんでうろこを持っていかはったんやろ？」とつぶやいたが，誰もそれに答える子どもは出てこなかった。

うろこのないあかことねずみばあさんからの手紙は，尚子先生と秋子先生で一緒に考えて，用意したものだった。6月にもやもや感が残ったあかこに再登場してもらい，加えて5年前の『かいぞく　がぽがぽまる』から生まれた海賊ごっこが楽しかったことから，スリルのあるワクワク感を子どもと共有したいと，『おしいれのぼうけん』のねずみばあさんからの手紙を書いた。5月にやったあかこの脱走ファンタジーのように，また保育者主導のファンタジーになってしまったらどうしよう，そういう不安が先生たちになかったわけではない。しかし，この手紙が子どもに妙なリアル感を生み出したことで，蒼汰の一言から「あかこを守らなくては」という雰囲気が生まれ，みんなであかこを部屋に匿ったり，ねずみばあさんがなぜうろこを取っていったのかと考える真琴がいたりと，多様な子どもの姿を確かめることができたのも事実である。ただ，思ったよりねずみばあさんを怖がる子どもがいたことや，ねずみばあさんがうろこを持ち去った理由を説明しないと，真琴の疑問に答えることにならない。次の日の朝にはどうやって子どもと向き合うのか，考えさせられる一日だった。

（4）子どもたちが展開していくファンタジー

【エピソード5】

次の日。登園すると真っ先にあかこを確かめる子どもたち。あかこがいるだ

けでなく，目玉もちゃんとついていることにみんな安心した表情だった。海斗が「もしかしたら袋にうろこも帰ってきているかも」と言うので，袋をひっくり返して降ってみると，小さな紙切れがひらりと落ちてきた。「何かあった！」と興奮する陸翔。尚子先生は職員室で事務作業をしていたので，子どもたちは秋子先生に読んでもらった。

　　"わたしはねずみばあさんのおとものねずみのちゅうこです。みんなが
　　さがしているうろこをねずみばあさんがとるのをみていました。ねずみば
　　あさんはみんなのきれいなうろこで，ぶとうかいできるためのドレスをつ
　　くろうとおもったんだ。
　　また，みんなにこっそりしらせることがあればてがみかくね。
　　　　　　　　　　　　　　　　　　　　　　　　　　　　　　ちゅうこ"

　尚子先生と秋子先生が真琴の疑問に答えるために考えついたのが，絵本には名前の出てこない創作の「ちゅうこ（チュウ子）」に，ねずみばあさんが盗んだ理由を書いた手紙を出させることだった。理由がわかれば，ねずみばあさんが怖くて泣きそうだった蒼汰や啓太，敏といった子どもたちの不安もやわらぐのではという思いもあった。手紙の内容を聞いた子どもたちは職員室の尚子先生のところまで何人も走ってきては，興奮した表情で報告した。ただ，「ねずみばあさんから手紙が来た！」と言いにくる子がけっこういて，"ねずみばあさんのおとも"という意味が理解できていないようだった。とはいえ，ねずみばあさんにばれてはいけない，とは思っているらしく，さんざん大声で報告した後，「ばれたらあかんねん」と職員室にいる先生たちに念押しする子どもたちだった。

　そこで次の日，尚子先生が「おとも」の意味を説明すると，さっそく『おしいれのぼうけん』を本棚から引っ張り出し，ちゅうこさんを探し出す子どもたち。みんなでじっとねずみばあさんの挿絵を眺めていると，花蓮（口達者グループ）が「あった！これちゃう？」と指さした先には，一匹だけ目が吊り上がっていないねずみの姿があるではないか。「そういえば，このねずみだけ怖い

第Ⅱ部　多様性がいきる活動と対話が生まれた実践

顔してへんな」「きっと，これがちゅうこさんちゃう？」。怖いねずみばかりじゃないことがわかって，啓太や蒼汰も何となくほっとした表情だった。

　ちゅうこさんが本当にいることを確信した子どもたちは，他の場面でもちゅうこさんがいないかと探していると，ふいに真琴が「わかった！ドレスが黒いからきれいなうろこをつけたかったんや！」と納得したような声で叫んだ。なるほど，たしかにそういえば，ねずみばあさんの服は真っ黒（白黒の挿絵なので当然なのだが）。子どもたちも絵本を見ながらなので，なるほどという顔をしている。前日の真琴の疑問に答えたちゅうこからの手紙のことを，真琴はずっと考えていたらしい。そして彼女なりの答えを見つけたのだ。

　同じ挿絵を見ても，優加（穏やかグループ）の視点は違った。「そうか！これは魔法の鍵でどこでも開けられるんや！」たしかにねずみばあさんは腰から鍵束をぶら下げている。「だから保育園に入ってこられたんや！」先生たちも予想していなかったような，こぐま組だけのファンタジーが次々に展開していく。尚子先生も秋子先生も前回のあかこのファンタジーよりも，自分自身楽しくなってきていることを感じていた。

（5）敏の言葉が受け入れられる

【エピソード6】

　あかこのうろこが盗まれて一週間。ねずみばあさんからもちゅうこさんからも音沙汰はなかった。それがかえって子どもたちの想像を掻き立てていた。「ねずみばあさん，ちょっとかわいそうやったな」「ドレスは間に合ったんやろか」。そんな会話が毎日どこかで聞こえていた。

　ところがその日，こぐま組の倉庫からまた手紙が発見された。「ねずみばあさんからだ」と秋子先生が伝えるまでもなく，子どもたちはすぐにそれが誰からかわかった。一週間前の手紙が書かれていたのと同じ色の布切れだったからだ。やっぱりねずみばあさんがこぐま組に入り込んでいたのだ。優加が絵本で見つけた，あの腰にぶら下げた鍵束を使って入ってきたのだろうか？けれども鍵を開けて，また扉を閉めていくようなことをするだろうか？

70

みんながあれこれ推測している中，敏（支援児）が「扉から入ってきたんじゃなくて，ここの窓の鍵が開いてて入ってきたんとちゃう？」と珍しく意見を述べた。敏は普段あまり会話が得意ではない。とくに友だちとの会話の往復が難しく，テンションが高くなると，一人で話を突っ走っていくことが多い。今回もみんな，最初は「ああ…」と今一つの反応だったが，「だって，この前さ，窓のところにつめのあとがあったやん」とさらに説明を続ける敏。そうだ，たしかにあのとき，敏はそう言っていた！それで子どもたちも「そうなんかも」と何となく納得した表情になったのだった。

　これは先生にとって驚くことだった。ねずみばあさんからの手紙は，前回，ねずみばあさんがどこでも開けられる鍵を持っている，という優加の発見にみんなが納得した様子だったので，忍びこめるのならということで置き手紙を作ったものだった。どこから入って来たか，ということが話題になるとも思っていなかった。それに，敏はいつも一人で勝手に話を進めてしまうので，あまり子どもたちも耳を傾けない雰囲気ができつつあった。けれども，今度は何だってありのファンタジーの世界。子どもたち一人ひとりがああかもしれない，こうかもしれないと推測しあう中では，敏の意見は奇抜なものにならない。むしろ今回は，そうだったのか！という驚きをもって子どもたちに受け止められた。自分の意見が受け入れられた敏は，いつにも増して嬉しそうな顔をしていたのが，先生たちには印象的だった。

6　ねずみばあさんへの贈り物になったうろこのドレス

（1）作戦会議とドレス探し

　ねずみばあさんからの手紙は子どもたちへの挑戦状だった。ドレスは作ったが，舞踏会までに間に合わなかったので，こぐま組に返すというものだった。ただし，隠し場所は自分で探すようにと指示があり，その場所のヒントは「保育園ではない，暗くて，水があって，カーテンの向こう」というものだった。子どもたちはそれを聞いてそれぞれに推理を始めた。最初は先生が保育園のな

第Ⅱ部　多様性がいきる活動と対話が生まれた実践

かじゃないみたいだと伝えても，お構いなくみんなバラバラに考えていたが，奏良（やんちゃグループ）が園の近くを流れる用水路で黒いカーテンを見たことがあるかも，と言い出したことで，近いうちにこぐま組で用水路にドレスを探しに行こうということになった。

【エピソード7】

ドレスを探しに行く前日（手紙が来た翌日），子どもたちはドレスを取り返す作戦会議を開くことにした。先生たちの中では鈴か何か音が鳴るものを持って行こうか，と内心思っていた。作戦会議で尚子先生は，いたずら心が少し出て，「なんで急にドレスを返してくれるなんて言ってきたんかな？もしかして，ドレスを取り返しに来たみんなを待ち伏せして，食べるつもりやったりして…」と投げかけてみた。すると，やんちゃグループの奏良がその言葉に反応して，「包丁持っていったらいいやん」と言うと，「いや，鉄砲持っていったらいいんちゃう？」と海斗（やんちゃグループ）がそれに乗っかってちょっと物騒なことを言う。そこで尚子先生が，「それ持って歩いてるところを警察の人に見つかったら，みんなが捕まるからあかんわ。先生，困ってまうわ」としてボツにした。

物騒な案はひとまず却下になったものの，それで勢いづいたのか，口達者グループや穏やかグループの子どもも少しずつ議論に加わっていった。茉莉（口達者グループ）が「ねずみは猫が嫌いなんやで」と知っている知識を言うと，「そうや。いつもこぐま組で散歩に行く道にいつも猫が集まっている屋根があったやん。あそこに捕まえに行こう！」という陸翔（やんちゃグループ）や，「保育園の近くにあるお麩屋さんの車の上にいつもあそこの猫が寝とるで。あれなら捕まるんちゃう。先生捕まえてきてー」という優加（穏やかグループ）など，猫を連れて行かないと駄目みたいな雰囲気になった。

慌てた尚子先生は，「せやけど，猫なんかすぐに捕まらんで。ほら，熊やったら鈴つけておくと怖がるって聞いたで。この前のお祭りで練り歩きに使った鳴子，あれなんかどう？」と提案するも後の祭り。海斗の「じゃあ，みんなで猫の顔を大きく描いたのを持ってけばええやん！」という言葉で，何を持ってい

第2章　ファンタジーの世界を遊びこんで互いに認め合えた仲間関係

くかが決まった。猫の顔をこぐま組全員で描く時間もなく，その日の夕方，先生たちは明日のドレス探索に向けて，段ボールに大きな猫の顔を描いたものを用意する羽目になったのだった。

　次の日，こぐま組は鳴子を手にした子ども全員と，猫の顔が描かれた段ボールを持った先生で保育園を出発した。怖がる子どもを無理に連れていくつもりは最初からなかったが，だれ一人も保育園に残ろうとしなかった。やんちゃグループの波奈や陸翔，海斗といった好奇心が旺盛な子どもが列を先導し，用水路につながる土管の出口などを覗き込んで確認していく。怖がりで不安になりやすい子どもたち（冒頭の生活発表会で活躍する蒼汰や支援児の登羅や敏など）は，列から少し遅れ気味で不安そうな顔をしていたが，それでも自分から頑張って付いて来ていた。支援児の祐や啓太はこのときにはもうそんなに怖がらずに列の真ん中あたりで，祐などは先頭の陸翔や海斗を真剣な眼差しでじっと眺めて，彼らが土管を覗くたびに鳴子を必死に振っていた。

　けれどもなかなか見つからない。「ドレスは川じゃないんかなぁ」という声が誰からともなく出始めたそのとき，海斗が「あっ，あそこや！」と指さした先には，大きなトンネルが水路のそばにあり，そこにはゴム製の黒いカーテンが掛かっていた。間違いなく，あそこに違いない。けれどもトンネルの中はカーテンがかかっているせいか，真っ暗で何も見えず，ゴーゴーという音が聞こえるばかり。

　トンネルの中は危険ということで，尚子先生が調べに行くことになった。「じゃあ，行ってくるわ。もし30を数えても先生が戻ってこなかったら，みんなは保育園に急いで帰って，園長先生に知らせといて」と言い残して，尚子先生はトンネルに消えていった。どの子もねずみばあさんを近づけまいと，一生懸命に鳴子の鈴をかき鳴らし，段ボールの猫を掲げて，秋子先生とともに大きな声で30まで数えていく。25…，26…，27…，28…。尚子先生はなかなか帰ってこない。もう30になってしまうとみんなが思ったそのとき，尚子先生が薄紫色の袋を持って飛び出してきた！「ワーッ！」と一斉に歓声をあげる子どもた

73

第Ⅱ部　多様性がいきる活動と対話が生まれた実践

ち。誰ともなく「ねずみばあさんが追いかけてくるかも！」という声があがり，
袋を抱えて急いでみんなで園に帰った。

（2）あの登羅が喜びを爆発させた！
【エピソード8】

　園に帰って袋を開けてみると，黒い布地にうろこがきれいにちりばめられた
ドレスが入っていた。その瞬間，みんなが大喜びで興奮の渦に巻き込まれた。
先生たちがこのときに一番驚いたのが，登羅（支援児）の喜びようだった。登
羅は自由遊びの時間にふと気がつくと，一人で指をくわえて寝そべっているこ
とも多く，それほど活発に表情を見せることがない子どもだった。あかこが脱
走したときも，みんなが集まっているとちらっと寄ってくるだけで，ほとんど
目立たなかった。今回のねずみばあさんの実践でも，先生と活発に話をしてき
たわけでもない。でも，いつもの自由遊びの時間と違って，今回はいろんな手
紙が来るたび，不安そうな表情を浮かべながらも，かならず集まりの場にいた。
その登羅がこんなに表情を爆発させて，一緒に飛び跳ねて喜ぶ姿は今まで見た
ことがなかった。本当はここでねずみばあさんのファンタジーを終える予定だ
ったのだが，登羅のこれまでにない喜びようを見て，もう少しだけこの世界を
子どもたちと共有したい，そう先生たちは思い直したのだった。

　取り返したドレスは戦利品として，こぐま組の壁面に飾り，数日たったある
日。朝の会で出席簿のバインダーからポロリと落ちた紙切れ。相変わらず，め
ざとく陸翔が「なんか，落ちた！」と言うと，みんな「あっ，手紙や！」とた
ちまち大騒ぎ。ちゅうこさんからの手紙だった。ねずみばあさんは毎年舞踏会
に誘われるが，いつも着ていける綺麗なドレスがなかった。本当はうろこを盗
みに入ったとき，その事情を聞いたあかこが，それならうろこは差し上げる，
返さなくていいと言ってくれたが，結局今回もドレスは着ることができなかっ
た。それではあかこに悪いので，ねずみばあさんはドレスを返すことにした。
そんな内容だった。

　手紙の内容を聞いた子どもたちは「ねずみばあさんもかわいそうやな」「こ

ぐま組が作ったうろこが綺麗やから，欲しくなってしもたんやな」と，壁のドレスのほうを眺めながら，ねずみばあさんの事情を理解したようだった。そのとき，あの蒼汰がつぶやいた。「前に来たねずみばあさんからの手紙，『間に合わなかった』って書いてあったな」。それを聞いた奏良も「またパーティに着ていけるように，ドレスを返してあげたらへん？」と提案した。いいこと思いついたという顔をしていた。口達者な花蓮も奏良の意を汲み取ったように，「そうやな。あかこもあげるって言ったんやし。このドレス，ねずみばあさんに返したろ」と同調した。

　蒼汰と奏良，花蓮の発言から，そうやな，返したろ，という雰囲気になったこぐま組。手紙の次の日，みんなで黒いカーテンのところまでドレスを持って返しに行った。先日のドレス探索で自信がついたのか，前回は「怖い，怖い」と言って腰が引けていた花蓮を含め，だれも不安そうな表情はせず，笑顔で返しに行ったのだった。

7　冒険ファンタジーから生み出された子どもたちの変化

（1）子どもたちにつながりが生まれる

　このねずみばあさんの冒険後，子どもたちの行動に少しずつ変化が見られるようになった。子どもたちの間に次第につながりが見えてくるようになった。一番はっきりと変化が見えたのは支援が必要な子どもたちだった。ねずみばあさん実践以前の彼らは，自由遊びの時間に友だちとじっくり遊びこむことが難しかった。少人数でゆっくりと自分の好きな遊びができる特別な時間でさえ，それまで自分からこの遊びがしたいと言い出すことがなかった祐や登羅，啓太が，自分から先生にねずみばあさんごっこをしたい，と言い出すようになった。

　ねずみばあさんごっことは保育園から一緒に散歩に出かけていき，黒いカーテンのところに行っては急いで戻ってくる，というねずみばあさんのドレス探索の再現だったが，そのときのドキドキ感，わくわく感をその都度感じている様子で，あまり年下に関心のなかった彼らが，遊歩道の途中で出会った同じ保

育園の年少児に対して，「ここにねずみばあさんがいたんやで！」とこぐま組に起こったことを伝え，自分からかかわろうとする姿が出てきた。

とくに冒頭のエピソードに登場した祐は変化が大きかった。ねずみばあさん実践以前の祐は，活発なやんちゃグループに憧れ，奏良をあこがれの対象として追いかけてばかりいた。しかし，そのあこがれは何となく気になるといった程度で，奏良のしていることに憧れ，真似をしたいというほどの強い動機ではなかった。しかし，今回のねずみばあさんの出来事で，いつも手紙を見つけたり，探索にも恐れずに立ち向かっている陸翔や海斗の姿を見てから，彼らのあとを追っかけることが増えた。奏良が気になっていたときは，一緒に遊びたいという一言が言えずに嫌がられたり，トラブルがあるとその場から逃げてしまっていたが，尚子先生や秋子先生を介して「一緒に遊びたかったんだ」と伝えられるようになった。陸翔や海斗にとっても，祐はすぐに逃げてしまう嫌な奴というイメージが消え，あとから入りたいと言ってきた祐をへびおんなごっこに混ぜて一緒に遊ぶといった変化が見られた。4月5月の海斗と祐は，散歩の順序やブロック遊びでも，どっちが先かでケンカばかりしていたが，一緒にへびおんなごっこで楽しく遊ぶ仲になろうとは，当人たちも想像していなかっただろう。

冒頭の祐と蒼汰のエピソードに出てきた生活発表会にも，こうした陸翔・海斗と祐の関係が反映されていた。ねずみばあさんの実践以前は運動会の練習に張り切っている奏良には関心も示さず，一人だけ違う遊びをしていた祐が，イエコの劇の練習ではイエコさんの役を練習で選んでいる海斗を見て，先生がどの役にするの？と彼に尋ねてみたとき，はじめて「イエコの役をやる」と自分の役を自分で決めて返事ができた。生活発表会に限らず，祐が自分で自分のやりたいことを決めて，言葉で伝えることができたのは，少なくとも，行事でははじめてのことだった。

また，みんなのつながりがばらばらだったころの蒼汰は，ケンカやトラブルなど不安なことがあると，一人でシクシクと泣いていたり，やりたいことがあっても先生に伝えずに黙っていたりするなど，穏やかグループの典型例のよう

第2章　ファンタジーの世界を遊びこんで互いに認め合えた仲間関係

な子どもだった。その蒼汰がねずみばあさんの実践と生活発表会のあと，みんなでやっていたばくだんオニでも，オニの役をやりたいという子どもがなかなかいない中，自分からオニになりたい，と言い出し，途中であきらめることなく，最後まで追いかけていくようになった。そして，運動会に向けて取り組んだ三角馬の練習で，すぐに乗れた子どもたちにも励まされながら最後まで一緒に練習に取り組んだ敬とも，よく一緒に言葉を交わして遊ぶようになっており，仲のよい友だちという思いを互いにもっている様子が見られた。

　こうした友だち同士としての意識が深まったのは支援児たちや蒼汰，陸翔，海斗だけではない。ねずみばあさんの出来事のあと，穏やかグループの子どもが次第にやんちゃグループの遊びに，自分から加わることが増えていった。自由遊びでやんちゃグループを中心に遊んでいたへびおんなごっこに，穏やかグループの子どもが一人ひとり，別々の機会に自分からその遊びに加わって遊ぶことが増えたのだ。それだけでなく，新しい年が明けるころには，それまではまるで，暗黙の了解のようにやんちゃグループ主導でないと始まらなかったへびおんなごっこを，やんちゃグループに気兼ねすることなく，穏やかグループの子どもだけで始めることができた。そして，そのへびおんなごっこにやんちゃグループの子どもが次々と加わり，尚子先生や秋子先生が主導することがなくても，子どもたちだけで遊べるようになっていた。

　その一方で，穏やかグループの子どもも，ねずみばあさんのファンタジーでは手紙が届くたび，製作の時間や，給食の時間にこっそり，「ねずみばあさんがドレス作るのにこいのぼりのうろこ取らはったんやって」と先生に耳打ちするようになったあたりから，何かあると自分から先生に報告しにきたり，先生を頼りにする姿が見られたりするようになった。たとえば，生活発表会のときには，先生が子どもに一人ひとり頑張っていた場面を詳しく伝えると，後で自分からそのときのことを話しに来てくれることも増えた。自由遊びのときには先生たちが一緒に遊ぼうが遊ぶまいが，自分だけの世界で遊んでいた穏やかグループの子どもたちは，遊びの中で感動したり，楽しかったり，遊びに加わって欲しいとき，「先生も一緒にしよ！」と誘ってくることも増えた。

第Ⅱ部　多様性がいきる活動と対話が生まれた実践

（2）イメージの共有から生まれた楽しい保育

　尚子先生と秋子先生はねずみばあさんの冒険をとおして，子どもたちと一緒のイメージを共有できることがとても楽しかった。それは子どもたちも同じで，トラブル対処に明け暮れていた4月当初に比べて，今はこんなに楽しく子どもたちといろいろな話ができる。これがねずみばあさんが残してくれた最大の置き土産だったのかもしれない。最後のちゅうこさんからの手紙は，ねずみばあさんがただ怖いだけの存在にならないようにという意図で登場させただけで，子どもたちがドレスそのものをねずみばあさんにあげてしまうとは考えてもいなかった。そこでファンタジーを通じて活躍してくれた，今や丸裸のあかこには，ねずみばあさんにあげてしまったドレスのうろこの代わりに，今度はマーブリングの手法でうろこを作り直すという機会も年長にあがる前の2月に新たに設けた。そのときもうろこをもう一度作りながら，子どもたちとまたねずみばあさんとの出来事を楽しく思い出し，冒険のイメージを再び共有することもできた。トラブル対応に追われていた4月から1年を終えてみると，子どもたちと過ごせて楽しかった，先生自身が心の底からそう思える3月を迎えていた。

8　実践のまとめ

（1）保育者主導のファンタジーは排除の危険をはらむ

　この実践の特徴は，固定化した集団が形成されているように見えて，実際には集団同士でも，集団内部でも子どものつながりが希薄な状態であるがために，保育者が特定のグループ（やんちゃグループ）への対応に追われ，支援が必要な子どもや目立たない子どもと保育者との関係も深められない状態から，ファンタジーのイメージを共有する中で，子ども同士が互いに自分とは異なる他者の存在に気づき，同じ生活空間にいる仲間として対等な関係が成り立つ状態に移行していったところにある。

　このプロセスにおいて，重要な役割を果たしたのがあかこやねずみばあさんのファンタジーであったが，この実践において重要なことは，ファンタジーの

導入それ自体ではない。重要だったのは，ファンタジーの紡ぎ手が誰であったか，ということである。夏休み前のあかこのファンタジーの実践において，その紡ぎ手は保育者であった。「迷子になったのかも」という花蓮の言葉に寄り添い，実践に組み込むことはあっても，大枠としての物語は始まりから終わりまで保育者が決めており，いわば道筋の見えた保育者主導の活動だった。しかし，こうした活動ではその実践に「食いつく」子どもが中心となり，周辺にいる子どもたちは排除されて取り残されたり，自分から活動から離れていったりしてしまう。ファンタジー活動そのものは盛り上がったように見えても，周辺にいる子どもの側からすれば，本人が見ていようと見ていまいと勝手に進行するテレビの子ども向け番組と同じだったのかもしれない。そのような番組はクラスの子ども全員の共通言語にはなりえない。結局，固定化された集団は維持されたままであり，へびおんなごっこでの二極化はその状態が露呈したものとしてとらえられる。

（2）対話をうながす子ども主体のファンタジー

　本実践のポイントは，ねずみばあさんのファンタジー実践が，あかこのファンタジー実践とは対照的に，子ども主体のファンタジーへとその性格を変えたところにある。精神的な幼さが気になるこのクラスにおいて，最初の導入自体は保育者が担わざるをえないところはあったものの，その後の展開は基本的に子どもが紡ぎだしたイメージを中心に，物語の方向が決められていった。あかこを戸棚に匿ったり，ねずみばあさんの鍵や窓の傷に意味をもたせたり，猫を集めようとしたり，ドレスをねずみばあさんに返そうとしたりといったことは，すべて保育者が想定すらしていない展開だった。

　保育者はこうした発想を受けとめ，子どもが紡ぎだすイメージが流れる方向を見定め，ファンタジーに新たな物語を付け加えていった。子どもが想像した語りを発展させ，手紙という具体的な形で具現化することで，「ほら，やっぱり！」というリアルな感覚が子どもに生まれ，さらにその感覚をもとにした新たな語りが子どもから紡ぎだされていく。すなわち，このねずみばあさんのフ

ファンタジー実践は，子どもと保育者の間の「対話」の結果であり，終わりが自分たちとは関係ないところで最初から決まっているテレビの子ども向け番組とは決定的に異なるプロセスの結果であった。

　そのような子ども主体のプロセスでは，子ども自身，自分の思い浮かべた発想を言葉にして，他者（子どもや保育者）に伝えることが必要になる。伝えられた相手は伝える相手を認識し，理解しようとすることで，より面白い発想を思いつく。すると，今度は自分が相手に伝える必要性に迫られる。あかこを守ろうと言った蒼汰（穏やかグループ）や，窓に残された傷はねずみばあさんの痕跡だと伝える敏（支援児）の行動は，そのことを如実に表している。また，祐（支援児）が陸翔や海斗（やんちゃグループ）の恐れずに行動する姿に惹かれ，自分でも意見を述べるようになっていったというのも，保育者主導のファンタジーから子ども主体のファンタジーへと変化したからこそだと思われる。

　こうした経験を積んだ蒼汰と祐だったからこそ，冒頭の場面が生まれたのだと言える。率直なところ，普段の保育活動や練習において，蒼汰と祐の間で互いに意識し合ったり，仲が急接近したり，ということはなかった。けれども，子ども一人ひとりがねずみばあさんのファンタジー実践という，わくわくするような興奮の渦に主体的に対話をとおして加わったからこそ，冒頭のエピソードのような関係性が生まれたのだと考えられる。そして，保育者主導のファンタジーであったことを内省し，子ども主体のファンタジーへと変化させていった保育者の取り組みが子どもたちやクラスの関係性に大きな影響を与えたと言えるだろう。

　　謝辞：執筆にあたって事例を提供していただいたR保育園のI先生，T先生，ならびに保護者の方々にお礼申し上げます。

〈文　献〉
古田足日・田畑精一（作）　1974　おしいれのぼうけん〈絵本・ぼくたちこども
　　だ1〉　童心社

第2章 ファンタジーの世界を遊びこんで互いに認め合えた仲間関係

角野栄子（ぶん）ユリア・ヴォリ（え）2007 イエコさん ブロンズ新社
かこさとし（作・画）1978 かいぞく がぼがぼまる 童心社

第3章　日々の活動を通して一人ひとりを対話でつなぐ

五十嵐元子

1　劇づくりを通して垣間見た子ども同士のつながり

　年長クラスの2月。くじら組の子どもたちは，3月初めの発表会に向け，劇づくりに夢中になっていた。そこへ，就学直前まで欠席するはずだったマサオ君の保護者から「また明日から登園します」と連絡が入った。突然のことでアキ先生は驚いたが，そのことを子どもたちに伝えると「本当に？」「やった！」と喜んでいた。中でも，リュウジ君が“やった！”と言わんばかりに無言でガッツポーズをとっていたのである。

　筆者とアキ先生は，このエピソードが，一番のお気に入りだ。なぜなら，目の前にいない仲間を思う気持ちに，クラスの子どもたちの結びつき（つながり）を感じるからである。

　かつてリュウジ君はマサオ君のことをもっとも嫌がり，避けていた。そのリュウジ君がマサオ君の帰りを心から喜び，マサオ君をクラスの一員として見るようになっている。その他の子どももマサオ君の帰りと劇への途中参加を一切厭わず，明日，マサオ君が登園するのを楽しみにしている。まるで，マサオ君がいてこそ，くじら組の劇が完成する！と言っているかのようだ。年長クラスが始まったころを考えると信じられない光景だった。

　マサオ君は，年中クラスに入園するまで外国で育ち，まったく言葉が通じず，

集団生活もこれがはじめてだった。年長になっても他の子どもとなじめず，保育者と一緒にいることが多かった。クラスで活動しているとき，たいがい，急に大きな声を出し，勝手に部屋から出ていく。午睡のときにも他の子どもが寝ているところを走り回っていた。

　一方，リュウジ君は1歳児クラスから入園し，元気で活発，よくできるタイプの子どもだった。年長になってもそれは変わらず，彼のする遊びが魅力的なので，一部の男児から憧れの存在になっていた。そのためか，いつも遊ぶ男児たちのリーダーになっていたが，いつの間にか自分を慕ってくる子どもを従えるかのように振る舞うようになっていた。さらに，リュウジ君はマサオ君のことを無視し，周囲の子どもにも影響を及ぼしていたのである。

　本事例は，クラスの仲間関係から排除されていた支援が必要な子ども（マサオ君・メグミちゃん）と排除していた子ども（リュウジ君），排除に同調していた子ども（ユタカ君）に焦点を当て，この子どもたちと周囲の子どもとの関係が，日々の活動を通して変わっていくことで，クラスがインクルーシブな状態へと変容していく，年長クラス1年間の保育実践を描き出したものである。ここで注目すべきは対話だ。

　この実践のもっとも大きな特徴は，子ども同士が対話できるよう，アキ先生が，日々の活動の中で，一人ひとりの子どもの気持ちや思いを丁寧に捉え，間を取り持つような役割を果たしているというところにある。本章は，対話をキーワードにインクルーシブ保育の一側面を紹介する。

2　固定化する仲間関係と排除の構造

（1）他の子どもを受け入れられない仲間集団の雰囲気

　年長クラスの4月半ばが過ぎたある日の午後，マサオ君は，子どもたちの連絡帳を次々と床に放り投げ，その中から1枚，園だよりを取り出し，かじってしまった。そばで，メグミちゃんが自分の園だよりにマサオ君の歯形がついたのを見て大泣きしているにもかかわらず，他の子どもはマサオ君に何も言わな

第3章　日々の活動を通して一人ひとりを対話でつなぐ

い。メグミちゃんを見ても，"また泣いてる"というくらいの冷たい反応だ。アキ先生は，見て見ぬふりする周りの子どもたちに「どうして？」と怒りを感じていた。

　男児8名，女児10名，合計18名のクラス。そのうち，気になる子ども・発達障がいおよびその疑いがある子どもが5名。アキ先生は，このクラスが年中クラスのときに，異動してきた。まだ，園全体の業務の流れや保育者たちとも慣れ親しんでいない中，20年以上のキャリアをもつというだけで，このクラスの担任を受け持つことになる。年少クラスから持ち上がりの保育者と一緒ではあったが，園の中でもっとも大変なクラスと言われていた。その1年間，アキ先生は，この5名の対応に明け暮れたといってもいい。とくにそのとき，入園したマサオ君の対応に追われ，マサオ君との信頼関係を作るのにとにかく必死だった。支援が必要な5名の子ども以外の13名は，これまで大きなトラブルもなく，仲良く遊んでおり，順調にきていると思っていた。年長クラスになり，アキ先生は一人で担任を受け持つことになってから，先の出来事に出会い，子どもたちの中で何かが起こっていると感じ始めたのである。

　アキ先生は，クラスの子ども一人ひとりをあらためて見直すことにした。すると，クラスの仲間関係とマサオ君が避けられ無視されてしまう状況が絡み合っていることが浮かび上がってきた。図3-1は子ども同士の関係を図示化したものである。冷ややかなまなざしでマサオ君のことを見ていたリュウジ君は，いつも同じ子どもと遊んでおり，その他の子どもを寄せ付けない雰囲気があった。活動中，外れがちなマサオ君を無視し，マイペースで場にそぐわない言動をするメグミちゃんやタスク君をからかい，間違いを指摘する。リュウジ君といつも一緒にいるユタカ君と三人の男児は，リュウジ君と同じようにマサオ君を避け，リュウジ君がメグミちゃんやタスク君をからかっていると，黙って見ているか，のってしまうかのどちらかで，リュウジ君に同調してしまう。それは，普段の遊びでもよく見られた。

　似たようなことが女児たちにも当てはまる。ヨシミちゃんを中心に二人の女児がいつも一緒に遊んでいたが，その二人は，女の子らしい魅力的な遊びをす

85

第Ⅱ部　多様性がいきる活動と対話が生まれた実践

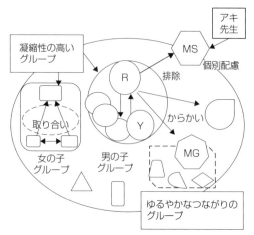

図3-1　4月当初の仲間関係
（注）　R：リュウジ君　Y：ユタカ君　MS：マサオ君
　　　MG：メグミちゃん
（出所）　浜谷・五十嵐・芦澤（2013）（一部改変）

るヨシミちゃんに夢中で，周りに目もくれない。時折，遊びの中でメグミちゃんと一緒になると，よくいざこざになり，マサオ君とはできるだけかかわらないようにしていた。

　この二つのグループの子どもは，活動をそつなくこなし，言ってみればよくできる子どもたちだ。比べて，メグミちゃんを含むその他の子どもたちは幼い。周囲の状況にとらわれず，マイペースだ。特定の友だちを求めるというよりも，自分がしたい遊びをしていて，たまたま近くで一緒になった子どもと楽しんでいて，最近はそれが同じメンバーになってきていた。その中にマサオ君がいるときがある。先の二つのグループの子どもとは，している遊びが合わないのか，ほとんど交流がない。むしろ，グループで固まっている子どもたちの方がマサオ君やメグミちゃんたちと自分たちは違うんだと思って，一線を画しているように見えた。その延長線上にマサオ君を避けたり，メグミちゃんを非難したりする排除的な態度が表れているように思えた。だが，事態はもっと複雑だったのである。

（2）仲間と一緒にいるかりそめの安心とその裏側にある不安

　アキ先生は，クラスの仲間関係を考えてみればみるほど，個別に配慮してきたマサオ君，メグミちゃんたちよりもむしろ，リュウジ君や女の子グループの子どもの方が気になってきていた。そんなある日のことだ。

　リュウジ君の「サッカーやろうぜ！」の呼びかけに，ユタカ君を含むいつものメンバーがリュウジ君のもとに集まった。それぞれがボールを蹴っていると，リュウジ君は「やっぱやめーた」と言ってジャングルジムのほうへ行く。ユタカ君たちもボールを蹴るのをやめ，リュウジ君についていく。すると，今度はドロケイをやろうと言い出し，他の子も誘ってドロケイを始めた。しまいには，リュウジ君が泥棒役でつかまりそうになると「作戦タイム！」と言ってゲームを中断した。誰も文句は言わない。

　こんな遊びのどこが楽しいのだろう…とアキ先生はふと思った。リュウジ君は友だちが自分についてくるのを満足そうに見ている。一方で，ユタカ君はときどき何か言いたそうにしているけれど，口をつぐんでいる。それをいいことに，リュウジ君はやりたい放題だ。

　アキ先生はリュウジ君とユタカ君たちがどうして一緒にいるようになったのかを振り返ってみた。リュウジ君は活動的で魅力的な遊びをする。かけっこは一番速いし，サッカーボールを蹴るのもうまい。ある公園で，木の茂みを見て，即座に探検ごっこを思いつき，「あそこに蛇がいる。気をつけろーー」といかにも探検しているかのような気分にさせて，ユタカ君たちを楽しませてくれるのもリュウジ君だ。年中のころ，そんなリュウジ君にユタカ君たちは惹かれ，一緒に遊ぶことが多くなった。そのころは，「…しよう」と互いに言い合い，刺激し合いながら遊びこむ姿がよく見られた。こうして遊んでいるうちに，リュウジ君に引っ張られる形でユタカ君たちにできることが増えたのも事実だ。恐らくユタカ君たちにとってリュウジ君は，自分たちの想像を超え，新しい世界を切り開いてくれる存在なのだろう。それを期待しながら一緒にいるが，リュウジ君は今やグループのボス気取りで，対等と言い難い関係になってしまった。ましてや，リュウジ君がマサオ君を避け，メグミちゃんをからかう姿を見て，

リュウジ君に何か言ったら，自分たちもそうされてしまうのではないかという不安さえ抱くようになったのかもしれない。

　リュウジ君の立場に立ってみれば，ユタカ君たちがついてきてくれることが，自分を認めてくれているような気がして，嬉しかったのだろう。それが，自分の言うことを思いのほかよく聞いてくれるので，優越感を抱くようになった。リュウジ君は，この心地よい関係をずっと続けていきたい。リュウジ君の思いが通じそうもないマサオ君やメグミちゃんはかえって脅威だ。誰もこのグループに入れたくない。そんな気持ちからユタカ君たちを囲い込み，マサオ君やメグミちゃんを排除することになったと考えられた。

3　手探りの保育の中で
──日々の活動と話し合いから見る子どもの姿

（1）生活グループでの活動

　アキ先生は，リュウジ君とユタカ君たちの関係と，マサオ君やメグミちゃんを排除しからかうクラスの雰囲気をどうにか変えたいと，いろいろと考えを巡らせていたが，なかなかいい案が出てこなかった。そこで，生活グループを意図的に作り，子どもたちが交流できるような活動を提供し，様子を見ることにした。少しでも，いつも一緒にいるグループ（男の子グループ・女の子グループ）の子どもたちがそれ以外の子どもとかかわり合う経験を積み重ねていけば，仲間関係が変わってくるかもしれない。ここで，マサオ君やメグミちゃんも楽しめれば，その姿を見て，クラスの子どものまなざしも変わってくるかもしれない，そう期待したのである。

　5月になり，早速，生活グループを作ってみると，子どもたちの意外な姿が見られるようになった。

　グループは，子どもの意見を募り，くじ引きで決めることにした。このとき，リュウジ君とユタカ君は偶然一緒になり，二人を離すことができず，アキ先生は，二人を心配していた。だが，それ以外のメンバーにはいつも一緒にいる他

第3章　日々の活動を通して一人ひとりを対話でつなぐ

の男児はおらず，女児だけだったのと，クラス全体の仲間関係を見ても，子ど
もたちがバランスよく分かれていたので，グループのメンバー構成はそのまま
にした。

　生活グループに分かれた後，メンバーで話し合い，グループ名をつけるよう
子どもたちに促す。リュウジ君・ユタカ君たちがいるグループは，それぞれ自
分の好きな名前を挙げ続け，なかなか決まらなかった。

　サキちゃん「かいじゅうがいい」

　ルナちゃん「悪者はいやだよ」

　ユタカ君「悪者だっていいよ」

　リュウジ君「動物がいいよ」

　メグミちゃん「うひゃ，へへ」（その場の雰囲気が楽しくて笑っている）

と口々に言うので，収集がつかない。しばらくして，ルナちゃんが「ストッ
プ。もう1回，順番に言って」と整理する。10分くらいが経過しただろうか。
ルナちゃんが「決まったよ」とアキ先生に報告に来た。グループ名は「カブト」。
アキ先生が「どうやって決めたの？」と尋ねると，「だって男の子が少なくて
かわいそうなんだもん」と言うと，リュウジ君とユタカ君は嬉しそうに笑って
いた。このグループの男児はリュウジ君とユタカ君だけで，残りの四人は女児
なので，話の中で折り合いをつけたのだろう。

　リュウジ君は，こういう場面になると，いつも一方的に指示していることが
多かった。だけど，このときは女児のリードに任せ，しかもそれを楽しんでい
るように見えた。ユタカ君も笑顔で安心している様子だ。メグミちゃんのおち
ゃらけた姿をからかうようなことも一切なかった。アキ先生はその様子がとて
も新鮮で，好印象をもったのである。"リュウジ君がこんな姿を見せるのか"と，
かかわる子どもによって，振る舞いが変わってくることを知り，生活グループ
での活動を続けてみることにした。

　次に，子どもたちが相手をより意識するよう，生活グループでスタンプラリ
ーをし，ゴールした順にその日のお昼ご飯を食べるところを選ぶという活動を
考えた。スタンプラリーは，グループのメンバーが全員でスタンプを押すよう

89

にし，誰かが焦って一人でスタンプを押しに行っても，それは無効とした。

　マサオ君は初めの方は生活グループのメンバーとともに，スタンプを押しに行っていた。自分のカードにスタンプが押されるのが面白かったのか，他の子どもが押しているのを待てずに次のところに一人で行きそうになると，同じ生活グループのメンバーが「マサオ君，一緒に押すんだよ」と声をかけ，手を取る。メグミちゃんも，途中，園庭の砂場を見るとそこに行こうとテラスまで出てしまったが，「メグミちゃん，こっちこっち」とグループのメンバーが呼びに行っていた。

　アキ先生は，自分に頼らず他の子どもが，マサオ君やメグミちゃんに声をかけるようになってきているのを見て，この生活グループでの活動に手ごたえを感じ始めていた。

（2）解説：4・5月半ばまでのクラスの仲間関係の分析と保育の取り組み
——対話を阻むもの

　浜谷・五十嵐・芦澤（2013）は，リュウジ君とユタカ君たちのグループがよくできる子どもとして固まり，マサオ君を排除し，メグミちゃんをからかいの対象にすることで，クラスの中の〝できる子ども〟というポジションを維持しようとしたと分析した。リュウジ君はグループの頂点の座を守るため，一緒にいるユタカ君たちはグループから外されないようにするために，マサオ君やメグミちゃんに対して排除的な態度をとっていたと考えた。つまり，自分のポジションへの不安をそれぞれに抱えていたことになる。互いに不安を感じている状況下で，対話は生まれにくく，実際にリュウジ君とユタカ君たちのやりとりは対話と程遠い。

　トム・エーリク・アーンキル（セイックラ／アーンキル，2016；アーンキル，2017）は，専門家同士の連携会議（ネットワークミーティング）を実践，分析している中で，対話を阻むものとして，その場に参加している者たちの関係をあげている。たとえば，ある者が自分自身の考えや思いを表現することを躊躇するとき，それはそこに参加している人々が自身の言葉を聞き入れてくれるのか

という不安とその場の人間関係を壊してしまうのではないかという恐れがあるためであると言う。一方で，専門家としての有能性（権威）を示さなくては立場がないという不安が強ければ，自分以外の他者を納得させるべく専門的な知識を披露し，相手を説得しようとしてしまう，と。さらに，これは専門家だけでなく，一般的な人間関係でもしばしば見られることも指摘した。

　これは，成人の話ではあるが，リュウジ君とユタカ君たちとの関係にも同様のことが言える。両者の間にある不安や恐れを，アキ先生は察知し，マサオ君への排除やメグミちゃんへのからかいにつながっていると感じていた。そこで，生活グループを導入し，仲良しグループ以外の異なる子どもとやりとりする場を，意図的に設け，対話的な関係をつくろうとする。しかも，メンバー同士がそのかかわりに不安を感じないよう，楽しく活動できるように内容を工夫した。

　もし，ここで，リュウジ君とユタカ君たちの関係に気づかなければ，マサオ君を排除し，メグミちゃんをからかう彼らを注意するだけで終わっただろう。もしくは，周囲からのマサオ君やメグミちゃんへの排除やからかいは，二人の態度や言動が原因であるかのようにとらえられれば，二人の行動を改善しようとする方向へと保育が進んでいったかもしれない。だが，アキ先生は，クラスの仲間関係のあり方に問題を感じ，そこに働きかけていった。その手始めが，この生活グループでの活動である。これは，1年間で，5回ほどメンバーを変え，子ども一人ひとりがクラスの誰とでも安心してかかわりあえるようにし，対話を通して互いを理解しようとする姿勢が生まれるように促している。このような保育が展開されていく中で，本章で対象にする子どもたちが，他の子どもたちとどのように対話的な関係を結んでいったのか，そして，アキ先生がどのように働きかけてきたのかを，次節から見てみよう。

4　おたまじゃくしの世話をきっかけにユタカ君が関係を広げる

（1）三人でおたまじゃくしの世話をする
　ユタカ君は，先の節でも出てきたように，リュウジ君といつも一緒にいる子

第Ⅱ部　多様性がいきる活動と対話が生まれた実践

どもだ。穏やかでありながら，自分の意見をしっかりもっていて伝えることも
できていたのに，年長になってから，自信がないのか，活動中，何を聞いても
「今，考え中」と答えることが続いていた。リュウジ君にも何か言いたげなの
に，自分の思いを伝えようとしない。アキ先生は，ユタカ君がその持ち味を発
揮し，少しでも自信が出てくれば，また自分の気持ちや考えを伝えられるよう
になるのではないかと考え，そうした場面を探していた。しばらくして，アキ
先生はその糸口をつかむ。それはおたまじゃくしのお世話だ。

　アキ先生が朝早くおたまじゃくしの水を替えていると，ユタカ君が「先生，
何やっているの？」と聞いてきた。「おたまじゃくしの水を替えているんだよ。
ユタカ君もやってみる？」と言うと，ユタカ君は目を輝かし，首を縦に振る。
「これからもユタカ君に頼んでもいい？」と頼むと，ユタカ君は嬉しそうにし
ていた。翌朝，一緒におたまじゃくしの水を替えていると，メグミちゃんやタ
スク君も興味津々で「何やっているの？」と近づいてきた。ユタカ君は得意そ
うに「おたまじゃくしの水を替えてるんだよ」と答えると，メグミちゃんとタ
スク君はすぐさま「やりたい！」と声をあげる。ユタカ君は「いいよ」と受け
答えた。アキ先生は，これ以降，そばで見守りつつ，ユタカ君たちにおたまじ
ゃくしの世話を任せることにした。タスク君は「いつ，カエルになるかなぁ」
と繰り返し言い，ユタカ君は「足がほらはえてる！」，メグミちゃんは「あしあ
しーー」とカエルになるのを楽しみにしていた。

　数日後，おたまじゃくしの数が減っているのに気づき，ユタカ君は「おたま
じゃくしがいない」と寂しげな表情だ。水を替えているときに，くいちぎられ
たおたまじゃくしを見つけ，メグミちゃんは「食べられちゃってる！」，タス
ク君は「大変だ！」と驚きを隠せない。ユタカ君は今にも泣きそうだった。ア
キ先生は「うーん，どうしようかねぇ」と三人に問いかけると，タスク君は
「おなか減ってるんだよ」，メグミちゃんは「ご飯いっぱい食べれば…」，ユタ
カ君は「餌をあげよう！」とそれぞれの意見が出てきた。

　次の日，図書館に散歩に行くと，ユタカ君は生物図鑑があるところで必死に
おたまじゃくしのことを調べていた。タスク君はそのかたわらにいる。園に帰

ってくると，ユタカ君はタスク君とメグミちゃんと一緒に給食の先生の所へ行き，何やら頼んでいた。「おたまじゃくしの餌をください。」

それから2週間。三人は毎朝おたまじゃくしの水替えをし，給食の先生の所で餌（かつおぶし）をもらい，あげていた。ある日，タスク君が朝いちばんに来ておたまじゃくしを見ると，2匹がカエルになっていた。「先生，カエルになっているよ！」と喜んでいる。アキ先生は「後でみんなにも教えてあげて」と話すと，タスク君は一緒にお世話していたユタカ君やメグミちゃんに声をかけ，他の子どもにも「カエルになったよ」と報告する。かわるがわるクラスの子どもたちがカエルになったのを見にくる。ユタカ君は満足した表情を浮かべていた。

（2）解説：偶然をきっかけに，ユタカ君が安心してかかわりあえる相手とつなぐ──安心して言葉を交わせる仲間

アキ先生は，ユタカ君がおたまじゃくしのお世話に関心をもったのはまったくの偶然だったと言っていた。しかしながら，日頃からユタカ君が自信をもてるような場面を意識して探していたからこそ，この場面を見逃さなかったと考えられる。ここにメグミちゃんとタスク君が加わってきたことも，幸運だった。アキ先生が三人の様子を見ていると，それぞれが柔らかな表情で，水替えを楽しんでいたので，おたまじゃくしのお世話を任せることにしたという。「子どもって，任せられることがとても嬉しいし，誇りも感じるのかけっこう続けてやってくれるんです。だから，この三人にも任せてみました」とアキ先生は語っている。この任せるというアキ先生の働きかけが，三人を結び付け，関係の持続を促した。そのうちに，三人はおたまじゃくしの成長を嬉しく思い合える仲になり，共食いという事態にもそれを乗り越えようと必死で考え合う協同的な関係へと発展していく。図3-2にもあるように，このおたまじゃくしのお世話は，ユタカ君が，いつも一緒にいるリュウジ君たち以外とのかかわりを生んだものであり，これがのちにユタカ君が安心してかかわれる仲間関係を広げていくきっかけになっている（詳細は五十嵐（2013））。その後，ユタカ君はリュウ

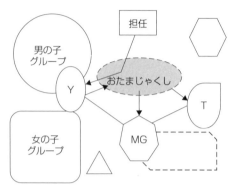

図3-2 ユタカ君が男の子グループ以外の子と
　　　の関係を広げる
（注）　Y：ユタカ君　MG：メグミちゃん　T：タ
　　　スク君

ジ君に自分の思いを伝えられるようになり，リュウジ君とユタカ君たちの関係が変わっていく。この物語は8節で紹介する。

5　排除の状態にあったマサオ君と他の子どもとの関係性を変える

（1）マサオ君への無関心を許さない──アキ先生の大胆な賭け

　マサオ君は，4月後半から始まったグループ活動を通して，他の子どもに呼ばれることを心地よく思えるようになっていた。呼ばれては入っていき，逆に呼ばれるのを期待して出ていくこともあった。それでも，次第に活動が楽しくなったのだろう。自分から活動や遊びに入ってくる日が増えてきていた。ただし午睡場面を除けば…。

　6月のある日，クラスの子どもたちが午睡するためにホールに入ると，マサオ君は布団の周りをぐるっと走った後，自分からアキ先生に「もう事務所へ行く」と言いに来た。アキ先生が「もう少し待ってて」と返すとマサオ君は「僕は別」と答えた。

　このとき，アキ先生は，マサオ君の「僕は別」という言葉を聞き，衝撃を受

けた。同時に，マサオ君と他の子どもの互いの思いをぶつけるのはここしかないと直感した。

　マサオ君が入園して数か月間は，午睡時，ホールに入ってから，声をあげて走り回るので，他の子どもに迷惑をかけないように，事務室に連れて行っていた。年長クラスに入ってからも，たびたび走り回っていたが，タイミングを見計らって寝ることを促すと1時間くらいは寝られるようになっていた。それでも寝ないときは，事務室で静かに遊ぶようにしていた。これがパターンになっていたと言えば，そうである。アキ先生や他の保育者にとってみれば，マサオ君が徐々に午睡室で寝られるようになればいいと思ってやっていたことだったが，マサオ君にとっては違っていたのだ。マサオ君自身が大人の対応の違いに気づき，自分は特別だと優越感を持ち始めているのかもしれない。

　他の子どもは，マサオ君が布団の周りを歩き回ると，嫌な顔をしているだけで何も言わない。マサオ君が事務室に行く姿を見て，うらやましく思う子どももいるだろう。だけど，文句の一つも出てこない。どことなくマサオ君に対して，大人が対応しているからそれでいい，言っても仕方ない，かかわりたくないという雰囲気が，この午睡場面になると顕著になる。もし，ここで，他の子どもがマサオ君に対して思っていることを伝えなければ，マサオ君に不満をもったまま遠巻きに見て，卒園を迎えてしまうだろう。アキ先生は，言いたいことが言えない仲間であってほしくないと思い，いつか他の子どもの思いを引き出し，マサオ君に直接，伝える機会をうかがっていた。

　アキ先生は，マサオ君が他の子どもとの対応の違いを意識できるようになった今こそ，他の子どもがマサオ君への思いを伝え，逆にマサオ君も他の子どものことを知る絶好のチャンスだと考えた。その日の午睡後，アキ先生はクラスの子どもを部屋に集め，話し合うことにした。

　アキ先生「お昼寝のとき，マサオ君が途中でいなくなるの，知ってた？」

　子ども「知ってる」「事務所とか」「知らない」（すぐに寝てしまうため本当に知らない）

　アキ先生「どうしてみんなは昼寝してるのに事務所に行くの？」

第Ⅱ部　多様性がいきる活動と対話が生まれた実践

　子ども「うるさいから」「ふざけてるから」「みんなを踏むから」「迷惑だから」「笑ったりしてるから」リュウジ君「じゃまだから」

（アキ先生はうなずきながら子どもたちの言葉を繰り返す）

　アキ先生「そこで何をしているのか知ってる？」

　子ども「知らない」

　マサオ君「絵，描いてる」

　子ども「やりたい」「ぼくも」

　アキ先生「みんなが寝ているとき，マサオ君だけ絵を描いているのは？」

　子ども「ずるい！」

　アキ先生「うん。体を休める時間だものね」

　子ども「マサオ君もくじら組なのに！ふざけたり，さわいだり，うるさい」

　子ども「マサオ君だけ絵を描いてるのはずるい」

　アキ先生「マサオ君だけ絵を描いているのはずるいって」

　すると，それまでマサオ君は「へへへー」と笑っていたが，急に泣き出し，「やだ，ずるい，みんな」と声を詰まらせた。アキ先生は「マサオ君の話を聞くよ。なんでずるいの？」と尋ねると，「ぼく，絵描きたい」と答える。アキ先生が「みんなはマサオ君だけ事務所に行って絵を描くのはずるいって言っているし，マサオ君は絵描きたいって言ってるし，マサオ君，絵描くの好きだし上手だもんね」と話すと，サキちゃんが「朝とか，保育園に来たときいっぱい描いたら？」とマサオ君に提案した。アキ先生が「今度は朝，絵描く？」とマサオ君に聞くと，マサオ君は「うん」とうなずいた。さらに，これまでのことを振り返り，「マサオ君はすみれ組のころ，ホール（午睡室）に入ってすぐ走ったり，大きな声を出していたけど，今はどう？」と他の子どもに投げかけると，「はじめは静かにしてるよ」という意見が出てきた。マサオ君が少しずつ変わってきていると，一部の子どもは気づいており，そのことを知って，マサオ君はほっとしたようだった。

　子どもたちが帰った後，アキ先生は今日のこの話し合いを日誌に書きながら，明日以降の子どもたちにどう影響するのか，心配になっていた。とくにリュウ

第3章　日々の活動を通して一人ひとりを対話でつなぐ

ジ君の「じゃま」という言葉はこたえた。リュウジ君がマサオ君のことを心底
嫌がって，かかわらないようにしていたことが明らかになったからだ。リュウ
ジ君に「そんなこと言わないで」と言いたくなってしまうのをこらえていた。
何故なら，もし，それを言ってしまったら，この先リュウジ君は，本音を言わ
なくなってしまうだろうと考えたからである。対して，マサオ君は，話し合い
の途中から涙ぐんでいた。他の子どもの思いに気づくことができたかもしれな
い。だが，互いの思いを伝え合えるようにしたいと思って，話し合いを促した
ものの，結局はマサオ君を責め立てる場になってしまったとも考えられる。

　アキ先生は，この話し合いが子ども一人ひとりにとって，どのような意味を
もったのか，本当にこれでよかったのかどうか，考えを巡らせながら，次の日
を迎えた。

（2）本音をマサオ君にぶつけたその後の子どもたち

　翌日，昼寝に行こうと，廊下に並ぼうとしたときである。アキ先生が「静か
に並ぼうね」と声をかけると，マサオ君が一人走り出した。リュウジ君が「マ
サオ君が走ってる」と言うので，「教えてあげて」とアキ先生が促す。リュウジ
君は「走らないで。並んで」とマサオ君に言うと，マサオ君は「走ってない！」
と返す。このやりとりが数回続くと，今度は別の子どもが「いつも静かに並び
ましょーーって言われてるでしょ」とあれこれ言いだした。そのときだ。突然，
マサオ君は「はい」と返事をした。アキ先生は「今，マサオ君，何か言ったよ」
と周りの子どもに投げかけると，ある子が「"はい"って言った」と言う。アキ
先生が「もう，マサオ君わかったんだよね」と言うと「うん」と素直に答える。
そこへ別の子が「マサオ君だってくじら組なんだから」と言った。それをアキ
先生が繰り返すと，マサオ君は「うん」とうなずいた。

　アキ先生は，この午睡前の様子から，昨日の話し合いを通して，他の子ども
たちがマサオ君に思ったことを言ってもいいんだと思えるようになったと考え
た。とくにあんなに嫌がっていたリュウジ君が，まさか率先してマサオ君にぶ
つかっていくとは…思いもよらない喜ばしい出来事だった。さらに他の子ども

第Ⅱ部　多様性がいきる活動と対話が生まれた実践

たちの思いをマサオ君がしっかり受け止めていたことも嬉しくなった。今のマサオ君はアキ先生よりも他の子どもからの言葉の方が心に響くのかもしれない。この日以降，子どもたちはマサオ君に対して思ったことを伝えるようになり，黙ったまま，遠巻きに見ることもなくなった。

（3）解説：午睡場面での話し合いを通して変化するマサオ君と他の子どもたちの関係——対話における聞き手の存在の重要性

　生活グループの活動において，マサオ君と周囲の子どもたちはかかわりあうようになり，一見するとマサオ君への排除的な態度はなくなったかのように感じる。しかしながら，アキ先生は，午睡の様子から，マサオ君と他の子どもたちがまだ本音でぶつかり合うような関係になっていないと考え，お互いの思いを伝え合う場面を用意した。マサオ君の「僕は別」という言葉は，クラスから離れていってしまう可能性も秘めており，自ら孤立してしまう恐れもあった。アキ先生はそのこともキャッチしていたと考えられる。

　ところで，対話は，聞き手の存在なくして成立しない。ここで注目したいのは，子どもたちが次々にマサオ君への不満をあらわにしたときに，どんな発言でもアキ先生が聞くだけにとどまっているところである。リュウジ君の「じゃま」という言葉を聞けば，多くの大人が何もそこまで言わなくても…と思う。とくに子どもを育てる立場の大人なら，他人を傷つける言葉は使ってほしくない，と思うのは当然である。アキ先生は，そんな気持ちをこらえながら，子どもたちの言葉をそのまま繰り返し，聞く姿勢を貫く。これまで言いたくても言えなかった子どもたちが，自分の発言が聞き遂げられると感じられるようにならなければ，その先のマサオ君と他の子どもたちとの対話は生まれないと思っていたからだ。そして，他の子どもたちが思いを言い尽くし，マサオ君もそれを真摯に受けとめる姿が出てきたころを見計らい，マサオ君の思いを尋ねている。「絵を描きたい」というマサオ君の言葉を受け，「（午睡のときではなく）朝，いっぱい描いたら？」という提案が他の子どもから生まれてきた。さらにアキ先生はマサオ君の行動を別の視点でとらえることを子どもたちに促す。これは，

98

第3章 日々の活動を通して一人ひとりを対話でつなぐ

マサオ君の行動をたんに悪いものとして終わらせることなく，マサオ君を過去からの変化，つまり時系列で見ることで，他者に対するより深い理解を促そうとしたものだと考えられる。

6 からかわれやすいメグミちゃんが他の子どもに認められるまで

（1）メグミちゃんの大縄への挑戦

メグミちゃんは，マイペースで，周りからからかわれやすい女の子である。軽度の発達の遅れがあった。何をするのもゆっくりで，製作やお絵描きなどの場面で全然違うことをしたり，昼食やおやつの席をよく間違える。そのたびに，リュウジ君や他の子ども（主に女児）に「いーけないんだ」としょっちゅうからかわれ，園内中に響き渡るような声で泣きわめいていた。間に入るアキ先生でさえ，そんなに泣かなくてもいいのに…とつい思ってしまうほどだ。それが，5月になって，ユタカ君たちとおたまじゃくしの世話で意気投合し，他の子どもとのかかわりが増えてきた。そのせいかどうかはわからないが，一人遊びに夢中だったメグミちゃんが他の子どもたちがしている遊びに興味をもつ。それは縄跳びだ。7月ごろから10月に行う運動会を見通して，アキ先生が大縄遊びに子どもたちを誘っていたころのことである。

大縄に入って5回跳ぶ遊びを三・四人ぐらいではじめた。他の子が大縄に挑戦している姿を見て，触発されたのか，メグミちゃんは，列に並んでいた。いざ跳ぶ番になると「メグミちゃん，できないんだよね」と困った顔をしていた。それを受け，アキ先生が大縄を波に変えて「これなら，どう？」と促してみる。メグミちゃんは「できない」と言うので，「いいよ。また，今度，やろう」と返した。

メグミちゃんは他の子どもが楽しそうに大縄を跳んでいるのを見て，自分もやりたいと思ったのだろう。「できない」と困っていたが，きっと跳べるようになりたいと思っているのではないか。そうだとしたら，こちらでうまく誘導

99

第Ⅱ部　多様性がいきる活動と対話が生まれた実践

しながら跳べるようにしてあげたいと，アキ先生は次の日から大縄のやり方を
変えてみた。

　アキ先生は，大縄の波を跳んだり，回っているところをくぐったりと段階に
分けて進め，3日目，大縄に入って跳ぶことを促してみることにした。アキ先
生は「今日は跳べるよ」とメグミちゃんに声をかけて，園庭に出る。そのとき
メグミちゃんは意気揚々としていたが，自分の番が回ってくると，何とも言え
ない表情で立ちすくんでしまう。メグミちゃんの中で葛藤していることが見て
取れ，アキ先生がどう促していこうかと考えていると，マサオ君が何か言いな
がら，そっとメグミちゃんの背中を押したのである。すかさず，アキ先生も
「メグミちゃん，跳べるよ」と言葉をかけた。それに反応してか，ぱっとメグ
ミちゃんは大縄の中に入り，ジャンプした。アキ先生は必死で“今日は跳んで
ほしい”と願いながら，回す縄をメグミちゃんの跳ぶタイミングに合わせる。
ひっかかりそうになりながらもメグミちゃんは，3回，跳ぶことができた。ア
キ先生は思わず大きな声で「やったー」と言い，メグミちゃんを抱きしめる。
他の子どもたちも「やったー」と歓声をあげた。メグミちゃんは「また明日も
跳んでみる！」と一層自信をつけたようだった。

　この日の午睡時，アキ先生が事務室で日誌を書いていると，園長が「今日，
他の子どもたちがメグミちゃんのことを心から喜んでいたね。本当，みんない
い表情してた」と話しかけてきてくれた。アキ先生はメグミちゃんを抱きしめ
ていて，他の子どもの声は聞こえても，表情までは見えていなかった。このと
き，メグミちゃんの大縄への挑戦を他の子どもたちがちゃんと見ていたこと，
そして跳べるようになったことを嬉しく思っていたことをあらためて感じたの
である。中でも，マサオ君がメグミちゃんを後押しするような行動をとってい
たことに驚いた。マサオ君の働きかけがなかったら，メグミちゃんは勇気を出
して一歩を踏み出せなかったかもしれない。大縄を通してクラスが一つになっ
たような，そんな出来事であった。

（2）大縄をきっかけにメグミちゃんとつながる子どもの登場

　事はこちらが思ったほどうまくいかない。そうアキ先生が感じたのは，メグミちゃんが大縄を跳ぶことができた次の日のことである。メグミちゃんが跳ぶ番になると，周りの子から声援があがった。メグミちゃんもそれに応えようと必死で，大縄に入るが，縄に足がひっかかってしまった。応援されることがプレッシャーになったのか，メグミちゃんは落ち込み，暗い表情だった。明日は「もうやらない」と言うかもしれない。

　その日の昼食時間である。食事にある枝豆を目の前にして，メグミちゃんが「これ嫌い」と言い，枝豆を皿の端にのけていた。同じテーブルに座っていたアカリちゃん（女の子グループの一人）がその様子を見て「メグミちゃん，これ食べると，もっと縄跳びが跳べるようになるかもよ」と話しかけた。メグミちゃんはそれを聞いて，枝豆を一口食べると，アカリちゃんの方を見る。二人とも顔を見合わせ「ふふふ」と笑い合っていた。

　メグミちゃんは嫌と言い始めたら，譲らない。それがアカリちゃんに食べることを勧められたら，嫌がらず枝豆を口にしたのである。アカリちゃんは女の子グループの一員で，メグミちゃんと積極的にかかわる子どもではなかった。むしろメグミちゃんが泣き叫んでいるとき，露骨に嫌な顔をする。そんなアカリちゃんが実はメグミちゃんのこれまでの頑張りを認め，跳べるようになりたいというメグミちゃんの思いに気づいていた。アキ先生はアカリちゃんの意外な一面を見たと感じる一方で，二人の笑顔に気持ちが和んだのである。これまで，アキ先生はメグミちゃんが大縄を跳べるようにと必死になっていた。今は，メグミちゃんの思いを知る子どもたちが出てきて，応援してくれるようになり，メグミちゃんもそれに応えようとしている。メグミちゃんはきっと明日も大縄をやりたいと言ってくるだろう。アキ先生は，この日から，メグミちゃんが跳べるように援助することから手を引いたのである。もし，メグミちゃんが跳べなくなっても，周りの子どもたちが支えてくれると確信したからだった。

第Ⅱ部　多様性がいきる活動と対話が生まれた実践

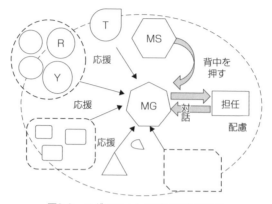

図3-3　メグミちゃんの思いに共感する
（注）　R：リュウジ君　Y：ユタカ君　MS：マサオ君
　　　　MG：メグミちゃん　T：タスク君

（3）解説：メグミちゃんの思いに共感する子どもたち

　跳べるようにと必死に援助した，言い換えれば，できないことをできるようにする，このメグミちゃんの事例はインクルーシブ保育という観点で見たら矛盾しているように思える。アキ先生は，運動会の演技に大縄を組み入れようと考えてはいたが，それも子どもの様子次第で決めようとしており，この大縄の取り組みは試しに提供したものである。したがって，運動会の演技としてクラス全員で跳ぶことを目的にしていない。むしろ，メグミちゃんが他の子どもが興味を示した大縄に関心を示し，自分も跳んでみたいと思ったところを大事にしていた。だからこそ，アキ先生は，メグミちゃんの怖気づいてしまう気持ちに寄り添いながら，それでもメグミちゃんが跳べるようになるまであらゆる方法で援助しようとした。周りにいた子どもたちは，二人の懸命な様子を見ているうちに，メグミちゃんの思いに共感し，声援という形で応答する。その結果，メグミちゃんを介して，クラスの子どもたちの思いが重なり合い一体になったと言えよう。

　対話というと言葉のやりとりをイメージするものだが，セイックラとアーンキル（2016）によると，表情や仕草，振る舞いも含まれたものであるとされて

102

いる。その考えにもとづき，大縄のときの様子を図にすると，はじめはメグミちゃんとアキ先生との対話だったのが，次第にクラスの子どもたちにも広がっているととらえることができる（図3-3）。さらに，この大縄を通して，メグミちゃんとアカリちゃんという新たなつながりが生まれていった。メグミちゃんとあえて接触しようとしなかったアカリちゃんが，枝豆を食べると跳べるようになるよと言葉をかけ，メグミちゃんに寄り添うようになった。つまり，その場にいる子どもの心を揺るがすような出来事があると，対話的な関係を生みやすく，広がっていきやすいということを示唆している。

7　好きな活動を選びつながり合う
──アトラクションごっこの取り組み

（1）アトラクションごっこまでの子どもの様子

　アキ先生は，4月からの子どもたちの様子を踏まえ，7月半ばから，生活グループを作り替えた。たとえば，ユタカ君は安心してやりとりできる相手と一緒にしてより関係を深め，同時に，リュウジ君と離れるようにするなど，クラスの仲間関係を考慮しメンバーの組み合わせを変えたのである。同時に運動会を意識した活動や遊びを少しずつ取り入れていった。運動会のオープニングを飾るダンス，そしてクライマックスを迎える年長クラスの組体操は，子どもたちが話し合いつくっていけるような場を用意し，かつクラスの一人ひとりの持ち味が活かされるような内容にしていった。

　その過程で，ユタカ君は，少しずつリュウジ君から離れて遊ぶようになり，いつも一緒にいるということはなくなった。だが，依然としてリュウジ君を目の前にすると自分の思いがまだ伝えられないままだった。メグミちゃんは，女の子の遊び仲間ができ，彼女の振る舞いが面白くて，それを取り入れた遊びで盛り上がっていくという場面も出てきた。マサオ君は，リュウジ君と何人かの子どもたちとよく喧嘩をするようになる。アキ先生にとって，以前にもまして手がかかる状況になったが，マサオ君と他の子どもたちがぶつかり合える関係

第Ⅱ部　多様性がいきる活動と対話が生まれた実践

になったことをそのたびに感じ，それを歓迎していた。

　10月はじめの運動会が終わり，11月のアトラクションごっこに向けて，新た
に活動をはじめたころである。ユタカ君，メグミちゃん，マサオ君，リュウジ
君それぞれに変化が訪れる。

（2）アトラクションごっこの話し合い

　アトラクションごっこは1年の中でも大きな，園の伝統行事に当たる。年長
クラスの子どもは，自分たちで他クラスの子どもが遊べるブースを考えてクラ
ス室に作り，誘った子どもたちとゲームや買い物，迷路などを楽しめるように
配慮する。アキ先生は1年前の年長組がやったことをクラスの子どもと振り返
り，何をやりたいか，尋ねると，いろいろな案が出てくる。中でも，ユタカ君
の「ひょうたん屋敷」は他の子どもたちもひょうたん作りの思い出もあるから
か，人気があった。

　アキ先生が「他に案はある？」と振ると，アカリちゃんが「みんながいっぱ
い言ったでしょ。みんなが言ったのをちょっとずつやるのはどう？」と意見を
出した。「いっぺんにそんなにやったら時間かかっちゃうんじゃない？」とあ
る子どもが反論する。それに対し，マサオ君が「いつも（毎日）ちょっとずつ
やったらいいんじゃない？」と発言した。結局，部屋の大きさに限界があり，
「動物園」「ハロウィン屋敷」「ひょうたん屋敷」の三つに絞られた。

　子どもたちの話し合いは止まらない。他にもいろいろやることがあるのに，
もう当日のことを話し始めており，ある子どもが「年少組を呼んで，僕はどー
ぞってやる人になる」と言うと，それに刺激されたのか，メグミちゃんは「入
るときはお金もいるよ」と案を出す。メグミちゃんも想像するのが楽しくてた
まらないといった様子だ。

　こういう話し合いの場面になるといつも「今，考え中」と言っていたユタカ
君が，「ひょうたん屋敷」とみんなの前であんなに堂々と自分の考えを話して
いた。マサオ君やメグミちゃんも，他の子どもの発言を通していろいろイメー
ジを膨らませ，よい案を出すようになった。アトラクションごっこを通して，

104

第3章　日々の活動を通して一人ひとりを対話でつなぐ

一人ひとりの子どもがイメージを膨らませ，つながりあっていく…どんなアトラクションごっこになるのか，アキ先生はワクワクしていた。

（3）アトラクションごっこのグループ分けと準備作業

　次の日，「動物園」「ハロウィン屋敷」「ひょうたん屋敷」の三つのグループのどこに入りたいのか，そこで何をするのかを子ども同士で話し合って決めることにした。

　ユタカ君は「ひょうたん屋敷」，メグミちゃんは「ハロウィン屋敷」，他の子どもたちも次々と自分が入りたいグループを告げていった。最後にずっと黙ってたマサオ君が「どれもやりたくない」とつぶやくように言った。理由を聞いても答えない。昨日はあんなに張り切っていたのに…。アキ先生は「じゃあ，ゆっくり考えてていいよ」と言葉をかけた。他の子どもは，それぞれ希望のグループに分かれ，もう待ちきれない様子で，何をするのかを話し合い，盛り上がっている。マサオ君は，それぞれのグループを見て，きょろきょろし，焦り始めていた。それを感じ取ったのか，リュウジ君が「昨日，動物になって踊りたいって言ってたから，動物園は？」とマサオ君に声をかけた。マサオ君は一気に安心した表情に変わり，「うんうん」とうなずいた。アキ先生は「動物園」グループの子どもたちに「マサオ君，動物園グループに入りたいみたいなんだけど」と言うと「いーよ」の答え。それでも，マサオ君はもじもじしながら立っている。その様子を見て，リュウジ君が「こっちに座りなよ」と，椅子まで持ってきて，自分の隣の席に誘ったのである。マサオ君は嬉しそうに「うん！」と言ってリュウジ君の隣に座った。その様子を見て，アキ先生はたまらず，「リュウジ君，かっこいい！」と小さな声でリュウジ君に耳打ちした。

　アキ先生は，この日，ユタカ君，リュウジ君，マサオ君それぞれの変化を感じていた。ユタカ君は，リュウジ君のことを気にせず，自分が入りたいグループを選べるようになった。マサオ君は，やりたくないという気持ちとグループのどこかに入ってやらなきゃという思いで葛藤していた。他の子どものしていることに興味があって入る場面は増えていたけど，そうでなければ，これまで

第Ⅱ部　多様性がいきる活動と対話が生まれた実践

一切入ってこなかった。それが迷うということは，クラスの一員という意識が芽生えてきたのではないかと思った。次に，マサオ君に一番否定的だったリュウジ君が，マサオ君のことを受け入れ，気遣っていた。しかも，リュウジ君は，前日マサオ君が何をしたいと言ったのかを覚えていた。リュウジ君の発言で，マサオ君は自分が何をしたかったのかを思い出すと同時に，自分が入れるグループが見つかって安心したのだ。それでもグループのメンバーに入れるかどうか不安でなかなか入れなかったところに，リュウジ君はそれを悟って，マサオ君を呼んでいた。午睡のときの話し合いをきっかけに，リュウジ君はマサオ君に言いたいことを言うようになり，マサオ君の存在が刺激になって自分も負けていられないと躍起になることもあった。こうした日々の出来事を通して，アキ先生は，リュウジ君がマサオ君のことを認め始めていると考えていた。

8　他の子を排除していたリュウジ君の仲間関係の変化

（1）周囲の仲間が離れていくことへのリュウジ君の葛藤と孤独

　リュウジ君は泣いていた。12月のことだ。いつも一緒に遊んでいたユタカ君たちが「リュウジ君と遊んでたくない」と言ったからだ。アキ先生は，とうとうこの日が来たかと内心そう思っていた。もっと言えば，“この日を待っていた”の方が正しい。

　アキ先生はこの男の子グループの関係が変わっていくためには，ユタカ君たちがリュウジ君に嫌なものは嫌と言えることが必要だと考えていた。ときどき，ユタカ君たちにも言いたいことがあったら言っていいんだよ，と促しても，ずっと黙っていた。そこで，ユタカ君たちがリュウジ君以外の子どもとかかわる機会をつくろうと，いろいろな活動を用意してきた。とくに11月のアトラクションごっこ以降，ユタカ君がたくましくなってきたように見える。

　アキ先生は，「どうして？」とユタカ君にリュウジ君と遊びたくない理由を尋ねた。「だって，リュウジ君，怖いんだもん」と答えた。「でも，リュウジ君，悲しくて泣いてるよ」とアキ先生が言うと，「でも，遊んでたくない！」とユタ

106

カ君は強い口調で言った。リュウジ君は肩をひくひくさせながら，ユタカ君の訴えを黙って聞いている。ここは両方の気持ちを聞くだけにおさめよう。アキ先生は「そうなんだ」とユタカ君たちに言い，リュウジ君を事務室に連れていった。

　アキ先生は，ユタカ君がこんなにはっきりとリュウジ君に自分たちの気持ちを伝えられるとは思っていなかった。ずっと心のうちに秘めていたものが爆発したのかもしれない。でも，ユタカ君は「遊びたくない」とは言っていない。「遊んでたくない」と言葉にしていたところを考えると，リュウジ君の態度が嫌なだけで，リュウジ君を嫌っているわけではないと感じた。「どうすればリュウジ君と遊べるようになる？」と解決策を考えることもできたが，それはやめにした。今はユタカ君たちがリュウジ君に主張できた，それだけで十分だ。ここで解決を望んだら，ユタカ君たちがやっとの思いで伝えた意味がなくなってしまう。加えてリュウジ君にもユタカ君たちの思いをじっくり考えてほしいとアキ先生は思ったのである。マサオ君のことを気遣い，認められるようになった今のリュウジ君なら，ユタカ君たちの思いも受けとめることができるだろう…そう願って。

（2）その後のリュウジ君──男の子グループの解体とサキちゃんに支えられる日々

　リュウジ君とユタカ君たちは，一緒に遊んでは離れる…を，繰り返し，互いにどうしたらいいのかを模索しているようだった。そんなある日の夕方，アキ先生が研修で園外から帰ってきたときのことである。テラスで，リュウジ君が泣いていた。そばにいたサキちゃん（女の子グループ）に理由を尋ねると，「あのね。ユタカ君たちとイナズマイレブンごっこしてて，○○が○○の役をやりたいって言ったから，泣いちゃったの」と答えていた。どうやらやりたい役がかぶって，言い合いになり，遊びが中断してしまったらしい。「それでサキちゃんはずっとリュウジ君のそばについててくれたの？」とさらに聞くと，サキちゃんは「そう。だって，泣いているリュウジ君，かわいいんだもん」とのこと。リュウジ君はそれを聞き，すくっと立ち上がり，部屋に戻ろうとする。そ

れを見たサキちゃんもリュウジ君についていく。リュウジ君は嬉しいような恥ずかしいような表情をしていた。

リュウジ君は，ユタカ君たちが自分から離れていっていることを感じているのだろう。以前のように，強い口調で命令するようなことはなくなり，言い合いになるとしくしく泣いていることの方が多くなった。その代わり，リュウジ君とサキちゃんが一緒に遊んでいる姿をときどき見かける。アトラクションごっこで，リュウジ君とサキちゃんは同じ動物園グループだったことも関係しているかもしれない。アキ先生は"リュウジ君は一人じゃないよ"と心の中で言葉をかける。そして，振り返った。大縄で遊んでいたときにマサオ君やアカリちゃんがメグミちゃんのことを，アトラクションごっこのときはリュウジ君がマサオ君のことを，そして，サキちゃんがリュウジ君のことを気にかけていたように，クラスの子どもたちが互いを気遣える関係が綿々と広がってきていることを実感したのである。

（3）かけがえのない仲間でありたいというリュウジ君の願い

リュウジ君は「下手だからって，最初からあきらめてたら，上手にならないよ!!」とユキちゃんに食ってかかっていた。クラスでドッジボールをしようと園庭に出たときだ。ユキちゃんが「やらない!!」とテラスのところでごねていたからである。それを見て，リュウジ君がユキちゃんに声をかけたのだ。「でも，できないもん！」とユキちゃんは抵抗する。リュウジ君はそれでもひかない。「僕だって，最初は下手だったんだよ。だけど，何回もやるようになったら，投げられるようになったんだよ」と，言い方はきつかったが，ユキちゃんを諭すようなまなざしで話しかけていた。ユキちゃんはしばらく黙って，部屋に入り，それきり出てこなかった。

ユキちゃんは，朝の登園時間が一定しておらず，他の子どもに比べたら，遊び時間が少なく，一人で遊んでいることが多かった。他の子どもたちがドッジボールをやろうと盛り上がっていても，きっかけをつかめず入りにくいのかもしれない。ドッジボールの経験もあまりなかったので，余計にできないという

第3章 日々の活動を通して一人ひとりを対話でつなぐ

不安が強い。それで，ユキちゃんはドッジボールに入ろうとしないのではないかとアキ先生は考えていた。そんなユキちゃんの様子を，リュウジ君は数日間見ていて何か思ったのかもしれない。

アキ先生は，リュウジ君がどうしてユキちゃんに声をかけていたのかを知りたくてドッジボールが終わった後，リュウジ君に理由を尋ねた。リュウジ君は「だって，ユキちゃんだって，くじら組の仲間だから誘ったんだよ」と答えた。アキ先生は，嬉しくて涙が出てきそうなのをこらえ，「リュウジ君の気持ちが伝わるといいね」と返した。

リュウジ君が一歩踏み出したと，アキ先生はリュウジ君の言葉を聞いて思った。これまでリュウジ君にとって，仲間はユタカ君たち男の子グループのことだった。それが，ユタカ君たちが自分たちの思いをリュウジ君に伝えられるようになり，いつも一緒にいる仲間ではなくなった。きっと寂しく思う日もあっただろうが，いつもそばで見守ってくれていたサキちゃんに支えられた。リュウジ君は，仲間関係から外れがちだったユキちゃんのことを，自分と重ね合わせ，考えていたのだろう。リュウジ君自身もクラスのかけがえのない仲間でありたい，ユキちゃんにかけた言葉は，リュウジ君自身の願いのように思えた。

（4）リュウジ君の思いが周囲の子どもに伝わる

その日の午後，おやつの時間の終わり際，アキ先生は，クラスの子どもたちに，ドッジボールでの出来事を伝えた。「今日，先生ね，とても嬉しかったんだ。リュウジ君がユキちゃんのことをドッジボールに誘っていたでしょ。それは，リュウジ君がユキちゃんのことを仲間だと思っていたからなんだって」と。

翌日から，今度はメグミちゃんや他の子どもたちがユキちゃんをドッジボールに誘うようになった。それでも，ユキちゃんは頑なに入らなかったのだが，メグミちゃんの猛烈なアタックに，とうとう根負けしたのか，ある日，ユキちゃんがドッジボールに入って楽しんでいたのである。アキ先生はその姿を見てリュウジ君に目配せすると，リュウジ君は嬉しそうにうなずいた。

メグミちゃんがしつこくユキちゃんを誘ったのには理由がある。ドッジボー

第Ⅱ部　多様性がいきる活動と対話が生まれた実践

ルの最中に，メグミちゃんがボールに当たり，「もうやらない！」と泣いていたとき，ある子どもが「リュウジ君がメグミちゃんのこと，すごく強いって言っていたよ」と話していたのである。じつはメグミちゃんは，それほど上手にボールを投げられるわけではない。ただ，逃げるのは速くて，ボールに当たらず，最後まで残っていることがたびたびあった。それをリュウジ君はちゃんと見ていて，他の子どもに伝えていたのだ。メグミちゃんはそれが嬉しくて，自由な遊びの時間にやるドッジボールを楽しみにしていたのである。おそらく，自分に注目してくれたリュウジ君であったからこそ，彼のユキちゃんへの思いを，誰よりもメグミちゃんが受けとめていたのだと考えられた。

（5）解説：男の子グループの仲間関係の解体とその後の意外な展開
——解決を求めない

　アトラクションごっこのとき，ユタカ君は自分の考えを子ども全員の前で言えるようになり，さらにリュウジ君と一緒のグループを選ばなかったことからも，ユタカ君がリュウジ君とつねに一緒にいなくても，クラスの中で，安心し，楽しめるようになっていたことが窺える。自信をつけたユタカ君は，ついにリュウジ君に今までの思いをぶつけ，一緒にいた子どももユタカ君とともに主張するようになり，男の子グループの関係は崩れたと言える。

　通常，対人葛藤場面において，保育者は，幼児期後半くらいから，子どもたちが自分たちで解決する方法を見つけ出すように促していくことが多い。アキ先生もそれを一瞬頭によぎらせている。しかしながら，ユタカ君たちが「リュウジ君と遊んでたくない」と主張したとき，あえて解決を促さなかった。理由は，ユタカ君たちが募らせてきた思いの重さを，リュウジ君に十分に受け止め考えてほしいと思ったからだ。一方で，この先，リュウジ君とユタカ君たちの関係が元に戻るのか，それとも別の新たな関係へと再構築されるのかは，まったく見えていない。それゆえ，その後も，アキ先生は，リュウジ君とユタカ君たちの様子を注意深く見守っており，もし機会があれば間を取り持とうとして待ち構えていたと思われる。その過程で意外な展開が生まれた。

110

第3章　日々の活動を通して一人ひとりを対話でつなぐ

　一つは，リュウジ君がユタカ君たちとうまくいかずに悲しんでいるところを見守る他の子ども（サキちゃん）が出てきたこと，二つめに，リュウジ君が孤立しがちだった子ども（ユキちゃん）の寂しさを自分のことのように感じ，思いを伝えたこと，三つめに，リュウジ君のユキちゃんへの思いを受けとめる他の子ども（メグミちゃん他）が出てきたことである。

　この展開から，リュウジ君を理解しようとする子ども（主にサキちゃんとメグミちゃん）の存在が明らかになることで，リュウジ君は男の子グループの子どもに拒否されても，クラスの人間関係から排除されることはなかったことがわかる。リュウジ君を理解しようとする子どもはそれ以前に彼とかかわりをもっており，アキ先生が，クラス一人ひとりがかかわりあえるようにといろいろな活動や遊びを用意していたことによるものだ。

　さらに，リュウジ君にとっての仲間の意味が変わっていった。男の子グループの頂点に立つリュウジ君は，自分が他の子どもよりもできるというプライドに支えられていたため，他の子どもたちの前で，弱みをみせることはなかった。それが，ユタカ君たちに拒否され，悲しくて泣くという，自分の弱い姿をさらけ出すことになる。それでも，自分を理解し受けとめてくれる存在がいたことに気づき，加えてユキちゃんのことが引き金となって，一人ひとりの子どもがクラスの仲間であるととらえるようになったと読み取ることができる。

　アキ先生は，この意外な展開の中に，子どもそれぞれの成長を見出し，リュウジ君とユタカ君たちの関係に自分が直接介入することを控え，子どもたちにその先を委ねることを決めたと思われる。

9　クラスの一人ひとりが仲間
——劇遊びで明らかになった子ども同士の結びつき

（1）マサオ君が長期休暇に入って…

　年が明け，1月4日，子どもたちは久しぶりに登園してきた。コマ，カルタ，羽根つきと正月の遊びで盛り上がる。リュウジ君とユタカ君，数人の子どもた

111

第Ⅱ部　多様性がいきる活動と対話が生まれた実践

ちは，コマに夢中になっていた。年末までリュウジ君とユタカ君たちとの間に
微妙な雰囲気が流れていたが，ユタカ君がうまくコマをまわせないと，リュウ
ジ君が優しく教えていた。その二人の姿を見て，アキ先生は，ほっとしていた。

　あと３か月もしないうちに，子どもたちは卒園していく。卒園発表会は，年
長児にとって最後のビッグイベントだ。アキ先生が発表の内容を考えていると，
夕方，衝撃が走った。マサオ君が次の週から長期休みに入ることを母親から告
げられたからである。３月半ばに帰ってくるとのことだったが，卒園発表会は
すでに終わっている。マサオ君は，クラスの子どもたちの中で，楽しく遊べる
ようになってきていたので，発表会に向けた活動に参加できないのが，残念で
仕方ない。クラスの子どもにマサオ君のことを話しても，そのときはあまりピ
ンときていないようだった。それもそのはずで，マサオ君が急に１・２週間の
休みをとることは珍しくない。もう来ないわけではないし，子どもたちはこれ
から卒園発表会に向けた活動が始まることを知らなかったので，アキ先生ほど，
マサオ君の不在を悔しく思っていなかった。

（２）子どもたちの思いをのせた劇づくり

　マサオ君が休みに入った後，卒園発表会のための劇づくりが始まった。年末
に，ルナちゃんが「今度，みんなで劇をつくって遊ぼうよ」と提案していたの
で，子どもたちのアイデアをもとに物語を作って，劇を発表しようとアキ先生
は考えていた。

　アキ先生は子どもたちにどんな劇にしたいかを聞くといろいろな案が出てき
たので，話し合って「明るい元気学校」「宇宙人学校」「忍者学校」の三つに絞
り，オムニバス形式で劇をして，最後に全員で歌を唄うことになった。

　三つの劇の台詞をクラス全員で考えながら，ストーリーを作ろうと言ってい
た日の朝のことである。登園してきたルナちゃんがアキ先生に「あのね，こん
なの考えたんだけど，明るい元気学校で，子どもがあきらめようとしたとき，
『最初からあきらめないでください』って，先生役の子が言うの，どう？」と
こっそり話しに来た。アキ先生は「いいね。いいね。それ，今日，みんなに話

112

第3章　日々の活動を通して一人ひとりを対話でつなぐ

そうよ」と答えながら，これはユキちゃんがドッジボールに入らなかったとき，リュウジ君が言っていた言葉だとすぐに気づいた。あのとき，アキ先生は，リュウジ君がかけた言葉が，そしてクラスの一人ひとりを仲間だと思っていたことが，とても嬉しくて，クラス全員に伝えていた。あのときの出来事が，一見関心がなさそうだったルナちゃんの心に刻み込まれていたのである。

　それから数日間，台詞からストーリーを創り上げていく活動をつづけた。その間，子どもたちがイメージしやすくするために，『いいからいいから』（長谷川，2006）の絵本を読み聞かせ，「ともだちになるために」の歌をお昼ご飯のときに流していた。これは，これまでの子どもたちの話し合いの内容を踏まえ，アキ先生が“友だち”や“仲間”について考えてほしいという思いで選んだものだった。「いいからいいから」は，その語感がよかったのか，子どもたちの間で流行り，劇のセリフにもなっていった。さらに「ともだちになるために」の歌をあらためてじっくり聞き，歌詞の意味をアキ先生がクラス全員に問いかけたとき，リュウジ君は，「友だちが遊んでくれないとき，寂しい」と答えていた。これは，劇の一場面として取り上げられることになった。

（3）マサオ君が帰ってきた‼──子どもの思いがつながり合うクラスの物語へ

　2月半ば，三つの劇の物語と台詞が完成したころである。思いがけず，マサオ君の母親から電話がかかってきた。なんと明日から登園するという報告だった。予定よりもかなり早く，アキ先生は焦った。劇が完成して，あとは練習というときに，マサオ君をどのように参加させていけばいいのか…とても悩んだのである。結局，どうすればいいのか答えが出ないまま，子どもたちにマサオ君が明日から登園することを伝えた。

　子どもたちは「本当に！」「やった！」と喜び合っていた。リュウジ君は無言でガッツポーズ。まさか，こんなに喜ぶとは…。リュウジ君は言葉に出さないものの，そのガッツポーズが何よりもマサオ君の帰りを嬉しく思っていることを表現している。子ども一人ひとりがマサオ君をクラスの仲間と感じていることがわかる。子どもたちの様子を見て，アキ先生は，これなら劇も何とかなる

113

第Ⅱ部　多様性がいきる活動と対話が生まれた実践

だろう，マサオ君にどう劇に参加してもらうか，子どもたちに託してみようと
思ったのである。

　翌日，マサオ君が登園し，早速，アキ先生は，マサオ君の役や台詞をどうし
たらいいかを子どもたちに投げかけた。"誰かと一緒に言えばいい"という案
が出てきて，具体的な台詞を考える子も出てきた。ここは，やはり一人で言う
台詞が欲しい，そう思ったアキ先生は，たくさん出た台詞の案から，マサオ君
にどれがいいかを尋ねた。いろいろと悩みながら，他の子どものアドバイスも
あって，マサオ君は，子どもたちが鉄棒の練習でくじけそうになった場面で出
てくる先生役をやることになり，「たくさんやるとうまくなりますよ」という
台詞になった。アキ先生は，メグミちゃんが大縄に挑戦していたとき，マサオ
君が彼女の背中をそっと押したときのことを思い出した。マサオ君にぴったり
の役だ。マサオ君も台詞を一人ぶつぶつと繰り返し，やる気を見せていた。

　劇の練習が続く。子どもたちはテンポよく台詞を言えるようになってきた中，
マサオ君だけがうまく台詞が出てこない。それをマサオ君自身がひどく気にし
て，どんどん表情が暗くなっていく。アキ先生は，何とかしなくてはと思い，
マサオ君に「どこが難しい？」と尋ねた。マサオ君は「わからなくなるときが
ある」と答えた。きっとやりたい気持ちはある，だけど他の子と似ている台詞
も多く，それを聞いていると自分の台詞と混乱してしまうのだろう。「マサオ
君はずっとお休みしていたんだし，覚えられなくても当然だよ」とアキ先生が
話すと，それを聞いていたのか，ユタカ君が「いいからいいから」と言う。そ
れを聞いた数人の子どもも笑顔でマサオ君を励ますように「いいからいいか
ら」と言葉をかけた。それに続いて，タスク君が「失敗してもいいんですよ」，
アカリちゃんが「チャレンジしてみてください」と言う。マサオ君の隣にいた
子どもが不意にマサオ君の手を持ち上げ，「はーーい！」と大きな声で言った。
マサオ君の表情はみるみる明るくなり，「わかりました‼」と笑顔になっていた。
まるで，子どもたちの思いがつながり合っていく，劇のワンシーンを見ている
かのようだ。アキ先生の心配も，マサオ君の不安も一気に消し去る勢いだ。も
うクラスには，排除も何もない。一つの劇を創り上げていこうと，互いに互い

を思い合える仲間が在るだけだった。

10 実践のまとめ——日々の活動や遊びを通して子どもの関係を組み替え，子ども同士の対話的な関係をつくる保育

（1）排除からインクルーシブなクラスへと変容を促した実践のポイント
日々の活動や遊びを通して子どもの関係を組み替え，仲間関係の変容を促す

　本実践は，固定的でかつ凝集性の高い集団（例：男の子グループ・女の子グループ）が，序列化した人間関係を形成し，自身のポジションを維持しようとして，ある子ども（マサオ君・メグミちゃん）を排除するようになったことを示すと同時に，多彩な遊びや活動を通して子どもたちが，互いの理解を深め，協同的になっていくことで，排除的な状況を改善し，インクルーシブな状態が生まれたところに大きな特徴がある。

　4月当初，アキ先生は，支援対象だったマサオ君を無視し，メグミちゃんをからかう子どもたちの様子を見て，二人の行動や態度よりも，むしろ周りにいる子どもたちの方を問題視していた。きっかけは，リュウジ君たちのグループの遊び方に疑問をもったところから始まり，丁寧に見直してみると，グループを形成している子どもたちそれぞれがその仲間関係に不安を抱えていたことがわかる。ここから少しずつ固定的なグループの子どもたちがそこを離れて，別の子どもと新しい関係をつくれるように，遊びや活動を子どもたちに用意する。とくに，運動会では小グループを意図的につくるといった工夫を施した。多彩な活動と遊びでの経験が積み重なるにつれ，子どもたちは互いのいろいろな側面に気づき，理解を深め，認め合えるような関係をつくり，広がりを見せていく。そのプロセスで，好きな遊びや活動内容に応じて，子どもたちは柔軟に関係を組み替えられるようになり，固定的で凝集性の高いグループがなくなっていき，排除的な状況がなくなっていった。ここでの実践のポイントは，支援対象児が排除される状況を，支援対象児を取り囲む，周りの子どもの関係性に着目し，改善した点にある。

115

子ども同士の対話的な関係から，インクルーシブな状態へ

　もう一つのポイントは，アキ先生が，多彩な遊びや活動を用意する中で，子ども一人ひとりが自分の思いや考えを表明し，それに耳を傾け応答するという，子ども同士の対話的な関係をつくろうとして，間をつなぐような役割を果たしているところである。これは子ども同士がうまくコミュニケーションできるように援助しているわけではけっしてない。"対話"という概念をもう少し掘り下げて，間をつなぐ意味を考えてみたい。

　対話とは非常に多くの概念定義があるが，ここでは，白木（2017）を参考にする。彼は，対話を「それぞれの参加者が，他者の語ったことに基づいて，それに続け，重ねる形で自分のことばを繋いでゆく，という流れ」を意味し，また「他者の語りに耳を傾けることで，自分の（すでに抱いている）考えや見方が変化する」ことを奨励するものであるとしている。ここに"他者の語りに耳を傾ける"とあるが，これは語られた内容の情報をたんに共有することではなく，他者の語った内容をこれまで経験したことの積み重ねから出てきたものとして尊重するという意味をもつ。アキ先生の子ども同士の関係をつなぐ，そのやり方はこの対話の考え方と共通している。マサオ君と周囲の子どもたち（5節），リュウジ君とユタカ君たち（2節・7節）の節にあるように，アキ先生は，子どもたちが自分の思いを本音で語ることができない状況を非常に懸念し，その状況を変えようと試みていた。たとえば，午睡時のマサオ君の迷惑行為に何も言おうとしない空気，何か言ったらリュウジ君の仲間から外されるのではないかという不安な状況，である。これらは自分の思いを聞き遂げられないだろうという，半ば自分から語ることを諦めている状態とも言える。そこで，アキ先生は自由に発言できるような雰囲気をつくるために，子どもの声を受けとめる場を作ったり，安心して自分を表現できる仲間関係を見つけ出したりしている。子どもが言いたいことを伝えられそうにない場合，それを伝えるにはどうすればいいか，つまり"話す側"への援助に焦点化されやすいが，アキ先生は，"話を聞く側"の"他者の声に耳を傾ける"姿勢の方に目を向けていたと読み解くことができる。したがって，アキ先生が実践してきた子どもをつなぐ役割とは，

子ども同士の意思疎通を図るための援助ではない。語り手の本音，いわば経験の積み重ねによって出てきた思いを通して，語る個人を理解しようとする姿勢をクラスの一人ひとりに培おうとするものであると考えられる。その上で，子どもたちがあらゆる場面で対話を重ねていくことで，他者に対する見方を豊かにしていったことが，排除の状態からインクルーシブな状態に変容を促したもう一つのポイントであると思われる。

（2）クラスをまとめるのではなく，一人ひとりをつなぐ

　アキ先生がある研修会でこの実践を発表したとき，ある保育者から質問が出た。「こんなに気になる子どもがたくさんいる中で，どのようにしてクラスをまとめたんですか？」と。アキ先生は少し考え，「私はこのクラスをまとめようと思っていませんでした。一人ひとりの子どもをつないでいっただけです」と答えた。

　最後の劇遊び（9節）を見ると，子ども一人ひとりが意見を出し合い，劇の内容をつくりあげていく様子が描かれている。途中，長期欠席していたマサオ君が突然戻ってきて，その内容を修正せざるを得なくなっても，子どもたちはそのことを大いに歓迎していた。さらに練習中，マサオ君ができなくなっても，励まし合い，楽しみながら完成させようとする姿がある。この様子を見れば，子どもたちが，一つの劇の完成に向け，クラスとしてまとまっている状態とみることができる。

　しかしながら，アキ先生にとってみれば，この卒園発表会に向けて，クラスがまとまる状態を目指し，手を尽くしていたわけではない。日々，子どもたちが遊びと活動を通して，自分の気持ちや考えを伝え，相手の思いを理解しようとする子ども同士の対話的関係を所々でつくり，それを積み重ねていった結果である。アキ先生のいう「一人ひとりをつないだだけ」という発言は，このことを意味している。

　ところで，アキ先生の実践を支えていたのは，彼女自身の対話的姿勢である。アキ先生は，子ども一人ひとりと向き合い，それぞれの思いをとらえようとつ

第Ⅱ部　多様性がいきる活動と対話が生まれた実践

ねに努めていた。そして，その子ども理解にもとづいて，そのときどきに応じた活動や遊びを提供し，それぞれの子どもがどのような反応を見せ，他の子どもとの関係をどうつくっていくのかを丁寧に見ていった。そこで，また一人ひとりの子どもとあらためて向き合う。これをずっと繰り返していた。子どもとの対話の中で，アキ先生の「一人ひとりをつなぐ」実践は生まれてきたと言えるだろう。

付記
本章は，浜谷・五十嵐・芦澤（2013）の論文において書かれた実践にもとづき，より詳しいエピソードを加え，改変したものである。

〈文　献〉
アーンキル，T. E.　2017　未来語りのダイアローグ　「早期ダイアローグ」ワークショップ資料　ダイアローグ実践研究所
浜谷直人・五十嵐元子・芦澤清音　2013　特別支援対象児が在籍するクラスがインクルーシブになる過程──排除する子どもと集団の変容に着目して　保育学研究，**51**(3)，45-56.
長谷川義史（作）2006　いいからいいから　絵本館
五十嵐元子　2013　第2章　強い子についていく安心感から友だち関係に開かれた安心感へ　浜谷直人（編著）　仲間とともに自己肯定感が育つ保育──安心のなかで挑戦する子どもたち　かもがわ出版　pp. 33-53.
桑野隆　2008　「ともに」「さまざまな」声をだす──対話的能動性と距離　質的心理学研究，**7**，6-20.
中島義道　1997　〈対話〉のない社会──思いやりと優しさが圧殺するもの　PHP新書
セイックラ，J.・アーンキル，T. E.　高木俊介・岡田愛（訳）　2016　オープンダイアローグ　日本評論社
白木孝二　2017　オープンダイアローグという会話のつぼ　N：ナラティヴとケア，**8**，20-26.

第4章 保育者間の対話が子ども理解を
豊かにする園内研修
——クラス関係図をつくりエピソードで語り合う

芦澤清音

1 インクルーシブ保育を支える同僚性

　以前，幼稚園教諭となった大学の卒業生が新任のときに相談に来たことがある。彼女は，3クラスある3歳児のフリー保育者であった。3歳児には，複数の障がい児がいたが，彼女が入るのは，いつも同じクラスだった。3クラスの中で，もっとも経験の長い学年主任のクラスで，そこには，自閉スペクトラム症と思われる多動の子どもがいた。その子は保育室にじっとしていることはなかった。一斉活動が始まると，必ず部屋を飛び出していく。彼女の仕事は，その子を追いかけて部屋に連れ戻すことだった。毎日繰り返すうち，その子の気持ちが少しずつわかるようになってきた。園庭に飛び出した子どもに付き合って，しばらく一緒に過ごしていると，そのうち満足してクラスに戻っていくのである。ちょっとした時間の余裕さえあれば，その子は，気持ちよく部屋に戻っていった。

　しかし，その時間を許してはもらえなかった。担任の厳しい口調に，彼女は新人の保育者として，子どもの気持ちを伝えることも，かかわりを変えてもらうよう訴えることもできなかった。

　他の2クラスは，経験の浅い保育者が担任をしていたが，穏やかだった。多少落ち着かない子どもがいても，部屋を出るような子どもはおらず，おおらか

第Ⅱ部　多様性がいきる活動と対話が生まれた実践

に保育が進んでいた。そのクラスだけが，いや，その子だけが目立っていた。

　担任の厳しい態度は，同僚の評価におびえ，先輩保育者としての面目を必死に保とうとする姿だったのだろう。

　この経験は，その後の彼女の幼稚園教諭としてのあり方を考えるきっかけとなった。いろいろな子どもがいて，その子なりのペースで，その子なりのやり方で，クラスを居場所としていくこと。時間がかかっても，クラスが居心地のよい場所であれば，いずれ戻ってくること。同時に，子どもを理解するには，多様な姿を知ることが大切であること。そのためには，立場を越えて，保育者同士が対等に子どもの姿を語り合い，支え合う関係が必要であることである。まさに，同僚性の重要性を痛感したといえよう。その後，彼女が担任となってからは，未熟さや弱さを隠さずに，園の中で助け合う関係を構築していった。

　さて，この事例の最初の部分，つまり，担任が周囲の目を気にしながら孤軍奮闘して子どもをコントロールしようとしていたとき，担任は，周りの保育者から距離をおき，心理的に孤立し緊張した毎日を送っていたのであろう。同僚性とは，対極の状況である。

　同僚性とは，同僚の教師同士の相互作用，言い換えると，協同によって教師の専門性が育まれていくことを示す概念である（黒澤，2012）。紅林（2007）は，その機能として，「教育活動の効果的な遂行」「力量形成」「ストレスやバーンアウトを支える癒し」の三つをあげている。

　同僚性という言葉は，もともと学校教育の中で生まれてきた用語であるが，近年では，保育現場においても園内研修のあり方などに関連してさかんに議論されるようになってきた。とくに保育者の専門性の向上および保育の質に寄与する保育カンファレンスのあり方が模索されている。

　このように，効果や専門性の向上が強調される同僚性であるが，その本質は，子どもの幸せのために，園内の同僚が力を合わせることであろう。保育の質や専門性が目標として掲げられると，評価の目が生まれ，質の向上や能力の獲得といった目に見える結果へのこだわりによって自由表現が阻害される可能性が出てくる。冒頭の事例のように，保育者は自分の力量が問われていると感じ

120

第4章　保育者間の対話が子ども理解を豊かにする園内研修

ることで萎縮し，自分の思いや悩みを自由に表出できなくなる。

　同僚性の求めているものは，本来そういうものから自由になることではないだろうか。評価の目から解放され，同僚の前で，自分の保育を安心して振り返り，語り，援助や協力を求めることができる，そんな関係性であろう。

　自分の思いや意見を自由に表出するためには，受け止められるという確信が必要である。どのような意見も尊重されるという安心感に支えられてこそ，多様で自由な意見が交わされ，そのやりとり，つまり，対話を通して新たなアイデアが生み出されていく。そのような関係を構築していくことこそが同僚性だと考えられる。

　ところで，インクルーシブ保育が子どもの多様性を前提とするのであるならば，それを支える保育者の経験，思い，考えも多様なものとなる。そして，その一つひとつが尊重されることで，新たな気づきや見方，そして，保育の可能性が見えてくる。結果を求めるのではなく，対話のプロセスを重視することが求められるのである。

　本章では，保育者が気になっている子どもをめぐる話し合いの具体的な場を取り上げ，自由な対話の中から生まれてくる保育の可能性について考え，インクルーシブ保育を支える同僚性と対話による保育づくりの可能性を検討する。

2　子どもの姿を語り合う場としてのケース検討会

　B保育園は，横浜市郊外の団地内にある定員100人ほどの中規模の保育園である。10年ほど前に公立保育園（以下，公立園）から民間委託され，当時，公立園で行っていた「障害児・気になる子ども」のケース検討会を継続している。しかし，公立園のやり方をそのまま引き継いだわけではない。引き継いだのは，検討会という名前だけで，B保育園流のケース検討会を作り上げてきた。

（1）子どもの具体的な姿から始まる

　B保育園のケース検討会（以下，ケース検）は，子どもの日々の保育のエピソ

第Ⅱ部　多様性がいきる活動と対話が生まれた実践

ード記録とクラスの子どもたちの関係図をもとに，具体的な子どもの姿から，子どもの理解を深め，保育者同士が語り合う中で，保育の手がかりや新たな可能性を見つけていこうという語り合いの場，言い換えると保育者の対話の場であると言ってよいだろう。

　つまり，子どもの気になる点を確認して，集団に適応できるように援助する方法を見つけ出すのではなく，新たな保育が生まれる可能性を期待して参加者がみんなで意見を出し合う場と言った方がふさわしいだろう。

　したがって，ケース検に挙げられる子どもは，気になる子という視点から選ばれるのではない。保育者が，日々の保育の中の子どもの姿をどう理解すればよいのかわからなかったり，クラスの子どもたちとの関係をどのようにつくっていけばよいのかを悩んだりしたとき，クラスを超えた園全体の保育者から情報や意見を求め，一緒に考える場，言い換えると，園全体で応援してもらう場といっていいだろう。

　他クラスの保育者の情報や子どものとらえ方，それに，過去の子どもの姿を知ることで，目の前の子どもの姿は豊かになり，子どもの物語が浮かび上がってくる。その多様な姿から，新たな保育の可能性が生み出されてくるのである。

（2）解決することを目指さない

　検討会と聞くと，ディスカッションを想像するだろう。しかし，ケース検は，いわゆるディスカッションの場ではない。ディスカッションは，討論の目的がはっきりと示されて，問題解決のために複数の人々が討論をしてよりよい解決に向けて提案や結論を出すために行われる（暉峻，2017）。つまり，異なった視点や意見が行きかう中から，限られた時間内で，よりよいと思われる案を選び結論を出すことになる。そのため，参加者には，より合理的で客観的な意見が求められる。

　一方，ケース検で大事にしていることは，とにかく，話し合うということである。とはいえ，当然，たんなるおしゃべりや会話ではない。テーマを共有する仲間が，困ったり悩んだりしている保育者に心を寄せ，何とかしようとあれ

やこれやと自分なりの思いや意見を提供し，お互いの発言に影響されながら意見を変化させていく。そのやり取りの中で，子どもの見方が広がり，保育の新しい発見が生まれてくるのである。そして，その喜びは参加者に共有され，保育への意欲を生み出す。どんな意見も排除されず，どんな意見もその場に何らかの影響をもたらす。もちろん，反対意見も大事にされる。意見は，多様であるほど，話の幅が広がり，見方が豊かになる。そんな自由な場である。最終的な解決法が見いだされるわけではない，ましてや指導計画が立つわけでもない。しかし，その過程の中で語られた内容が，子どもの理解を豊かにし，保育の可能性を開いていく。

　だから，「まあ，〇〇君のいろいろな姿が見えてきて，見え方も変わってきたし，できそうな遊びもいろいろ出てきた。友だちとつながりそうな期待が出てきたから，今日出てきたことを試してみて，また，振り返りの会のときにどうなっているか聞かせてください。みなさんも，子どもの姿を見かけると思うので，報告し合えたらいいなと思います。どうなっているか楽しみです」というような終わり方をすることが少なくない。

　明確な結論が出ないまま，それでも，いっぱい話をして，聞いてもらったという思いの中で，わかってもらっているという安心感と力を貸してもらえるという心強さに支えられて，メンバーそれぞれが元気な顔になって終わるのである。

　とにかく，「なんか，ケース検に出すだけで，子どもが変わるのよね」というのが共通の評価である。しかし，一番変わるのは，むしろ保育者なのだろう。

（3）対話のグループとしてのケース検討会

　自由で安心できる環境の中で行われるケース検のあり方は，対話のグループといえるだろう。

　対話は英語でダイアログ（dialogue）といい，ギリシャ語の dialogos に語源をもつ。「logos」は「言葉」あるいは「言葉の意味」と考えてもよい。「dia」は「〜を通して」を意味する。つまり，言葉の意味を通わす空間であって，そこ

第Ⅱ部　多様性がいきる活動と対話が生まれた実践

から新しい意味が生まれる可能性を示している（ボーム，2007）。

　「対話」がアイデアを生む培地であると考えていたバフチン（Bakhtin, 1984, 1986）は，重要なのは，応答性だと述べている（セイックラ／アーンキル，2016）。一方的な発話ではなく，その場にいる人たちの間で交わされるやり取りの中で，言葉は，今現在の状況にあった独自の意味をもつようになっていくという。したがって，言葉が意味をもつためには，応答が必要になるということである。

　ところで，対話というコミュニケーションが生まれるためには，話し手は，聞いてもらっている，言い換えると，受け入れられていると感じていなければならない。一人の声の大きな人が，その場を牛耳ってしまうような権威主義的な関係の中には対話は生まれない。自由で，民主的な関係の中にこそ対話が生まれ，新しい意味が創られていくと考えられる。

　ケース検にあてはめると，対等で自由な対話の中にこそ，子どもの新たな理解が生まれ，新たな保育の可能性が示されていくということになる。

　では，実際の対話の場面をみていくことにしよう。

　まず，ケース検に向けての資料づくりのための話し合いについて4歳児クラスの一例を紹介する。次に，実際のケース検で，その資料をもとにどのような対話が生まれたのかを概観する。そして，5歳児クラスのケース検の振り返りの回での対話を紹介し，対話が生み出す保育の可能性を考える。

3　ケース検討会の実際
——対話を豊かにする保育エピソードとクラス関係図

　図4-1は，ケース検の一連の流れを示した図である。

　まず，ケース検で検討してもらいたい子どもを決める。すでに述べたように，発達上の問題を抱える子どもとは限らない。理解を深めたい，新たな保育の手がかりを得たいと考える子どもである。

第4章　保育者間の対話が子ども理解を豊かにする園内研修

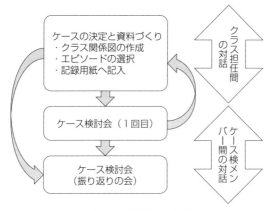

図4-1　ケース検討会の流れ

（1）ケース検討会に向けての資料づくり

　ケース検の当日だけが対話の場ではない。ケース検は，資料づくりから始まっている。担任は，ケース検に出す前に，クラス担任間でじっくりと話し合い，資料をつくる。資料は，クラスの関係図と日誌のエピソードおよび所定の記録用紙である。それらをもとに，ケース検当日は参加メンバーでひとしきり話し合う。そんな，一連の作業と時間の中で，対象の子どもだけでなく，たくさんの子どもの姿に気づいていく。そのすべてが，子どもと保育に向き合う時間になるのである。

　以下は，4歳児クラスの担任二人がケース検に向けての資料づくりをする場面である。

関係図はクラスの中心児から描く

　話し合いはこんな風に始まった。

　三園「リュウ君とイサム君は，やっぱりこのクラスの真ん中かな。」

　森田「なるほど。リュウ君とイサム君ね。」

　三園「どの遊びでも中心にいるから。」

　森田「しかも，必ずいて面白くしてくれるしね。」

　二人は，紙をのぞき込んだ。三園さんが，ケース検に使う関係図を描き始め

125

第Ⅱ部　多様性がいきる活動と対話が生まれた実践

図4-2　日誌を見ながらクラス関係図を作図する三園さん
　　　（左）と森田さん（右）

る。最初に，クラスの中心的存在の二人の男児を描きこむ。

　じつは，この男児二人は，ケース検の対象児ではない。しかし，クラス全体を描くためには，まず，クラスの中心的な子どもを真ん中にして描き始めることで，クラス全体の子ども同士のつながりが見えやすい。保育者たちが，クラス関係図の作成にあたって話し合い，試行錯誤しながらたどり着いた一つの描き方だ。ただし，園として決まった描き方というわけでもなく，描きやすい方法で描くのがB保育園流でもある。

　さて，4歳児クラスは担任が2名。三園さんは，4年目の若手保育者，森田さんは，10年目の中堅の保育者である。二人とも，今年からこのクラスを担任している。若手の三園さんは，本園で保育者として働き始めてからずっと幼児クラスを担任してきた。一方の森田さんは，これまでずっと乳児クラスの担任だったため4歳児ははじめての経験である。若手と中堅とはいえ，上下の関係はなく，支え合う仲と言ってよいだろう。また，この二人は，保育で発揮する持ち味も違う。三園さんは，鬼ごっこなどの体を動かすダイナミックな遊びが得意である。一方の森田さんは，どろんこ遊びや虫探しなど，少人数でじっくり遊びこむことが多い。タイプの違う二人が手を携えることで，子どもの遊びは広がり，子どもたちは，自分で好きな遊びを選んで遊びこんでいく。

　こんな個性の違う二人だが，保育で大事にしていることは共通している。遊びを豊かにすること，遊びこめるようにサポートしていくこと，遊びを通して

第 4 章　保育者間の対話が子ども理解を豊かにする園内研修

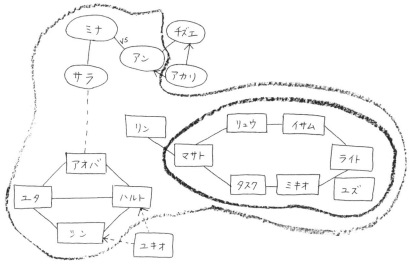

図4-3　三園さんの作図

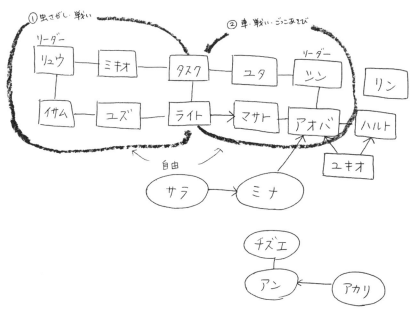

図4-4　森田さんの作図

子どものつながりを広げていくことである。つまり、遊びを豊かにすることで、子どもたちの育ちを支え、子ども同士をつなげていこうと考えている。

さて、話し合いのために二人はそれぞれにクラスの関係図を持ち寄った（図4-3，図4-4）。

三園さんは、クラスの中心になる子リュウ君から描き始めた。リュウ君を中心とする活発な男の子グループを真ん中にし、比較的おとなしい男の子グループを並べると今回のケース検に出す予定のユキオ君は、おとなしい男の子グループの端になった。一方、森田さんは、ユキオ君から描き始め、おとなしい男の子グループを描き、活発な男の子グループを左側に、その下に女の子たちを配置した。

ちなみに、ケース検用の関係図は、三園さんが描くことになった。

ユキオ君の姿

二人が、今回ケース検に出そうと思っている子どもは、ユキオ君である。強引に友だちにかかわる様子が気になっていた。

森田「4，5月のころは、嫌がっているハルト君とアオバ君に対して強引にかかわってたね。」

三園「水道で、ハルト君が泣いていたエピソードがありましたよね。ほら、ユキオ君が『ご飯，隣にしよう』と誘って、ハルト君が断れなくて泣いていた。」

森田「ああ，私が書いたかな。」

森田さんは、日誌の中からエピソードを探し始めた。

B保育園では、毎日の日誌の中に保育エピソードを書き残している。その日に保育者が印象に残った場面や出来事をエピソードとして記入するのである。

こんなエピソードが日誌に記録されていた。

5月18日　記：森田

朝、ユキオ君とハルト君が隣に座って何かおしゃべりをしていた。けれど、ハルト君の表情が浮かない。「なんの話？」と聞いてみると、「ユキオ君とお隣でごはん食べるの」と言いながら、ハルト君はしくしく泣き始め

た。「なんで泣いているの？」と聞くと，「ユキオ君とご飯を食べるのがいやなの」と話してくれた。「いやだったら断ってもいいんだよ。ユキオ君に言えなかったら森田さんが話そうか」と伝えた。

　いやだな…と思っても言えずに我慢するハルト君。今日はタイミングよくハルト君の気持ちを聞き出せたが，きっと大人が見ていないところでこういうことがたくさんあるのかなと思った。ユキオ君と食べるのを断ったあとは，「森田さん，一緒にお絵かきしよう」と自分からユキオ君と距離を取っていった。一方，ユキオ君は，そんなハルト君の様子を見て，「もう，ハルト君，いやだ！」と怒っている。「ハルト君もやりたいことがあるんだよ。もう少し待ってみたら？」というと，納得いかない様子のユキオ君。ハルト君もユキオ君も試練のときだ。

　三園「ユキオ君は，ハルト君がすごく好きでね。ハルト君は，ユキオ君の言うことをなんでも受け入れてくれるから。でも，ユキオ君は，ちょっとでも自分の思いが通らないと，すぐに怒りだす。『なんでなの！』ってね。そのあげくに，自分が泣いてしまう。でも泣きたいのは，誰が見ても，ハルト君の方なんですけど。」

　森田「自分の思いをわかってもらえなくて，泣いちゃうのかしらね。」とユキオ君の思いを理解しようとする。

　三園「この間，誕生会のときに，『ユキオ君てどんな人？』って子どもたちに聞いたら，ハルト君が手をあげて，『怒る。ハルト君に怒る』って言ったんです。そうしたら，ユキオ君がすかさず『ハルト君のこと大好き』って返してたんですね。その言葉を聞いて，なんだか切なくなったんですけど，ハルト君が自分の気持ちをちゃんと言えたのはよかったと思いました。」

　森田「おはよう（朝の会）でも，ハルト君は発言するようになったよね。」

周囲の子どもとの関係の変化に気づく

　三園「そうそう，『いいよ』っていう優しさだけではないところが出てきましたよね。ユキオ君も最初は戸惑った感じがあったけれど，ハルト君と距離を

おくようになった。」

　このころから，ハルト君とユキオ君の関係が変化し始めたことを担任二人は確認した。一方的なかかわりを嫌だと思いながらも，拒否できなかったハルト君は，ユキオ君から自由になった。

　三園「この日誌のエピソード（前掲　５月18日）以降，かかわりが減ったと思いました。ハルト君は，他の子どもと遊ぶのがすごく増えてすごくいい顔になってきた。アオバ君とか，リン君とかと。」

　森田「それから，マサト君。」

　三園「シン君も。」

　森田「リードする方になったね。」

　三園「そう，そう，そう。ハルト君がリードできるようになったことは，すごいですよね。この子たちは，遊ぶときは対等な感じなので，やっぱりそこが心地いいんでしょうね。」

　話題になった子どもたちは，森田さんの図（図4-4）の右側のグループの子どもたちだ。このグループはおっとりとして，穏やかな子どもたちが集まっている。

　話し合う中で，ユキオ君の圧力から解放されて，自分を発揮し，友だち関係を広げていくハルト君の姿が浮かび上がってきた。

行動の理由を知りたい

　話は，ユキオ君のわかりにくさに戻る。

　三園「ユキオ君，４月は，ハルト君よりシン君にかかわってましたよね。」

　森田「あー，そうだったね。シン君は，すごく，ね。」

　三園「そう。（シン君は）困っていて。」

　森田「何もやってないのに…というのがよくあった。」

　シン君の姿を思い浮かべながら，あうんの呼吸で会話が進む。

　三園「両方の話を合わせると，それは，シン君が泣きたいところなのに，どうしてユキオ君が泣いてしまうのかなと思って，大人もかかわり方がわからなくなってしまう。」

第４章　保育者間の対話が子ども理解を豊かにする園内研修

森田「そうなんだよね…。」と二人は考え込む。

三園「でもユキオ君としては，そういう出し方しかできないのかな。必死なのかな。大人の顔をちらちら見たりするから。」

ユキオ君の気持ちを推し量る三園さん。二人は，ユキオ君の内面に目を向けて，理解しにくい行動の意味を考え始めた。

森田「そうだよね。大人の目が気になるのよね。」

三園「自分は悪くないというのを見せようとしているのかな。ユキオ君は，もとから大人をよく見るタイプですよね。困ったときとか，うまくいかないときとか。守ってほしいのかな。だけど，トラブルになったとき話を聞くと，それは違うんじゃないかなって思ってしまう。」

本当は，大人に守ってもらいたいのかもしれない。なのに，その気持ちを理解せず，責めていたのではないかと考えた三園さんだったが，森田さんのとらえ方は，少し違うようだ。

森田「気持ちを受け止めてあげるのが難しいよね。大人の目が気になって，ちょっと違うことを言ってしまうんじゃないかな。おどけたり，話をそらしたりする。」

ユキオ君は，大人の評価を気にしているというとらえ方を伝えた。

三園「そういえば，話を聞こうとすると，『ああ，間違えちゃった』って言いますよね。」

森田「その言葉，よく言うよね。だけど，何が理由でたたいたりするのかがよくわからない。」

三園「たとえば，友だちを遊びに誘って，『今，違うことをしているから』と言われると，『なんで！もう遊んであげない』と言ってしまう。」

森田「急に怒りだす。」

三園「『何してるの？』と言って，子どもたちが遊んでいるところに入っていくことはないですよね。自分がやりたい遊びに人を誘うことはあるけど，自分が考えている通りの言葉が返ってこないと，うまく対応できずに怒り出すのかな。」

131

森田「そうなると，『嫌だ！』ってなっちゃう。」と相槌を打つ。

三園「そう，『意地悪！』と相手を責める。そういう場面を見ると，どうして，ユキオ君はそんな言い方をするんだろうと思うけれど，彼自身がどうしたらよいかわからなくなってしまうのかもしれませんね。」

保育の具体的な姿を語り合う中で，ユキオ君のわかりにくい行動が整理され，激しい言葉で相手を威嚇するユキオ君の行動の意味が少しずつ明らかになってきた。

保育者の語りをまとめると次のようになるだろう。

遊びに自分からうまく入っていけず，遊ぶときは自分から誘い，一方的に自分のやり方を押し付けようとする。それは，ユキオ君が，イメージを共有したり相手の思いを推測することが困難で，状況に応じて柔軟に対応できずに混乱しているからであろう。保育者が理解しがたいと感じる姿は，じつは，ユキオ君が困っている姿なのだ。

もっと深く知りたいという思いは，ユキオ君のこれまでの姿を振り返る方向に向かっていく。

過去への広がりが子ども理解を深める

三園「ところで，3歳児のとき，あるいは，2歳児のときまでさかのぼってみると，どんな様子だったんでしょう。」

森田「子どもより大人を求めていた。」と，2歳児のときも担任だった森田さんは，当時の姿を思い出す。

三園「この前，3歳児クラスの担任だったナツコさんに聞いたら，去年も誰かとつながるということはなかったとのことでした。大人を求めて，大人には何でも出していたって。だから，今年になって友だちに執着しているのが，びっくりだと言っていました。ケース検でユキオ君を出そうと思っていると言うと，『ついに出すのね』と言っていました。ずっとなんとなく気になっていたみたいです。3歳児のときもケース検に出そうという話はあったけれど，結局他の子にしたみたいです。」

森田「そうだったのね。」

第4章　保育者間の対話が子ども理解を豊かにする園内研修

　三園「4歳になって，周りの子どもとのつながりができてきたので，ユキオ
君の姿がより気になってきましたよね。どうしたらいいんだろうっていう思い
が強くなってきた。」

　森田「遊びでつながったら，もうちょっと何かね。」

　問題と感じていたことが，一つの成長の姿であるという発見は，友だちとかか
かわりたいけれども，つながり方がわからない姿として浮かびあがった。そし
て，ユキオ君の抱える困難を軽減する方法ではなく，友だちとつながりたいと
いう思いを実現する方法へと二人の対話が広がっていく。

　そこで，出てきたのが，遊びを通して友だちとのつながりをつくるという保
育の環境と専門性を生かした提案だった。

遊びで子どもをつなぐ

　三園「遊び…いいですね。」と目が輝き前のめりになる。

　森田「心地よいかかわりが生まれるんじゃないかと思うのだけど。」

　三園「そうですよね。」

　森田「大人が間に入って，ユキオ君の好きなことができれば。」

　三園「クラスの男の子たちは，虫がすごく好きだけど，ユキオ君は，虫はあ
んまり好きじゃないですよね。一緒に触る感じではないし。」

　森田「どろんこもない。」

　三園「どろんこはしないですね。やっぱりドロケイかな。前は，誘ってもま
ったくやらなかったけれど，最近誘って一緒にやったんですよね。この間，ち
ょっと強引な感じで手をつないで走ったら，いけたんですよ。グループに入れ
た安心感があったのか，一気に走り出したんです。」

　森田「走るのが速いしね。」

　三園「やっぱり走る系。」

　森田「そういえば，リュウ君が，何か言ってたね。」

　三園「そう，リュウ君は，『ユキオ君は足が速い』って言ってくれたんです。」

　森田「リュウ君は，いつも肯定的だよね。ユキオ君に対しても。」

　三園「リュウ君とつながらないかな。」

133

ドロケイでみんなと遊んだエピソードが共有され，クラスの中心人物の一人であるリュウ君がキーパーソンになる可能性について期待が高まる。そして，三園さんと手をつないでドロケイに参加したエピソードが語られた。

最初は，半ば無理やり手を引いてドロケイを始めたが，すぐに自分から走り出すようになった。つかまって泣き出した子の対応をしている間に，きっと離れていってしまうだろうとあきらめていたが，何とユキオ君の方から手をつないできた。ユキオ君と三園さんはドロボウの方に入った。ユキオ君から「早く逃げよう」と三園さんを促し走り出す。滑り台のところまで走ってくると，前から警察が来て捕まりそうになった。すると，手を放して，三園さんをおとりにして，素早く反対方向に逃げたのだった。

三園「私，おとりにされちゃったんですよ（笑い）。大人と一緒に始めて，走って楽しければルール遊びには入れるから，その線でいけそうですね。」

森田「この遊びなら友だちがいっぱいできるね。」

三園「リュウ君はすごく足が速くて，ずっとドロケイやっているからそこにユキオ君が入ればつながれるかもしれない。別に普段から一緒にいなくても，遊びでつながればいい。」

森田「そうね。この遊びなら一緒に遊べるというのがあればいい。」

いつも一緒にいる関係でなくても，好きな遊びをともに楽しむ関係ができればよいという二人の思いが重なり，一緒にできる遊びを見つけていくことへと話が展開していく。

森田「この前，リュウ君が，『ユキオ君，一緒にサッカーやろう』と誘って一緒にやっているときがあった。ユキオ君は，パスがすごく上手でね。でも，まだ周りの子がうまくないから，みんなで一緒というわけにはいかないかな。」

三園「ユキオ君には，自信をつけてほしいんです。これがあるから自分は大丈夫というような何か。」

自信につながる活動を見つけたい

サッカーも遊びの候補になり，さらに，ユキオ君が自信をもつことができる活動に話題が進んでいく。

三園「ユキオ君は絵が上手ですよね。描くのも好きだし。この前、ユタ君が自分の絵を朝の会で紹介して、すごいうれしそうだったでしょ。ユキオ君にも絵を紹介してもらいたい。」

森田「ユタ君の絵は、赤い小人みたいなやつね。なんだったんだろうね。」

三園「なんて言ってましたっけ。ぶよぶよの何かを描いたんだろうけど。凄い形だった。」と二人で笑い合う。

三園「みんなの前で紹介して、ユタ君はすごくうれしそうだった。タスク君の『おほほ』っていう反応が最高だった。ユキオ君も、朝の会で紹介してもらいたいなと思って、今朝声をかけてみたんだけど、『う〜ん』って躊躇していたから無理には勧めなかったのだけれど、描いた絵を宝箱に入れていたから大事だったんでしょうね。もっと押して紹介できればよかったかな。」

森田「ユキオ君、海賊船を描いてたんだよね。タスク君が見て、『すごいな』って言ってくれた。」

三園「タスク君、素直に言ってくれるのがいいですよね。『すげえ』って正直に反応してくれて、嘘がない感じがいい。」

森田「ユキオ君うれしそうだったね。」

二人は、日々の子どもの様子を語りながら、ユキオ君の得意な活動が周りの子どもに認められて、子どもの関係が変化していく可能性を模索する。

関係図から子どもの関係を見つける

ここで、二人は、子ども同士の新たな関係がつくられる可能性を期待して、クラスの関係図を描きながら話し始める。図を作成する三園さんは、森田さんに意見を求めながら描いていく。

図4-5は、対話を通して、完成した図である。

〈遊びで子どもの関係をつなぎたい〉

三園「ユキオ君がかかわりやすいのはこの辺のグループですかね。」と図に②のグループを描きこんでいく。

森田「波長が合うね。」

三園「でも、ここにこだわらず、リュウ君ともつながれたらいい。ユキオ君

第Ⅱ部　多様性がいきる活動と対話が生まれた実践

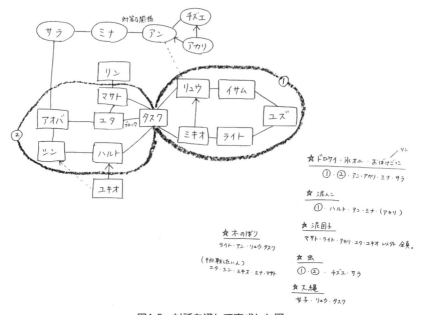

図4-5　対話を通して完成した図

がここに行きたいのはわかるのだけれど。」と②のグループの子どもを指さす。
　ところで，リュウ君は，①グループの中でもリーダー的存在である。②のグループは，穏やかで，おとなしい子どもたちが集まっているため，激しい遊びは少なく，①グループのように急に戦いごっこが始まるというようなことはない。一方，①グループは，活発で，遊びも攻撃的なものが多い。
　ユキオ君はほとんど②グループの子どもとかかわり，①グループの子どもとは距離がある。
　森田「ユキオ君は，戦いはちょっと苦手だから。でも，遊びで仲間をつなげていきたいね。シン君やユタ君もつながるかしら。」と②グループの子どもたちを指さす。
　三園「シン君，ユタ君，アオバ君，ハルト君がつながって走ってますよね。なんかすごく楽しそうなんだけど。」と，②のグループの子どもたちが遊ぶ姿が語られる。

136

森田「連なって，ぐるぐる回ってるよね。あれは何の遊びなんだろう。並ぶ順番が決まってるみたいね。」

三園「そう，タスク君が割り込んだら，ユタ君がすごく怒っていたので，けっこう細かい設定があるみたいですね。でも，ユキオ君は入ろうとしない。」

森田「あの遊びなら入れそうなのにね。」

三園「あとから入るのが苦手なのかな。」

森田「やっぱり，リードしたいのかな。」

三園「とにかく，ここと（①グループ）とここ（②グループ）をつなぎたいですね。」

〈遊びが柔軟に変化していく〉

　二人は，ユキオ君が遊びに入らない理由を考えながらも，全体で遊べる可能性を考え始める。

森田「ドロケイとかのルール遊びは，大人が二人入ればもっと楽しめるかな。」

三園「ルール遊びを始めたばかりだから，まだあまりわかってないところもある。ドロケイは人数比がわかっていなくて，警察が多すぎて，これじゃすぐ終わっちゃうよと言ってもあまりわかっていない。大人が二人入ればうまく調整できるし，長く続くかもしれない。今だと，一人転んで泣くと，その対応で遊びが中断してしまうけれど，二人だと続けられる。」

森田「氷鬼もいいかな。けっこうみんなやれるから。」

三園「ユタ君のポーズがいいですよね。」

森田「捕まると『カッキーン』って固まる。」

三園「ユタ君は，変身ポーズが好きですよね。『ファイアー』と叫んで溶けて，またつかまりそうになると『カッキーン』と固まる。」

　遊んでいる子どもの様々な姿が語られていく。

三園「この前，ドロケイをお化けごっこ仕立てでやったら，子どもがすごく乗ってきた。お化けにタッチされたら，お化けの家に連れていかれて，仲間にタッチされるまで出ていけない。みんなルールを守って遊んでましたね。」

森田「そう。私，この前ドロケイをして，ドロボウになったの。そうしたら，サラちゃんが，『わたしポリス』って宣言をして，イサム君もすかさず『オレもポリス』と言ってポリスがどんどん増えてけっこうな人数になった。捕まった子が，牢屋の中から『おいしいチョコレートあげるから，カギ開けてくれない』と頼んだら，イサム君が開けてくれて，チョコレートを渡す真似をして逃げていくみたいなことをして，楽しんでた。ちょっとした駆け引きが面白くてね。サラちゃんが最後は泥棒の仲間になったりして。」

子どもたちの間で柔軟に変化していく遊びを，保育者も子どもと一緒に楽しんでいる様子が語られる。

三園「ポリスって，いつから英語になったんでしょうね（笑）。いろんな子がいる。マサト君はプライドが高いから，捕まったら自分で『バリーン』と割って『俺はハンマーを持ってるから割れるんだ』とか言って逃げていったり。」

森田「子どもたちでルールをつくっていくのも面白いかもしれない。どこかにハンマー置いておいて，ハンマー持ったら自分で解けるとか。」

三園「そういうのだったらユキオ君もみんなと一緒にできる。」

森田「ユキオ君以外に，ルール嫌いな人も，イメージ遊びのようにしたら入りやすいかもしれないし。」

〈ケース検で何を検討するか〉

ユキオ君も含めたクラスの遊びとして，いろいろな子が参加できる遊びのイメージが二人の頭の中に広がっていく。それと同時に，日々の楽しい遊びの風景も頭に浮かんでくる。

三園「狼ごっこも子どもたちは好きですよね。」

三園さんは狼ごっこの様子を話し始める。三園さんが狼になって，みんなが寝ている砦に襲いかかって，子どもたちが「キャー」と逃げだすという単純な遊びなのだが，襲いかかられるまでに，子どもたちが全員寝ていなければならないと子どもたちが決めている。だから，「もういいですか」と狼が顔を出すと「まだ寝てない！」と子どもたちに怒られる。ときどき，ご飯を作って狼を招待してくれるときもあるという柔軟な遊びだ。

第4章　保育者間の対話が子ども理解を豊かにする園内研修

森田「とっかかりは，ごっこ遊びのようなのがいいかもしれない。」

三園「でもそういうとき，ユキオ君は，見ているだけで入っていない。」

森田「途中からだと，イメージが共有できないのかな。」

三園「ユキオ君を最初からそのグループに入れるようにすればいいんですよね。あとからは入りにくいから。」

三園「新学期から2，3か月たって，やっとユキオ君が何が好きか，こういうときにうまく遊びや活動に入れないとか，どんな風に過ごしているのかがわかってきた。今も話をして，いろいろやれそうなことが出てきたので，まずはこれをやりたいですね。そうすると，ケース検で話すことがなくなりましたね。」

森田「そうだった。ケース検で何を相談すればいいだろう。」

三園「ない。おかしいな。いろいろやってみて様子見たいですよね。」

二人は，顔を見合わせて笑う。

三園「気になる点はあるけど，まず，遊びを充実させることですね。座っているとか，座っていないとかはまあ大目に見る。他にもそういう子はいるし，もう少し長い目で見ることにしましょう。」

対話する中で，漠然としていたユキオ君の姿がはっきりしてきて，保育の可能性が見えてきた。すると，悩みは悩みではなくなった。

新しい遊びのイメージが広がっていき，ユキオ君を遊びの中に巻き込んで新たな子どものつながりをつくっていけそうだという期待が生まれる。

三園「遊びが見つかったら変わるのかもしれないけど，急に怒って友だちに攻撃的になるのはやっぱりよくわからないですね。」

森田「唐突な感じね。そこを相談する？」

ということで，これがケース検で検討するテーマになった。

〈対話の中で可能性が広がる〉

さて，二人の対話を振り返ってみよう。ユキオ君の様々な場面を出し合うことで，友だちとつながりたいというユキオ君の強い思いに気づき，その思いに心を寄せるようになった。友だちとつながってほしいという思いは，担任の思

139

第Ⅱ部　多様性がいきる活動と対話が生まれた実践

いでもあった。そして，その思いを実現する遊びや活動をどのように保育の中に創りだしていくのかが対話のテーマになっていく。遊びの中で，クラスの子どもがともに楽しむ関係を構築していくための保育が模索され，対話の中でイメージがどんどん膨らんでいった。

　二人は，お互いの推測を出し合い悩みながら気になる行動の理由に迫っていく。発達の偏りや特性を考えるといったアプローチの仕方ではなく，ユキオ君の行動の裏側にある思いに近づこうとしていく。そして，その思いを共有したあとは，それを実現させる遊びを巡って一気に生き生きとしたやり取りが展開される。その中で，普段のクラスの遊びやそのときのクラスの子どもの様々な姿が次々と浮かび上がり，保育の可能性が広がっていったのである。

　「ケース検に出すことがなくなった」と語る二人の表情は明るく期待に満ちていた。そこには，「今，話し合った遊びを試してみたいですね」と明日の保育を楽しみにする二人の姿があった。

（2）ケース検討会当日

　さて，資料作りから2週間後の7月にケース検討会が開かれた。

　ケース検で出す必要がないと語り合った二人だったが，ユキオ君を巡って自分たちが悩んできたことを園全体で共有し，孤立しているユキオ君の理解と保育の可能性をさらに広げたいと考えた。

ケース検の概要

　ケース検討会のメンバーは，各クラスから1名ずつ，園長，副園長，および筆者（心理職）である。毎回，10人ほどのメンバーとなる。ケース検討会は，月に1回（8月を除く6月から翌年2月まで），1年間は固定メンバーで行われる。なお，報告する子どものクラス担任は，できるだけ全員が参加する。資料は，クラス関係図，子どもの気になる姿・保育の取り組みとその考察を所定の様式に記入したもの，および，対象児にかかわる保育エピソードである。エピソードは，日誌から選ぶ。検討会は，夕方5時過ぎから約2時間ほど続く。進行は1年間固定の司会が行い，記録者はメンバーが輪番で担当する。

140

第4章　保育者間の対話が子ども理解を豊かにする園内研修

図4-6　ケース検討会の様子

検討会の展開

〈ライト君とのかかわりが生まれる〉

　ケース検は，うれしい報告から始まった。

　今まで，ほとんどかかわりのなかったライト君とのかかわり合いが生まれてきたのだ。

　三園「7月に入って，ライト君が登場してきたんです。プールでの出来事がありました。ユキオ君はプールが苦手なのですけれど，なんと，ライト君に誘われて入ったんです。」

　以下が，その日のエピソードである。

7月5日　記：三園「ユキオ君とライト君」

　今日は，朝から着替えを嫌がって，10時半にみんながプールに入ると，イトウさん（補助）に抱っこされて登場したユキオ君。手にしがみついている状態で，プールに入る私が交代で抱っこした。こんなに嫌がるなら今日はやめた方がいいかなと思ったところで，プールからすっとライト君が上がってきて，「ユキオ君，ほら，おいで」と優しく手を差し伸べてくれた。最近このペアは一緒にご飯を食べることが多く，森田さんや保護者とも話をしていた二人。するとあんなに嫌がっていたユキオ君が大人から離れて，

141

ライト君の手をとってプールに入っていったのだった。大人は「…入ったね」「ライト君，すごい」と驚きだった。ライト君のやさしさと存在がユキオ君に「入ってみようかな」と思わせた。それってユキオ君にとってすごいことだなと思った。この二人，つながっていくといいな。

三園「その話をユキオ君のお迎えのとき母に伝えたら，次の日の朝『あれからずっと，ライト君のことばっかり話しています』とうれしそうに話してくれました。その日も，プールがあったんですけど，ユキオ君は，『ライト君が来てから着替える』と言って，ライト君を待っていて一緒にプールに入ったんです。ライト君が来るのを本当に楽しみに待っていて，友だちをそんな風に待つことなんか今までなかったから，心地よいつながりができるといいなと思っています。」

このプールのエピソードは，子どもの関係はもちろん，保育者と保護者の関係をも変えることになった。ライト君をめぐって，しばらく話が交わされる。

関根「だから，ライト君との太い線があるわけね。」と関係図（図4-7）の中のユキオ君とライト君を結ぶ太線に注目する。

森田「ライト君は，言い負かされることがないから，それもいいかな。ユキオ君もシン君やハルト君のようなかかわりが通用しないだろうから，かかわり方を変えるきっかけになってくれたらいいかなと思っています。今までは，大人が入らないと，一方的に激しい言葉で追い詰める関係が多かったから，ライト君みたいな子が出てきたのはいいかなと思っています。」

三河「すみません。ライト君ってどんな感じの子なんですか。言い負かされないっていうことは，言い返すっていうこと？」

森田「たとえば，ユキオ君が『もう，○○って言ったでしょ！』などときつく言っても，『いや，ライトは違う』みたいなことが言える。ハルト君みたいに，ユキオ君から怒られるっていう受け取り方にならない。強く言われて，嫌なのに『いいよ』と言ってしまうというようなこともない。」

三河「それって，言い返すというより，自分の意見をちゃんと言うっていう

第4章　保育者間の対話が子ども理解を豊かにする園内研修

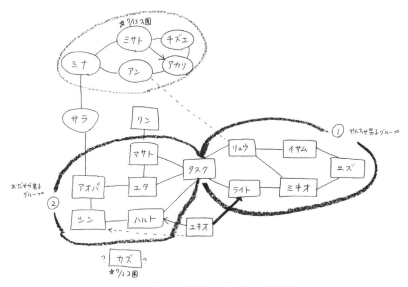

図4-7　ケース検討会で使用した関係図

ことね。」

　三河さんの発言で，二人の関係がはっきりしてくる。ライト君は，これまでのような一方的なかかわりにならない相手なのだ。また，ユキオ君が好んでかかわろうとする大人しいグループの子ども（②）とは違うやんちゃグループの子ども（①）だ。違うタイプの子どもとの関係に担任の期待が膨らむ。

　芦澤「このエピソードでは，急に，ライト君がユキオ君に『おいで』って手を差し伸べたということだけど，このエピソードの前に何かあったの？」

　三園「とくに何かがあったわけではないけど，5月後半から7月初めくらいまでの1か月くらいの間に，ユキオ君とライト君が一緒にご飯を食べることが増えてきました。5月18日のハルト君とのトラブルからハルト君が離れていって，ユキオ君は特定の仲良しの子がいなくなって，寂しかったというのもあったと思う。劇的な何かがあったわけではないけれど，なんとなく近くなったんだと思います。」

　池成「ライト君は，休みが多いけど，このころは登園が続いたのかな。」

143

ライト君は，当時，登園が遅く，欠席が多かった。遅く登園して部屋で一人で遊んでいるユキオ君とかかわることが増えた可能性がある。ユキオ君が孤立し始めた時期に，保育室でかかわりが出てきたのかもしれない。そんな推測が保育者間で語られる。

三園「ライト君とのことがなかったら，ユキオ君は一人なんですね。担任としてはとても気になっていてケース検にあげたんだけど，この前ライト君とのことがあって，今はちょっと楽しそうな感じが出てきた。」

〈変化が見えてくる〉

その後の話の展開を概観するとこうである。

ライト君との新たな関係についての話題が収束すると，ユキオ君の他の子とのかかわりの難しさ，わかりにくさが話題になる。ユキオ君の行動のネガティブな側面に焦点があてられ，日々のかかわりの中で，「なかなか積みあがらない」という担任の悩みが語られる。

対話が途切れ，話し合いが行き詰まりを見せたとき，過去の姿を振り返って，ユキオ君の理解を広げようとする意見が出る。

関根「去年はどうだったの？」

関根さんは，現在0歳児の担任である。すると昨年3歳児クラスを担任した谷町さんが答える。

谷町「去年も同じ。突然『見ないで』とか『遊ばない』と言い出して，周りがびっくりしてしまう。私，去年から独特な雰囲気があるなって，気になっていました。こだわりも強いし，遊びも何が楽しいのかわからないし，なんとなく子どものそばにいるけど，急に強く言ったりする。自分の思いと違うと，怒るし，泣くし，大人の言葉も入らない。今年になって，友だちと少しつながれるようになって少し変わったなって思っていた。去年は，プールには絶対入りたくなかった。」

変化が見えた。

野口「プールに入らなかったんだ。」

谷町「ほとんど入らなかった。」

関根「２歳児のときも入ってなかった。絶対プールの外だったよね。着替えるのもいやだったし。」と２年前を振り返る。

森田「入れたっていうのは，すごい自信になった。毎日，『今日も入れた』って言ってくる。」

〈世界を広げていく姿に気づく〉

プールのエピソードを聞いて，参加者は，ユキオ君が意欲的に活動に参加し，他の子と交わっていく姿を思い浮かべ，保育中に見かけたユキオ君の姿を語り始める。

野口（１歳児担任）「この前，１歳児クラスにお昼寝のときトントンしに来てくれた。自分から行きたいって言ったの？」

森田「そうだよね。」と三園さんに確認する。

野口「へえ…。」と驚きの声をあげる。

森田「３歳児クラスにも，『トントン行きたい』ってすごく言っていたのよ。」

野口「でも，ずっと私を見ながらトントンするわけよ。こうやって（と，ちらちらと横目で見るまねをする）。ミキちゃんをトントンしたんだけど，ミキちゃんはドキドキしちゃったみたいで，気づいたら，布団の端っこの方に避難してたの。」

野口さんがそのときの様子を再現してみせると，笑いが起こる。

その後，ユキオ君はその場を離れず，ミキちゃんがいない布団をトントンし続けた。ミキちゃんは困って，そっと担任（野口さん）のところに逃げのびた。担任が，「ミキちゃん，ドキドキしちゃったかな」と膝にのせて安心させ，ユキオ君に「ユキオ君つかれちゃった？」と声をかけた。

野口「ユキオ君は，帰りたいオーラが満載で，早く帰っていいよって言ってほしい気持ちがずんずん伝わってきたの。『疲れちゃったね。ありがとね。ミキちゃんはあとで寝るから帰っていいよ。ありがとう』って言ったら，やったー！という感じで急いで戻っていったのよ。」

三園「その日，リンちゃんもトントンがはじめてで，『リン，行ったことない』とアピールしてきたので，『じゃあ，リンちゃん行ってみよう』と言ったら，

第Ⅱ部　多様性がいきる活動と対話が生まれた実践

ユキオ君も『ユキオ君も行ったことがない』って言うので，『行く？』って言っ
たら『うん』といったから，二人で，行くことになったのよ。」

　野口「リンちゃんは，すごく上手だったよ。トントンがすごくソフトで，マ
コちゃんはすぐ寝ちゃった。」

　三園「へえ，そうだったの。二人が帰ってきて，『どうだった？寝た？』って
聞いたら，リンちゃんはすぐに『うん』って言ったけど，ユキオ君は，『…ね
た』って間があった。」

　関根「すぐ返事ができなかったのね。間があったんだ。」

　その場面を想像して，また場は笑いに包まれる。断片的な子どもの姿が，参
加者の発言でパズルのように組み合わされていく。

　三園「帰ってきて満足そうでしたよ。これまで行ったことがなかったから，
なんかちょっと自慢気で。」

　谷町「そういえば，今日年長児クラスにもおやつを食べに来ていてびっくり
しちゃった。『ユキオ君どうした？』って。」

　1歳児クラスでのエピソードは，他の場面でのユキオ君の姿を想起させた。

　森田「気づいたら行っていた。ユキオ君はじめてですよね。」

　この園では，おやつの時間に他の幼児クラスに移動して食べてもよいことに
なっている。

　ユキオ君が，自分から他クラスの子どもにかかわっていこうとする場面が
次々と浮かび上がってきた。ユキオ君が世界を広げようとしている姿が共有さ
れる。

　谷町「今日は，4歳児クラスの子がたくさん来てくれて，その中にユキオ君
もいて，ちょっとびっくりした。」

　森田「急に，開けてくるのね。」

　野口「きっかけがあるとね。ライト君ともっとつながって，遊びにつながっ
たり，友だち関係が広がっていくといいけど。」

　ユキオ君の目撃情報が飛び交い，新しい場面に挑戦し，世界を広げつつある
ユキオ君の姿に保育者たちは気づき始める。やり方は不器用で，うまくいかな

146

第4章　保育者間の対話が子ども理解を豊かにする園内研修

いこともあるが，他の子への関心や友だちと一緒にやってみたいと思う気持ち
が強くなっていることを確認し，ユキオ君の変化に期待を寄せるのである。そ
して，肯定的な場面を伝える発言が続く。

　三園「今日はちょっと，クラスでユキオ君の絵を紹介したんです。恥ずかし
くてこんなだったけど（体を縮める），今朝，『おはよう（朝の会）でユキオ君の
絵を紹介しようね』と声をかけたら，はりきって描いていた。いざ前に出ると
きになったら恥ずかしくて小さくなっちゃったけど，やっぱりうれしかったみ
たい。これからそういう場面をいっぱいつくれたらいいのかな。」

　認められる場面を増やす。どうやら，保育の見通しが見えてきたようだ。

　その後，家庭や保護者のことなどに話が広がっていく。また，本児の０歳児
からの特徴的な様子も語られ，０歳のころから，理解しにくいところがあった
こと，共感しにくい子どもだなと感じていたことなどが語られていく。

　約２時間の検討会が終了し，ユキオ君の多様な姿が確認され，その変化や保
育の可能性が見えてきた。そして，ユキオ君の独特の世界と表現の仕方はなか
なか理解しがたいという感覚は依然として残ったものの，保育の可能性を試し，
今後の展開に期待して数か月後の振り返りの検討会を待つことになった。

〈変化は続いていく〉

　その後のユキオ君の様子を付け加えておく。このケース検のあと１か月ほど
は，ライト君との関係は続いていた。ケース検の１か月後の日誌の記録である。

　８月10日　記：三園「ライト君は優しい」

　ライト君の誕生会で，「ライト君ってどんな人？」とみんなに聞くと，
真っ先にパッ！っと音がしそうなほど勢いよく手を挙げたのが，ユキオ君
だった。いつもおはよう（朝の会）の最中も周りが気になって聞いていな
いことが多いのに…と，驚きつつユキオ君を当てると，「ライト君はねぇ
…優しい！」と一言。この一言にユキオ君がライト君を大好きな気持ちが
詰まっていた。やっぱりライト君が「ゆうき，おいで」とプールに誘って
くれたあのときからユキオ君にとってライト君はヒーローなんだと感じた

147

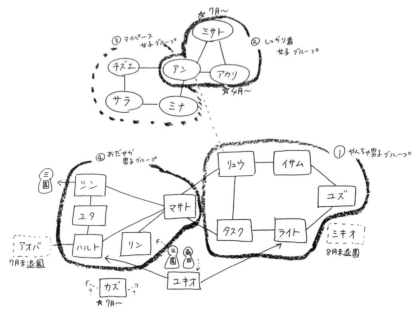

図4-8 ケース検討会の2か月後の関係図

出来事だった。

　しかし，期待されたライト君との関係は，残念ながら大きく発展しなかった。もともとライト君は，活発な①グループの子どもたちと戦いごっこなど激しい遊びを好んでいた。しかし，登園が遅かったり，欠席が多くなり，①に入りきれないようになった。また，遅く登園したときにユキオ君とかかわることが増えて，お互いに近づくようになっていた。しかし，家庭の状況が変わり，朝の早い時間に規則正しく登園するようになったため，もともと仲のよかった①グループの子どもとふたたび遊ぶようになり，ユキオ君とのかかわりは減っていった。

　しかし，進展がないかというとそうではない。朝の会での発言が確実に増え，子どもたちの前で堂々と話す姿からは，確実に自信をつけていることがわかる。また，「見ないで」と強く拒否したり，強引にかかわる姿も少しずつではある

が減ってきている。

　図4-8は，ケース検から２か月後の９月に開かれた前期のまとめの会で資料に添えられた関係図である。当時は，ライト君との関係が続いていた。

4　ケース検討会はどのような場なのか

　ケース検はどのような場なのだろうか。メンバーにケース検について感じていることを聞いてみた。

（1）子どものことを語り合うのが楽しい

　　「子どものことを話すのは楽しい。自分のクラスの子じゃなくて，あまり知らなくても話すことでいろいろわかってきたりして，本当に面白い。だけど，答えがないから，ケース検に出ないとこの面白さがわからないということもある。」

　ケース検の根底にあるのが，語り合う楽しさであろう。この楽しさは，子どもについて語り合うことで，多様な姿が浮かび上がり，子どものイメージがより豊かになっていくプロセスを経験する楽しさと言い換えられよう。この楽しさを大事にする姿勢が，子どもを肯定的にとらえようとする意識を生む。

　事例では，まず，うれしい報告から始まった。ライト君との新しい関係は，ユキオ君が世界を広げる可能性を期待させるものだった。それを報告して共有したいという思いは，メンバーに伝わり，ユキオ君の変化や成長をとらえようという意識がメンバーの間に広がった。

　その話題が一旦収束すると，準備されていた資料に沿って，気になる行動へと話題が移っていく。しかし，行動の理由を突きとめようとする姿勢は，対話を滞らせた。場の空気を変えたのが，「去年はどうだったの？」という過去の姿への話題の転換だった。気になる姿は，３歳児のときも同じだった。しかし，４歳児になって友だちとのつながりが出てきたこと，プールに入ったという変

第Ⅱ部　多様性がいきる活動と対話が生まれた実践

化が語られると，再びユキオ君が変化する可能性に目を向けようとする意識が
よみがえる。そして，過去から現在までの様々な姿が具体的なエピソードの中
で語られていくのである。

　1歳児クラスの午睡時のエピソードは，自分のクラスにもどってきたときの
ユキオ君の姿とともに語られることで，単発の姿から小さな物語となって受け
止められる。そして，その物語は，他の場面でのユキオ君の姿を想起させ，対
話を広げていった。

　一つの答えを探し出すのではなく，一つの姿から広がっていく中で，可能性
が見いだされていったのである。

　具体的なありのままの子どもの姿を語るときのメンバーは生き生きとしてい
た。そこには，評価の目も結論や解決を模索する姿勢もない。メンバーは，対
話から浮かび上がる子どもの姿を共有し，楽しんでいた。これは，その場にい
た者しかわからず，結果を伝えることは難しいかもしれない。しかし，確実に
明日からの保育が楽しみになるだろうと感じさせるものだ。

　この楽しさは，保育に悩んで事例を出す当事者にとっても救いとなり，新た
な可能性を知る場となる。

（2）見えていなかったものが見えてくる

　　「最初資料をつくっているときは，過去の資料も見るので，○○もできな
　　い，○○もだめって，どんどんできないことに気づいてしまって，けっこ
　　う重苦しい。何かよい意見がもらえるかなって，重い感じで出るんだけど，
　　終わってみると全然違う。違う視点をもらえるしとらえ方が変わる。なる
　　ほどそうか，私は，そのことに全然気づいていなかったなっていうことが
　　たくさんある。」

　　「自分がクラスに入っていると，困った困ったで，何が困っているのかが
　　よくわからない。自分ではわかっていたつもりでも，みんなから意見をも
　　らうことで，私は，ここがすっきりしたかったんだって気づかされる。」

150

前掲の事例では，資料づくりの対話の中で，新たな保育の可能性が見えてきたが，必ずしもそうなるとは限らない。それでも，ケース検での多様な声の中で視野が広がっていく。また，自分の発言に応える様々な声を聞くことは，受け止められているという安心感を生むことになる。

（3）共有することで生まれる安心感がうれしい

「解決するのとは違う。担任は，これが困っていると思ってケース検に出すから，終わったとき，正直，もやもや感が残ることもある。でも，話せて，こういうよいところもあるねって言ってもらえて，これでいいのだとほっとする。みんなも同じように困ってるんだなっていうのもわかるし，わかってもらえたと感じる。」

「こういう風にしゃべることで，聞いてもらい，意見をもらうことで，悩んでたことはそんな大したことじゃないんだって思えて，気持ちが楽になったりする。それぞれ悩みがあるけど，ここで話して，悩みじゃなくなったりする。」

事実や思いを共有し，共感することで得られる安心感は，保育者を迷いや緊張感から解放する。また，受け入れられているという実感が，保育者としての肯定感を育み，保育に対する意欲へとつながっていくのであろう。

また，この安心感を裏付けるのは，1回限りではないというケース検の振り返りのシステムにも関係していると考えられる。

（4）ためしにやってみてまた考える

「数か月後の振り返りがあって，変わっていないこともあるけれど，経過を報告して，また考えられる。」

「話し合ったことをいろいろやってみよう，やってみて経過を見ていこうと思う。正解ではないかもしれないけれど，間違っているわけじゃない。すぐ答えが出るわけじゃない。それが振り返りの回のときに，ちょっとし

第Ⅱ部　多様性がいきる活動と対話が生まれた実践

た変化や成長になっている。ああよかったとか，もうちょっとこうしたら
いいかなと気づいたり確認できる。」

　まずはやってみて，うまくいかなければまた考えればよいというケース検の
あり方は，保育の主体者である保育者にゆとりと安心感を与える。また，うま
くいかなくても，再びともに考え修正できる仲間（同僚）がいるという感覚は，
責任の重圧と孤立感から保育者を救うと考えられる。対話の場は，自らの実践
に対して，一旦，責任を免除される免責状態をつくるといってもよいだろう。
保育者は，重圧から解放され，安心して保育の可能性を試すことができるので
ある。

（5）結論が出ないもどかしさを支える同僚性
　一方で，明確な結論が出ないということは，もどかしさを残すことがある。

　　「他のクラスの担任に聞いてもらって楽になるし，他のクラスの様子も聞
　　ける。また，他のクラスの子どものことも関心をもって見るようになる。
　　ただ，終わってみて，はっきりしないこともあって，これでいいのかなっ
　　て，もやっとすることもある。正解がないのはわかっているけれど。」

　具体的な対応策や一つの明確な指導方針が立たないことは，答えを求めたい
保育者にとって，もどかしさを残す。これをどのように考えればよいだろう。
　一つの解決方法を見つけ，明確な保育方針を立てようとするとき，有力な意
見が支配的になる可能性がある。一方，話し合いの場が，自由で，責任から一
旦解放された対話の空間であればあるほど，多様な意見が交わされ，一つの結
論に到達せず，あいまいさを残すことがある。
　そのあいまいさは，「このままでよいのか」という不安を生むことがあると
考えられる。その不安を支えるのが，次回もまた同じメンバーで語り合える場
があるという安心感である。

5 同僚性と対話が生み出すインクルーシブ保育の可能性

　ここまで述べてきたケース検の意味を表したのが図4-9である。

　評価や責任から一旦解放され，結論を急がない自由なコミュニケーションが保障される空間の中で，保育者たちは，現在と過去の子どもの姿を次々と思い浮かべ，語り合った。そして，多様な姿や変化を知り，子どもの姿が豊かになるにつれ，保育の可能性に気づき始めた。問題行動の原因を究明しようとする姿勢は，子どもの姿を語り合う楽しさに変わっていった。一つの解決に収斂されるのとは逆に，可能性が広がっていったのである。

　ここで重要なのは，対話の空間が楽しいものになるかどうかである。そのためには，子どものあるべき姿，保育のあるべき姿から自由になって，子どものそのままの姿，子どもの今を受け入れ，それを困ったものとしてではなく，保育の新たな創造につながるものとして語り合えることが重要なのだろう。

　以前5歳児のケース検で，こんな場面があった。

　担任は，A君の衝動的で激しい行動や一方的でぶつかり合いを頻繁に起こすことが気になっていた。とくに午睡のときには，大きな声をあげたり，周囲の子の入眠の邪魔をするのが耐え難いと感じていた。ケース検では，午睡場面で

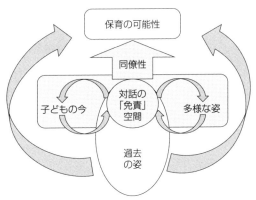

図4-9　免責された対話から生まれる保育の可能性

第Ⅱ部　多様性がいきる活動と対話が生まれた実践

の工夫や協力体制などについて意見がかわされた。また，子どもの多様な姿を出し合い，その子の持ち味がクラスで生かされるような場面や活動を創っていこうという意見が出され，期待感が出てきた。しかし，担任にとっては，十分に納得できるものではなかったのかもしれない。数か月後の振り返りの回で担任から語られた子どもの姿に変化はなく，子どもに対する困り感も変わっていなかった。A君の行動は相変わらず困った行動として語られた。ケース検の話し合いは沈んだものになり，行き詰まりを見せた。

　そのとき，メンバーの一人が，「子どもの行動にはその子なりの理由があるわけだし，子どもを変えようとするのはちょっと違うんじゃないかな」という意見を出した。

　すると，他のメンバーが，園内研修で事例を報告したときの体験を語った。自分では，子どもがすごく変わったと感じていたのだが，「○○君が変わったのではなくて，あなたの子どもの見方が変わったんじゃないの」と言われたこと。そう言われてはじめてそのことに気づいて納得したことなどである。

　また，障害児保育研修会に行って学んだことを語った参加者もいた。その子を変えるのではなく，その子のよさに目を向けることで見方が変わっていくこと，子ども同士のつながりが子どもを変えていくことなどであった。

　そこから，場が一気に活気づいた。土曜日は，語られたような姿はなく，落ち着いた生き生きした様子であることなど，肯定的な姿が語られ始めた。そして，もっといろいろな姿を知ろうということになり，園内でA君月間をつくり，A君の素敵な姿を見かけたらメモをしておいて，報告し合うことになった。また，A君を見かけたときは，できるだけ肯定的な声掛けをすることも決まった。ケース検では，明確な指導方針が立つことはあまりないが，この回ばかりは違っていた。そして，園の保育者全員が集まる園会議のときに提案されることが決まったのだった。

　この回は明確な方針が立てられた。しかし，それは最初から意図されたものではなく対話の自然な流れの中で，答えが導き出されたのである。いわば，対話の副産物として結論が導かれたといえよう（斎藤，2015）。

第4章　保育者間の対話が子ども理解を豊かにする園内研修

　本章で紹介した事例では，対話による気づきが子どもの肯定的なとらえ方につながっていった。遊びや活動を通して，子どもの生き生きとした姿を引き出していくことが保育の専門性である。したがって，具体的な子どもの姿が豊かに語られ，遊びや活動を創造していくような対話の場をいかに構築できるかが問われるのであろう。安心して相談し，困ったときには，助け合えるという信頼感は同僚性の土台となる。また，子どもの姿を語り合うことが楽しいと思える関係が同僚性を育む。

　自由な対話が保障された保育者の関係性が，子どもの多様性を前提とするインクルーシブ保育の実践を支える。

〈文　献〉

ボーム，D.　金井真弓（訳）　2007　ダイアローグ——対立から共生へ，議論から対話へ　英治出版

紅林伸幸　2007　協働の同僚性としての《チーム》——学校臨床社会学から（特集　教育現場の多様化と教育学の課題）教育学研究，**74**(2)，174-188.

黒澤祐介　2012　保育における拡大された同僚性の検討　大谷学報，**92**(1)，72-82.

斎藤環　2015　オープンダイアローグとは何か　医学書院

セイックラ，J.・アーンキル，T.E.　高木俊介・岡田愛（訳）　2016　オープンダイアローグ　日本評論社（Bakhtin, M. 1984 *Dialogic imagination*. Texas University Press.　Bakhtin, M. 1986 *Speech genres and other late essays*. Texas University of Texas Press.）

暉峻淑子　2017　対話する社会へ　岩波新書

第Ⅲ部

インクルーシブ保育時代の
実践と研究のあり方

第5章 活動への参加とインクルーシブ保育
——ごっこ遊びとルール遊びにおける参加と排除

浜 谷 直 人

　インクルーシブ保育を実践しようと構想するとき，どの子どもも「活動に参加する」とはどういうことなのかという根本的な問いにいかに答えるかが問われる。子どもが，その活動において「集団と類似の行動をともにしている」ないしは，「集団と同じ場所にいる，または近接した場所にいる」ということをもってして，保育に「参加」していると考えることは妥当ではない（浜谷，2009）。このことは，再確認しておきたい。

　参加しているとはどういうことなのか，保育実践に即して，理論的に検討する必要がある。「参加する」「参加している」ということの実態を明確にして，関係者がイメージを共有できるようにしたいと考える。なかなか，容易ではない課題であるが，ここでは，「ごっこ遊び」と「ルール遊び」という二つの場面での，具体的なエピソードをもとにして，試みてみる。

1 ごっこ遊びにおける対等な参加

　幼稚園での朝の時間，子どもたちが，それぞれに自由に遊んでいる場面で考えてみよう。数人の子どもが，部屋のコーナー遊びの場所で，おうちごっこを楽しんでいた。そこに，遅れて登園してきたミカちゃんがやってきた。しばらく，ごっこ遊びの様子を見ていて，はっと思いついたように，大きな空き箱をとってきて，それに，ブロックなどをいくつか入れる。それを脇に抱えて，「ピ

第Ⅲ部　インクルーシブ保育時代の実践と研究のあり方

ンポーン，ピンポーン」と言いながら，お家に向かってインターホンを押す動作をする。おうちごっこの子どもたちが振り向くと，「宅急便屋さんでーす。宅急便屋さんでーす。田舎のおばあちゃんから，美味しい果物が届きました」「ほら，イチゴもあるし，ミカンもあるよ」と，言ったかと思うと，お家の中に入っていった。箱は，宅配便だった。

　「宅急便屋さん，いっぱい配達したので，ちょっと，お休みさせてくださーい」「このベッドで休みます」と言って，マットが敷いてあるところに横になった。

　すると，ユイちゃんが，「だめですよ，そこは」「ベッドは，こっちですよ」と言う。ミカちゃんは，「そこがベッドなのか」と理解し，「ちょっと，眠くなりました」と言って，そこで横になる。

　しばらく，ごっこの様子を見ていると，ユイちゃんがお母さんらしいと，この遊びのセッティングがわかってくる。会話がしばらく途切れたタイミングで，「あー，お腹空いた」と言ったかと思うと，「おばあちゃんのミカンを食べましょう」と言って，箱から，「ミカン」を取り出して，テーブルの上に並べる。そうすると，みんなが集まってくる。

　そのうち，ケーキ作りをしようということになり，ミカちゃんは，おばあちゃんから届いたイチゴを使おうと提案する。そうやって，ミカちゃんは，いつの間にか，自然に，おうちごっこのメンバーになる。

　しばらくして，モエちゃんが，「いっぱい食べすぎて，お腹が痛くなってきた」と言う。おうちごっこのメンバーは，「お熱があるの？」とか，「病院に行きましょう」とか，わいわい，楽しそうに言っている。ミカちゃんは，「ねえ，ねえ，おばあちゃんの宅急便には，お薬も入っているのよ」と言って，箱から「お薬」を取り出す。

　このように，おうちごっこを起点にして，料理ごっこや，病院ごっこなどと遊びが発展して，何日かにわたって楽しく遊びが継続していく。その間，子どもたちは，複数の役割を交替しながら，熱中し遊びこむことになる。

第5章 活動への参加とインクルーシブ保育

（1）「イレテ」と言えば遊びに参加できるわけではない

さて，ミカちゃんのおうちごっこへの参入の仕方や，その後の役割の取り方などを見ると，ミカちゃんは，友だちと遊ぶための豊かなソーシャルスキルの持ち主であることがわかる。だれでも，こんな風に，気の利いたやり方で，おうちごっこに楽しく参加して，欠くことのできないメンバーになれるわけではない。

とりわけ，支援児は，遊びに入りたくても，近くで立っているだけで，何も言えないでいることがある。見かねて，保育者が，「チエちゃん，入りたかったら，イレテって言うんだよ」「イレテって言ってごらん」「先生も一緒に言ってあげるから」と言う光景は珍しくない。

「おうちごっこのお友だちさーん，チエちゃんが，入りたいんだって」「チエちゃん，イレテって言ってごらん」と促すと，チエちゃんは，硬い表情で，単調な口調で「イレテ」と，ぼそっと言う。子どもたちは，顔を見合わせながら，「いいよ」と言って受け入れてくれる。

こうやって，チエちゃんは，無事，遊びに参加できたように見える。しかし，実際は，その後，チエちゃんは，おうちごっこのやりとりにはついていけずに，ただ，その場にいるだけになってしまう。

チエちゃんにとっては，遊びの中に入れないのもつらいことだが，入ることができたように見えて，その後展開するやりとりにかかわれないことも，同じくらいにつらいことである。

もちろん，おうちごっこの子どもたちに，チエちゃんを排除する意図があるわけではない。自分たちが楽しく遊んでいる延長線上で，結果的にチエちゃんが排除されてしまうだけである。

（2）参加のソーシャルスキルを教えるという発想

この事態は，どう改善できるのか，言い換えれば，どうすればチエちゃんが排除されることなく遊びに参加できるようになるのだろうか。まず，統合保育の時代にしばしば保育現場に導入された典型的な発想について考えてみよう。

161

第Ⅲ部　インクルーシブ保育時代の実践と研究のあり方

一つの考え方は，チエちゃんに，友だちと一緒に遊ぶために必要なソーシャルスキルやコミュニケーションスキルを教えることで状況を改善しようという発想である。しかし，それが，非現実的で，無意味であるのは，ミカちゃんが遊んでいる姿を見ればすぐにわかる。

ミカちゃんは，どこかで練習して習得したスキルを応用して，おうちごっこに入っているわけではない。自分が遊びたいおうちごっこのイメージをもちながら，同時に，そのときの友だちの遊びの状況を見て，臨機応変に，「宅急便」「お薬」などのアイデアを提案して交渉している。それまでの遊びが何も変わることなく，その遊びに，ミカちゃんがたんに加わったのではない。ミカちゃんが参加することは，それまでのごっこ遊びの構造が変容することを伴う。ミカちゃんがメンバーとなった，新たな家族の構造がつくられて，同時に，ごっこ遊びに内在していたルールが変更されたりするのである。

ミカちゃんは，友だちと遊ぶ中で獲得してきた実践知を発揮して参加している。それは，この遊びの文脈を離れたところで（たとえば，専門機関などで）一般的な「遊びに参入するソーシャルスキル」として訓練したり，教えたりできるものではない。生きた即興的なスキルであり，訓練されたり，練習するスキルとは，表面的には似ていても異質なものである。「イレテ」と教えれば参加できるという発想の背後には，個別の訓練で獲得したスキルが，現実の保育場面に汎化されて使用できるようになるという考えがある。しかし，二つの場面は異質な文脈なので，「イレテ」という言葉は同じでも，文脈によって異なる意味を担う。

また，「イレテ」という申し入れに対して，子どもたちが，「いいよ」と許可する「参加のフォーマット」に則れば，ミカちゃんが参加できるわけではない。自分が参加することで，おうちごっこがより楽しくなったことで，ミカちゃんは，メンバーとして認められるのである。

（3）保育者や周囲の子どものソーシャルスキルが豊かになることで，
   支援児が参加できるようになる

　この参加問題を原理的に考えるならば，チエちゃんが遊びに参加できないのは，チエちゃんのソーシャルスキルに問題があるとする一方的な見方を問い直すことになる。公平に考えれば，「入れる・入れない」は，入りたい方と，入れようとしない方の両者の問題である。そうだとすれば，入れようとしない周囲の子どもにこそソーシャルスキルが不足しているという視点からも検討されなければならない。実際，子ども集団が楽しく活動しているときには，実践が展開する過程で，支援児の周囲の子どもが豊かにソーシャルスキルを発揮している。

　支援児のソーシャルスキルだけを問題視して，それを改善しようとすると，支援児に「個別指導」するというような発想になり，保育実践の自然な姿から逸脱した保育形態になってしまう。そのうち，実践は手詰まりになり，立ち行かなくなる。何より保育者も子どもも楽しくなくなる。そのような，支援児だけを集団から離して，特定の行動を訓練するような時間をつくる状態が持続することになれば，保育者は自分の専門性に疑問を感じ，しだいに保育という仕事に誇りを感じることができなくなる。このことがもつ問題を軽視して，実践が改善されることは期待できない。

　では，支援児の周囲の子どもの方は，どのように変わる（豊かにソーシャルスキルを発揮する）のだろうか？

　たとえば，保育者が，チエちゃんの手を取り，「こんにちは，お母さんが，お友だちを連れてきましたよ」と言って，二人で，おうちごっこに入っていく。遊びの様子を見ながら，保育者は，チエちゃんと子どもたちにつながりができるように一緒に遊ぶ。料理を作ることになり，保育者は，チエちゃんが楽しく粘土をこねて遊ぶことができることを思いだす。周りの子どもにも聞こえるように，「チエちゃん，ハンバーグをいっぱい作ろうね」と言いながら，一緒に，粘土を取りに行く。チエちゃんは，丁寧に粘土をこねながら，しばらく，黙々と一人で粘土と紙などを使って何かを作っている。

第Ⅲ部　インクルーシブ保育時代の実践と研究のあり方

　一人の子どもがそれに気がついて，「わー，いろんな形がある」「これ，何？」「教えて，チエちゃん」と言うと，ぽそっと，「ライオン」と言う。「ほんとだ」「面白い」「じゃあ，これは？」と言うと，「ウサギ」と答える。たしかに，粘土は，動物のように作られている。

　その様子を見てマイちゃんが，「ねえ，ハンバーグやさん，しない？」と提案する。その時点では，チエちゃんは，粘土で，動物を作ったつもりなのか，動物の形をしたハンバーグを作ったつもりなのかは判然としていない。しかし，いつの間にか，チエちゃんの作ったものは，動物ハンバーグということになる。「チエちゃん，美味しいハンバーグ，いっぱい作って」と言われて，チエちゃんは「いいよ」と応え，お店屋さんごっこが展開する。子どもたちも，普通のハンバーグよりは動物ハンバーグの方が楽しいので，お店屋さんのアイデアがどんどん膨らんでいく。商品を売るスペースや包装袋を工夫して，お店屋さんごっこは活気が出てきて楽しくなる。

　このように遊びが展開する中で，チエちゃんが，自分から友だちとのかかわりをつくる（チエちゃんのソーシャルスキルが発揮される）のではなく，むしろ，周囲の子どもたちが，チエちゃんと楽しく遊ぶにはどうすればいいかをわかっていく。言い換えれば，周囲の子どもたちが，チエちゃん（の持ち味）を理解して，チエちゃんと楽しく付き合う仕方（ソーシャルスキル）を学習していく。子ども同士が，お互いの，それまでに知らなかった一面に気づいて，それをもとに，お互いのかかわり方や付き合い方がつくり替えられていく。チエちゃんにも役割があり，チエちゃんと他児が楽しくかかわることができる，新たな遊びの構造が創られるのである。ソーシャルスキルとは，そういうダイナミックな活動の生成と展開の過程の一断面において，支援児以上に，周囲の子どもたちから立ち現れるものである。

（4）最初から参加への道筋について見通しがあるわけではない
──保育者もソーシャルスキルを学習する

　このとき，保育者は，チエちゃんが遊びに参加できることを願っていたこと

第 5 章　活動への参加とインクルーシブ保育

は間違いない。また，お料理ごっこだったら，チエちゃんは，粘土で何かを作ることで，かかわりができるかもしれないと思っていたかもしれない。しかし，具体的に，どういう形で，チエちゃんが遊びに参加するかについて，最初からイメージしていたわけでもなければ計画していたわけでもない。

　マイちゃんが，チエちゃんの作ったものに魅力を感じて，そこに，まず，二人のかかわりが生まれる。そのかかわりによって，チエちゃんが作ったものに意味が生まれ，その魅力によって，他の子どもが引き付けられて，その意味は，しだいに他の子どもたちにも伝わっていく。事前に細部まで計画しようとすれば，かえって，このような展開を阻害することになる。偶然を上手に受け入れて活かしているからこそ，このような経過をたどることになる。そういう偶然と出会いを活かすことができるクラスと仲間の雰囲気が，チエちゃんが参加することを実現する。

　保育者の願いと，支援児の持ち味と，それに魅力を感じた周囲の子どもとのあいだで，予期せぬ化学反応が生じて，チエちゃんが参加する道程への扉が開かれるのである。

　このときの状況を想像すれば，保育者は，遊びの展開とともに，今まで知らなかった子どもの姿に出会い，思わず，驚いたり，大笑いしたりすることになることがわかる。そうして，子どもだけでなく，保育者もまた，子どもとのかかわり方を修正していく。その意味で，支援児が参加していく過程において，保育者もまた，支援児とかかわることのできるソーシャルスキルを豊かに学習していくのである。さらに言えば，支援児とだけでなく，他の子どもたちとかかわるソーシャルスキルも習得していくのである。

　このようなエピソードは，じつは，保育者が，子ども一人ひとりの気持ちを大切にして，その関係をつなげて，楽しく活動をつくっていく実践の中には随所に見られるものである。

　男児の場合では，コミュニケーションが苦手に見える子どもが，じつは，（虫や乗り物などの）博士と呼ぶべき特徴をもっていて，集団的な活動をつくっていくうえで，その，博士ぶりが，おおいに発揮されて，思わぬ素晴らしいも

165

第Ⅲ部　インクルーシブ保育時代の実践と研究のあり方

のを作ることができたり，予想外の方向に活動が展開していくということはよくある。作り方を教えてもらった子どもが，他の子どもたちに，「○○君に，教えてもらったら，こんなのができた，すごいでしょ」と伝え，それから，子どもたちが，博士との楽しい付き合い方を発見していくというエピソードは，よく聞くものである。

このように考えると，ソーシャルスキルとは，もともと，もっていたスキルをその場で使うとか応用するという理解では説明できないものであり，標準的な，社会的な作法ではないことがわかる。むしろ，お互いの持ち味を活かして活動を創り上げる力であり，活動を創り活動が展開する関係の中で，引き出されたり，立ち現れたりするものである。

統合保育の時代には，支援児と周囲の子の関係において，支援児だけを問題視して，その能力を高めようとした。しかし，以上のような保育場面でのエピソードを見れば，むしろ，周囲の子どもたちが，支援児との付き合い方を学ぶことこそが，状況を改善する（インクルーシブ保育に近づく）ことになることがわかる。

（5）遊びが活性化すると参加可能性が開けてくる

ごっこ遊びをしているとき，たいていは，クラスの中では，いくつかのごっこ遊びが同時に展開している。支援児が，一つのごっこ遊びに参加することができるかどうかは，他のごっこ遊びの状況と無関係なわけではない。たとえば，支援児のサトシ君が，ごっこ遊びに参加するまでの過程を，周囲のごっこ遊びとの関係で見てみよう。

おうちごっこが始まって，しばらく経過してくると，その日のストーリーでは，遊びの展開に行き詰まり，メンバーは，楽しくないと感じ始めるようになる。サトシ君は，おうちごっこの場所にはいたが，役割もなく，メンバーとの交流もない。つまり，その場には一緒にいるが，参加しているとは言えない状態にいる。

そのとき，室内では，他に三つのグループができている。部屋の奥のグルー

第5章　活動への参加とインクルーシブ保育

プの子どもは，先日，水族館に見学に行った経験に触発されて，水族館ごっこを始めていて，いろいろな魚を作ることに熱中している。その様子を，おうちごっこの子どもは，それとなく気にしている。

　おうちごっこの一人が（停滞感を打破しようと），「日曜日だから，どこかにお出かけしましょ」と言う。みんな，「そうしましょう」と応える。あそこで，何か楽しそうなことをしているみたいだということで，「水族館やってるんですか，入っていいですか？」と遊びに行く。そこで，「まだ，お魚，作っているので，できません」と，言われた場合，「できないんだって」と帰ってくることになり，おうちごっこは停滞したままになってしまう。サトシ君は，依然として，手持無沙汰でいるしかない。

　一方，水族館ごっこの子どもたちが，その申し入れを受けて「早く魚を作らなきゃ」，と考え，「まだ，魚は足りないけど，水族館を開こう」ということにして，すぐに，おうちごっこの子どもたちに「魚ができましたよ，来てください」と，働きかけた場合，「魚ができたっていうから行ってみましょう」となる。

　サトシ君は，おうちごっこの仲間に連れられて，一緒に水族館に入ってみる。「お魚，あんまりいない」という子どもがいると，「魚もっと作ろう」となったり，水族館らしくしたい気持ちが出てきて，飾り付けをしたり，入館チケットを作る子どもが出てきたりして，遊びの肉付けが豊かになっていく。そのうち，準備が進むと，お客さんをもっと呼ぼうという話になる。そういう経過の中で，友だちが声掛けしてくれて，サトシ君は，いつの間にか，水族館の職員役になっていく。

　水族館の案内をかざして，チケットを手に持ちながら，サトシ君は，「水族館やってます，遊びに来てください」と，クラスの子どもに触れ回ったり，水族館に来てくれた子どもを案内してチケットを売ったりして，楽しく参加していくことになる。

　おうちごっこの友だちの中には，サトシ君を仲間にして遊びたいと考えていた子どもがいたとしても，遊びが停滞している状況では，どうしていいかわからなかった。ところが，遊びが活性化して発展し展開すると，サトシ君が参加

167

第Ⅱ部　インクルーシブ保育時代の実践と研究のあり方

できる可能性が開けてくるのである。

（6）遊び集団が民主的なほど参加できる

　クラスの中では，アイスクリーム屋ごっこがにぎわっていて，楽しそうに見える状況を考えてみる。そういう場面で，子どもが，保育者に，アイスクリーム屋に入れてと言ってくることがある。ある保育者の語りである。

　　「先生，アイス屋さん入れてー」と言ってきたけど，「そういう風に，アイス屋さんの人たちに言ったら，入れてもらえるかしらね」と言ったら，その子どもが，ひどく戸惑った。先生に言えば入れると思っていたようだが，先生がそれを決める人じゃない。そのときに，「先生に言うのじゃなく，あっちの人に言って」とは言わずに，「そういうふうに言って入れてもらえるといいね，仲間の人に」と言うと，誰が仲間なのかなと，自分でアンテナ張りめぐらしたりとか，この人に言って入れてもらうのではなく，ほかのどの人に言えば入れてもらえるのか，子どもが見極めていって，その遊びの核になっている人を見つけていく。

　　また，自分が遊びの核になっていると仲間から認められると，その子は，「いいよ」と言った以上，自分は，よそ様意識ではなくなって，この遊びの主になるという自覚をもつ。

　　「お金の係りになるね」と，言っていた子は，「お金は，お店だと，そういうところに置いてあったかな？どうだったかなー？」と言っているうちに，「パソコンみたいのに入ってた」と言ってくる。そこで，その箱のようなものを用意してきて，自分たちで，スイッチをつけたりとか，お金を区分けしやすいようにしたりと，発展していく。

　活気のあるごっこ遊びでは，たいてい，子どもたちには，いろいろにそれぞれの役割がある。お店屋さんであれば，商品を作る人，店員，お客さんなどである。また，時間とともに遊びの場面は展開していく。お店を準備している場面では，商品を作ったり，並べたり，飾りつけをしたりしているが，開店する

と，お客さんを呼んだり，接客したりする。新たに参加したい子どもは，しばらく，その様子を見ていれば，自分が，その遊びのどこに入りたいか，どういう役割を担いたいかが見えてくる。だから，「ただ漠然と，入りたい」のではなく，「○○の役をしたい」という気持ちをもって入りたいと思うことになる。

ところが，遊びに活気がなく，場面の展開が見えないごっこ遊びでは，上の語りのように，漠然と仲間になりたいと思っても，どこからどう入っていいかがわからないので，保育者に頼るということになる。つまり，遊びへの参加は，参加しようという子どもの側に問題がある以上に，その遊びが，子どもを包み込むような活性と構造をもっているかということに影響を受ける。したがって，どの子どもも参加できるためには，遠回りに見えても，子どもたちが自分で遊びを発展させることができるように育てることが課題になる。支援児の場合でも，遊びに参加できるかどうかは，そのときに参加できるように支援すること以上に，クラス全体の遊びそのものを豊かにつくりだす保育ができるかにかかっている。

遊びには，核になる子どもがいるのが普通である。おうちごっこでは，お母さん役の子どもがそれにあたるのが普通である。冒頭のエピソードのミカちゃんは，その核の役割であるお母さんになろうとはしないで，自分がどういう役割になれるかを探りながら脇役として参加し，しだいに，家族の一員になっていった。仮に，最初から，お母さん役になろうとしていれば，お母さん役の子どもに抵抗されて参加できなかった可能性が高い。

3歳児クラスの後半から4歳児クラスでは，しばしば，特定の子どもが，いつも遊びの核になる状態になりやすい。一種のクラスのボス的な存在が誕生するのである。たいていの場合，ボス的子どもが誕生するのは，その子どもが他の子どもよりも力があって，楽しい遊びを発想し魅力的な活動を創ってくれるので，他の子どもが自然に，その周囲に集まってくるからである。しかし，いったん，そういうボス的な子どもを中心とした集団ができると，その集団を維持しようという力学が生まれる。ボス的な子どもは，いつも，自分が集団の中心にいたいと考え，その集団が崩れることを恐れ，防ごうとする。そこに集ま

る子どもは，その集団のメンバーでいることで安心したり，自分たちは特別だと考えて自尊心を満足させようとする。いつのまにか，いつも，特定の仲間だけで遊び，それ以外の子どもを排除することになる。そうなると，当然だが，その集団のメンバー以外の子どもは，その遊びには容易には参加できない。対等な仲間として参加しようとすれば拒否されてしまう。

　ボス的な存在を核としてメンバーが固定した小集団の遊びは，最初は楽しいものであっても，時間が経過すると，退屈なものになっていくことを避けられない。それぞれの自然な感覚や自由な発想は，ボス的存在の意向によってチェックされて，集団を維持することを優先した遊びになってしまう。それでは楽しくない，面白くないとは，なかなか，言えない。そうじゃなくてこうしようという提案は抑制される。楽しくなくても，楽しいふりをして，そこに居るしかない。排除されることを恐れるからである。

　多彩な遊びを経験しながら，活動への興味に合わせて，子どもたちのグループが生まれ，活動に応じて，グループが再編されるような保育をすれば，一時的に，そういう集団が生まれたとしても永続することはない。また，4歳児も後半になってくると，他の子どもに対するボス的な子どもの優位性は，自然に崩れはじめて，活動に応じた仲間関係がつくられるようになる。

　遊びが発展していくときには，核になる子どもが生まれることは自然なことである。そのようなリーダーが遊びに応じて柔軟に変わることができる（おうちごっこで核になる子どもとお店ごっこで核になる子どもは違う）集団が健全である。健全な集団とは，メンバーの意見や気持ちが，対等に尊重されるという意味で民主的な集団だと言い換えることができよう。民主的な集団ほど，新たなメンバーの参加への許容度が高い。そのことは，支援児が参加するときにも該当する。

（7）支援児の障がいを理解するという発想では参加につながらない

　さて，支援児がごっこ遊びに参加できるようにしたいと考えるときの，もう一つの視点・発想について考えてみよう。それは，遊び集団の子どもたちが，

第5章 活動への参加とインクルーシブ保育

思いやりをもって，チエちゃんが入りたいと言ったら受け入れるように指導するという発想である。チエちゃんが障がいを持っている場合，そのことを，子どもたちが理解できるようにするという取り組みは，この一例である。しかし，具体的な場面を想像すれば，それが非現実的であることは，すぐにわかる。

　たしかに，「チエちゃんも遊びに入れてあげようね」と先生に言われれば，子どもたちはイレテくれるかもしれない。しかし，遊びが楽しくなって，遊びに熱中していけば，チエちゃんのことは忘れてしまうのが自然な姿である。気がつけば，チエちゃんは，ぽつんと隅に居たり，どこかに行ってしまうことになる。チエちゃんが大声を出して，「遊んで」と叫んだりすれば，その後の短時間は，形だけ一緒にいるかもしれないが，実質的に，遊びに参加している状態を維持することはできない。

　なかには，折に触れてチエちゃんのことを気にかけてくれる子どもがいることがある。その子どもの様子を見ると，チエちゃんのお世話をすることで，自分の居場所を確保していることがある。じつは，その子どももまた，十全に活動に参加している状態であるということはできない。

　クラスには，不安定な子どもがいて，チエちゃんの失敗をからかったり，チエちゃんができないことを指摘したりすることがある。たとえば，ジン君は，チエちゃんの嫌がることをすることがある。ジン君は，チエちゃんのこと（障がいなど）を理解していないから，そうするのだろうと考えて，丁寧に説明したり教えたりすることで，事態が改善するだろうか。たいていの場合，ジン君は，チエちゃんの行動の特徴を，ある意味では，保育者よりもよく理解したうえで，そうしているのである。ジン君自身が寂しさや問題を抱えていて，それを，チエちゃんを排除したりするという屈折した表現で解消しようとしている（浜谷，2010）。

　排除する子どもには，その子どもなりの理由がある。支援児のことを理解できないから排除するわけではない。それなのに，ジン君に，チエちゃんのことを説明しようとすれば，「でも，チエちゃんは，…するんだ」と，何か反論を見つけて言うことになる。ジン君は，自分のことを考えてほしいのである。チエ

171

第Ⅲ部　インクルーシブ保育時代の実践と研究のあり方

ちゃんへのかかわり方は，ジン君が抱えている困難を訴える切実な叫びなのである。

　さて，実際には，子どもたちにチエちゃんのことを説明するだけでなく，もっと丁寧に対応されている様子をよく見かける。たとえば，加配の保育者が，いつも寄り添いながら，支援児とごっこ遊びの子どもたちとの関係ができるように，きめ細かく援助する。あるいは，子どもたちが自然に発想して生まれる遊びも尊重しながらも，支援児がイメージしやすく，かかわりがもちやすい遊びへと保育者が遊びを誘導する。そういうことの積み重ねで，支援児が，しだいに子どもたちとかかわりがもてるようになり，そのうち，集団活動にも楽しく入ることができるようになっていく。たしかに，このような丁寧な配慮は意味のあることであろう。

　ただ，そのような取り組みは，統合保育時代の優れた実践であり，学ぶことが多いことは確かであるが，本書では，マジョリティへの保育を前提としていた実践を問い直して，多様性がいきる保育のあり方を探る中で，活動に参加することについて描こうと試みるものである。

2　ルール遊びにおける対等な参加

　さて，ごっこ遊び以上に，ルール遊びは，支援児が排除されやすい（参加することが難しい）活動である。ルールが厳格に適用されて，真剣勝負になると，支援児だけでなく，少しだけ走ることが苦手な子どもでさえも排除されてしまい，一部の上手な子どもたちだけの活動になってしまう。ドッジボールは，走る・投げる・受ける・逃げるという敏捷性などの運動能力の差によって，一部の子どもだけの遊びになるという形での排除が生じやすいルール遊びの典型であろう。

　次に紹介するのは，学童クラブの一つのユニークな実践である[1]。ルール遊びにおけるインクルーシブ保育を考えるうえで参考になる点が多い。

第5章　活動への参加とインクルーシブ保育

（1）ドッジボールのルールを変更することで多くの子どもが参加し
思わぬドラマが生まれる

　ドッジボールでは，運動能力の高い何人かの子どもだけがボールを支配し，多くの子どもが恐る恐る逃げ回ったり，つまらなくなっていつの間にか抜けていくことになりがちである。この実践では，ルールを変えることで，ゲームが予想外に展開して楽しいものになっていく。変更するルールは以下の3点である。①内野に残った子の合計点で勝敗が決まる。②内野に残った子どもの点は，男子は1人1点だが，女子は5，6年生なら1人5点，その他の学年の女子は，1人10点とする。③女子や低学年に限り，バウンドボールでも相手をアウトにできる（外野から内野に戻りやすくなる）。

　新ルール導入後，子どもたちがやさしい姿を見せるドラマが次々と生まれる。最初はいつも通りに遊ぶのだが，負けたと思っていたチームが，じつは，女子の残っていた人数が多く，点数を計算すると勝っていたということになる。それに気がつくと，男子の中から「女子を守れ！当てさせるな！」という声が沸き出てくる。それを見て，相手は女子を集中して狙うようになる。その攻撃が激しくなると，仲間の女子がアウトにされないように，男子はその前後を囲んで体を張って守り始める。体の大きい上級生は，両手を大きく広げて，一人で何人もの仲間の盾となりかばう。動きの素早い子は，女子を狙ったボールに飛びついてキャッチしたり，捕れないと見るや「おれは1点やから！」と身代りになって当たる。でも，すぐに当て返して内野に戻る姿は感動的なほどかっこよく頼もしい。守ってもらった女子の目にもそう映る。誰かに強いられたのではなく，勝ちたいという強い気持ちが，結果的に献身的で思いやりある行動を次々に生みだす。

　以前は，外野の子どもは内野に戻りたい一心で，得意な子だけがボールを奪い合って，その間にボールが相手のコートにこぼれたりして，それがケンカの

（1）　これは，中根大佑氏の実践が所収された河崎・中根（2011）に記載された論稿をもとに，浜谷が発表したもの（浜谷，2016）を基にして，本書の趣旨に合わせて改変したうえで一部を転載したものである。

173

第Ⅱ部　インクルーシブ保育時代の実践と研究のあり方

種になっていた。当てる自信のない苦手な子には，ボールを投げるチャンスは
ほとんどなく，たまたま目の前にボールが転がってきても避けていた。ところ
が，ボールを奪い取っていた男子が，「おれが戻るより，女子が戻った方が勝
てるから」と，女子にボールを渡して，「思いっ切り投げろよ！」と励ますよう
になる。

　実践はさらに思わぬ展開になる。以前は身勝手にプレーしていた男子が仲間
に目を向け始めたことで，女子が勇気づけられる。一人内野に残った女子に，
「頑張れー！」「よけろ！」と，アウトになった外野の仲間から応援する声が沸
いてくる。3年のM子は，「上級生のボールは速くて怖いから試合に出たくな
い」と言っていた一人だが，「怖いのは変わらないけど，男子が守ってくれる
から，試合に出ても大丈夫」と言うようになり，毎日，練習を積み重ねて，つ
いには上級生のボールを捕れるまで力をつける。

　後日開催された地域の学童クラブ対抗戦をするドッジボール交流会（普通の
1点ルールに戻す）でも，何人もの子どもが自分の身体を盾にして仲間を守り，
仲間同士で助け合う姿を見せる。それを見た保護者は，「うちの子のことを自
分で言うのはおかしいけど…あいつ，かっこいい。かっこいいわ」と感動する
ことになった。

（2）子どもそれぞれの持ち味をいかして勝負を楽しむ

　強い子だけが活躍するドッジボールでは，投げる，受けるなどの技量だけに
注意と関心が向き，それが苦手な子どもにとっては，技量を上達したいという
意欲をかえって奪うことになる。この実践では，勝利への過程をイメージして，
男児は，女児を守るために盾になるなど，子ども一人ひとりが多彩な活躍の仕
方があることに気づき，その技量を磨くことになる。女児は，自分が守られる
ことの安心感に支えられてゲームに参加する勇気が湧き，男児に教えてもらっ
て根気よく練習し，結果的にボールを扱う技量が上達する。

　しばしば，男児は女児のことを邪魔者に感じたり，逆に，女児は男児のこと
をわがままで怖いと感じたりするが，この実践では，勝利を目指す中で，お互

第5章　活動への参加とインクルーシブ保育

いに協力できることを実感し，しだいに，お互いの持ち味ややさしさにも気づいていく。さらには，保護者まで，自分の子どもの素敵な一面に気づく。

　勝負を楽しむことと，勝負にこだわることは似て非なるものである。ドッジボールでよく見かけるのは，勝負にこだわって，結果，楽しくなくなる，そういう姿である。勝負へのこだわりには，自分が勝っていることを誰かに褒めてほしいという気持ちが潜んでいる。裏返せば，負ける自分は見られたくないし馬鹿にされたくないという思いにとらわれている。

　この実践で，男子は勝負にこだわってはいるのだが，しだいに，負けたときに過剰に悔しがる（負けたことを認めようとしない）ことはなくなる。おそらく，負けたとき「やられた」と受けとめ，「そうか，そう来たか」「敵もなかなかやるな」と状況判断し，「今度は，どういう作戦で行くか」「チームで相談しよう」と対処するようになる。

　また，指導員も技量の優劣や勝敗の行方にだけ注目するのではなく，子どもたちの見事な工夫や知恵に感心することになる。上から目線で子どもを評価する，つまり褒めるのではなく，子どもと同じ立場に立って，その素晴らしさに思いを寄せる。そして予想もしていなかったゲームの展開を楽しんでいる。

　活動に参加できない子どもに対しては，できるように教えたりして，できるようになったらその子を褒めることで自信をつけさせたりしながら，参加できる場面を増やそうという発想になりがちだ。しかし，子どもが生き生きとお互いの価値を認め合いながら参加している姿を見れば，このような仲間との豊かな活動の中で，お互いに活躍することを支え合う過程において参加が実現されることを，この実践は示唆している。つまり，参加できるように，子ども個人の中に何かを育てるという発想ではなく，仲間との関係性が豊かになる中で，実質的な参加状態が出現するのである。参加できるような子どもを育てるとか，参加できるように発達を促すという視点以上に，参加できる集団的な活動を保育者がつくりだしたり，参加を認め合いたくなる仲間関係をつくるという発想によって，インクルーシブ保育への展開の道筋が開けているのである。

175

（3）一人ひとりの違いがいきるルール遊び

　ルール遊びでは，ともすると，競争に負けた子どもが馬鹿にされたり，排除されたりする場面をつくりたくないという思いから，どの子も平等になるようにと考えて，ときには競争場面をなくそうという発想になる。しかし，そうすると，子どもたちの遊びたい意欲は長続きせず，単調になるので，そのうち楽しくなくなってしまう。楽しくもないのに惰性で集団活動が続くと，特定の子どもが発言権を握って遊びを支配したり，表面には見えなくても役割が固定化してしまう。

　この実践では，得意な子も苦手な子もいる中で，真剣に勝ちたいと願い，そのために努力し，お互いの新たな関係が生まれ，豊かにゲームが展開しドラマが生まれた。それぞれの持ち味や特徴が活きるまで実践を創りこむことで，仲間のよさを知り，仲間を思いやり，結果的に勝負を楽しむ境地になっている。

　保育者が，ルール遊びに参加できない子どもがないようにとの思いで，「ルールを守ろう」「仲よくしよう」「できない子にやさしくしよう」などと，子どもに「規範」「道徳心」「思いやり」を言葉で教えようとすることがある。そういう思いが強いあまり，子ども間の葛藤が生じる競争場面をできるだけ避けようとしてしまう。そうすると，お互いの気持ちや努力や持ち味について考えることがない形式的な「仲良し」関係にとどまってしまう。大人がデザインして一方的に指示してつくりだす子ども間の「平等」の背後には，「できる子」から「できない子」への一元的な序列が温存されてしまう。大人が，それぞれの子どもの魅力を引き出すことができる状況を創出し，それを多元的な観点から認めることで，どの子どもも排除されないインクルーシブな保育に近づく。

（4）ルールを調整しながら真剣勝負することによる参加

　幼児期のルール遊びでは，オニごっこが代表的遊びであり，多くの園で実践され，たいていの子どもが大好きな遊びである。オニごっこは，捕まえようとしても容易には捕まえられない，捕まりそうなところをぎりぎりで逃げるという瞬間のスリルが楽しい遊びである。それは，高オニであれ，色オニであれ，

第5章 活動への参加とインクルーシブ保育

ドロケイであれ，共通する。一方で，コになったときには，追いかけられるの
が怖い，捕まりたくないという強い感情が湧き（しばしば，捕まったときには大
泣きしてしまう），オニになったときには，早く捕まえたい，たくさん捕まえた
いという強い動機付けがはたらく。逃げたい，捕まえたいという気持ちが強い
あまりに，ルールを破ってしまう姿がよく見られる。それを「ずるい」と指摘
したり，指摘されたりして，感情が高ぶり，イザコザになり，しばしば，そこ
で，遊びが崩壊する。幼児期では，ルール遊びを持続的に楽しむためには，保
育者などの年長者の指導的な関与による調整が必要であると考えられている。
つまり，子ども集団だけで，自律的にルール遊びを楽しむことは困難なのであ
る。

　伝統的な地域の異年齢集団でのルール遊びでは，「ミソッカス」というよう
な特別ルールがあった。年少児は，捕まってもすぐにはオニにならないとか，
そのときの状況に応じて，ルールを厳格には適用しない配慮がされて，遊びに
入ることが許容されていた。このような特別ルールによって，勝負を楽しむま
でに参加できた年少児がいた可能性は否定できない。しかし，多くの場合，年
少児は，年長児たちの真剣勝負とは別枠の範囲で参加していた。年長児は，年
少児に手加減しているのであり，年少児の行動は，チームの勝負には関与しな
いものであった。仮に，園の同年齢集団のオニごっこにおいて，特定の誰かに，
このような特別ルールを適用すれば，その子どもの自尊心が傷つくことを避け
られない。

　このドッジボール実践を表面的に見ると，そういう特別ルールの一形態に見
えるかもしれない。しかし，よく見れば，根本的に異なることがわかる。最初
は，ドッジボールの基本技術の優劣で，子どもたちは，お互いを序列的に見て
いたかもしれない。低学年女児は，チームの勝敗に無関係な存在であった。し
かし，ルールを改変してからは，一人ひとりが，勝利にどう貢献できるかとい
う観点で対等に重要な一員になっていった。面白いことには，高学年男児では，
たんに，敵にボールを当てる，敵のボールをかわすだけでなく，女児の盾にな
る，率先して自分がボールに当たって犠牲になるなど，勝利への貢献の仕方・

177

第Ⅲ部　インクルーシブ保育時代の実践と研究のあり方

活躍の仕方が多彩に広がっていった。女児は，自分が守られているということを支えにして，投げる・受けるという基本技術を上達したいという気持ちになり，練習することで，よりチームの勝利に貢献できるという形で参加するようになっていく。それぞれが，実質的に対等と言ってよい参加形態に近づいたのである。

　このようにして，ルールの改変前後では，ドッジボールという同じ名称ではあるが，実質的に相当に異なる構造をもつルール遊びになっていった。

　幼児期には，同年齢のクラスの仲間といっても，走ったりする能力にかなりの差があるのが普通であり，参加している子どもがスリルを楽しむために，ぎりぎりタッチできるかどうかという状況が生まれるように，ルールを守ると同時に，臨機応変にルールをアレンジして遊ぶ姿をよく見かける。

　このドッジボール実践では，最初から，ルールの変更点が決まっているのではない。指導員が，そのときに集まったメンバーを見て，臨機応変にルールを調整し，状況の変化に応じて改変している点[2]に注目する必要がある。子どもと指導員が「楽しく遊びたい」という気持ちでつながり，精いっぱい楽しさを追求する。そういう本音の気持ちに根差した活動によって生じる達成感や喜びの延長線上に，子どもはルールの意味を納得し，ルールを遵守する大切さを理解していく。その延長線上で，友だちを排除するよりは，仲間としてともに活動することによって，より大きな喜びを感じ，誇りをもつことができるようになっていく。

　筆者の子ども時代，神社の境内や河原や野原などで，オニごっこやかくれんぽをしていた記憶がよみがえってくる。ぬかるみがあったり，抜け道があったり，秘密の隠れ場所があったり，遊ぶ環境そのものに，園庭とは異なる多様性があった。また，雪国であったので，冬は，一面の雪景色の中で遊んだ。そういう場所や環境に応じて，微妙に活躍する子どもが違ってきた。つまり，同じ環境の中でルールを変えることによって生じることに相当すること（多彩に活

（2）　この実践で，ルールを改変している点についての詳細は，河崎・中根（2011）を参照していただきたい。

躍場面が生まれる）が，遊び場の多様性によっても生まれていた。

（5）ファンタジーがルールを守ることを楽しくする

　二人の間で些細なイザコザがあるだけで，それまで楽しく遊んでいた，オニごっこが壊れてケンカになることは珍しくない。また，他の子どもは入れてもらえるのに，特定の子どもが参加することを拒否されることがある。その子どもたちのことを知らないと，なぜ，そんな理不尽なことになるのか理解に苦しむ。

　そのルール遊びの場面だけを見ていると，その理由はわからない。参加拒否が生じたりする背景に，それ以前の当事者の子どもたちの関係・普段の関係が影響しているのである。つまり，子どもたちは，ルール遊びの文脈にいながらも，日常生活の文脈をも同時に生きているのである。そのことは，普通は，問題にならないが，普段の文脈が過剰に遊びの文脈に影響すると，ルール遊びを楽しむ気持ちが薄らぎ，結果として，参加拒否や遊びの崩壊現象が生じることになる。

　第4章の保育者同士の対話では，以下のような会話がある。

　　三園「この前，ドロケイをお化けごっこ仕立てでやったら，子どもがすごく乗ってきた。お化けにタッチされたら，お化けの家に連れていかれて，仲間にタッチされるまで出ていけない。みんなルールを守って遊んでましたね。」

　　森田「そう。私，この前ドロケイをして，ドロボウになったの。そうしたら，サラちゃんが，『わたしポリス』って宣言をして，イサム君もすかさず『オレもポリス』と言ってポリスがどんどん増えてけっこうな人数になった。捕まった子が，牢屋の中から『おいしいチョコレートあげるから，カギ開けてくれない』と頼んだら，イサム君が開けてくれて，チョコレートを渡す真似をして逃げていくみたいなことをして，楽しんでた。ちょっとした駆け引きが面白くてね。サラちゃんが最後は泥棒の仲間になったり

して。」

　お化けごっこ仕立てにしたり，ポリスというちょっと子どもには魅惑的な言葉を使ったりして，そのイメージをメンバーが共有することで，オニごっこ遊びをファンタジーの世界という，子どもたちがワクワクする文脈に導く。日常の文脈では，仲が悪くてケンカが絶えなくても，ファンタジーの世界を共有する仲間の中に自分がいるということは楽しく魅力的なので，イザコザを抑制し，参加を受け入れる。また，お化けという言葉を使うことで，お化けらしく振る舞い，ポリスになれば，わがままな行動は許されない。日常の自分ではない，別人になり切る楽しさが，ルール遊びを支えることになる。子どもたちが，「忍者」になったつもりであれば，つらい「修行」を辛抱強く我慢してルールを守ったり，ずるいと思った友だちの行動も，「魔法を使ったから」と言われると納得して楽しく遊ぶ姿は，よく見かけるものである。

（6）保育が楽しくないとルールは排除の道具に使われる

　ルールとは，そこに集まった人たちが，お互いを尊重しながら，不必要な摩擦を避けて，それぞれの希望を実現したり，それぞれが楽しむための道具である。言うまでもないが，ルールを守ること自体が目的ではない。それは，ルール遊びにおけるルールだけでなく，日常生活のルール一般においても変わらない。ところが，子どもたちが，ルールを守ること自体を目的にして，ルールを盾にして，仲間を排除しようとする場面を見かけることがある。

　5歳児クラスの巡回相談のときに見かけた光景である。プールに入るために子どもたちが一列に並んでいた。その列の中にいた子どもが，一瞬，列を離れて何か忘れ物をとってきて元の位置に戻ろうとした。すると，その傍らに並んでいた子ども（ジュン君としよう）が「だめだよ，先生が言ってたよ，最初から並ばなきゃ」と，元の位置に戻るのを阻止しようとした。ほんの一瞬，列を離れて，元に戻ろうとしただけのことを，保育者が言うルールを破っているとして糾弾するのである。

第5章　活動への参加とインクルーシブ保育

　これは，一例だが，保育者が日ごろから，子どもたちに守るように言っている，決まりやルールを盾にして，友だちを責めたり，排除しようとすることは珍しいことではない。責められた子どもは，その理不尽さに腹を立ててイザコザになる。

　このプールの場面で，排除しようとしたジュン君は，比較的知的に高い能力をもち，一方で，少し，アンバランスな発達をしているという印象を与える子どもだった。朝から観察していると，お集まりのときや製作活動などのとき，自分にとって楽しい場面とか，新しい話題・素材がある保育場面では，課題に取り組むし，先生の話を聞いているが，毎日の繰り返しの話や挨拶のように何回も取り組んでいることには興味がないので，落ち着かなくなって立ち歩いたりしていた。この日の，プールの時間になるまでの時間，ジュン君が遊びこむまでに楽しくなる様子が見られなかった。おそらく退屈していたのだと思われる。

　プール活動では，保育者がプール内にフープを設定して，そこを子どもが順番にくぐって入ることにしていた。このため，子どもたちは，順番に待っていた。ジュン君は，プールにすぐにも入りたかったのだろうが，しばらく順番を待っていて，その時間は，退屈を持て余していたと思われる。

　そういう退屈な気持ちのときに，列を離れて戻った子どもを見かけて，ジュン君はルールを盾に，それはいけないことであり，一番後ろに行くように言ったのである。二人の関係まではわからなかったのではあるが，そうやって，一種の排除する形態をとったじゃれあい遊びをしやすい関係だったのだろうと思われた。もし，この日，ジュン君が楽しく遊びこんでいれば，こういう場面で，友だちを排除するようなことはしなかっただろうと思われた。

　保育者に気持ちと時間のゆとりがないときや，子どもたちに楽しい時間を提供しているという確信がもてないとき，イザコザが生じると，その当事者の子どもの話を聞いて，どちらの言い分が正しいかを判断して仲裁しようとしたり，あらためて子どもにルールを詳しく説明して言いきかせたりすることになる。たいていの場合，そうしても，子どもは納得することはない。実際は，当事者

181

の子どもは，ルールを理解しているし，相手の言い分も理解できないわけではない。相手を尊重する気持ちになれずに，自分の主張を変えようとしないのは，その場面だけに問題があるからではない。この日，楽しいことがなかった，このクラスにいても楽しくない，そういうことが累積すると，耐えられなくなる。その悲痛な叫びが，イザコザ（退屈よりはイザコザの方がまだ我慢できるのである）という形をとって顕在化する。そうとらえてはじめて事態の本質が理解できることは少なくない。ルールを守りながら，一人ひとりを大切にすることができる，誰一人として排除されないクラスは，日常の楽しい活動の積み重ねという土台があってはじめて築くことができるのである。

〈文　献〉

浜谷直人（編著）　2009　発達障害児・気になる子の巡回相談──すべての子どもが「参加」する保育へ　ミネルヴァ書房

浜谷直人　2010　保育力──子どもと自分を好きになる　新読書社

浜谷直人　2016　仲間とともに自己肯定感を感じることのできる学童クラブ──インクルーシブ保育の場として　児童心理，2016年8月号臨時増刊，49-54.

河崎道夫・中根大佑　2011　2章　遊びを豊かに　田丸敏高・河崎道夫・浜谷直人（編著）　子どもの発達と学童保育──子ども理解・遊び・気になる子　福村出版　pp. 63-145.

第6章 見通しが不確実な中で保育を創造する
——不確実さへの耐性と責任の問題

浜谷直人

　これまでの章で，いくつか，インクルーシブ保育の実践例を詳しく見てきた。これらの実践では，最初から，保育者が明確な実践の見通しをもっていたわけではなく，臨機応変に実践を創ったというのが，一つの共通した特徴である。

　それらの実践が，統合保育の時代の実践とはまったく異なるものとして画然と分けることができるわけではない。しかし，従来，計画にもとづいてできるだけ明確な見通しをもって実践することが優れた実践であるという考え方が一般的であったとすれば，これらの実践から学ぶべきことは，そういう考えだけでは理解できない。従来，暗黙の前提とされた発想には収まりきらない面に注目する必要がある。これらの実践を振り返れば，計画にはないことを受け入れることや想定外のことがいきるように保育を展開する点は，きわめて重要な意味をもつことがわかる。インクルーシブ保育時代の実践は，計画性・見通しを重視することとは異質な面があるものとして考える必要がある。

　この点，すなわち，「計画がないこと」「見通しがないこと」の中で，実践の可能性が開けることは，これまで，ほとんど議論されていない。この章では，一つの問題提起として，見通しが不確実な中で保育実践を創造することの重要性について，思いつくままではあるが，今後，広く議論が生まれることを期待して，いくつか視点を提供してみたい。

第Ⅲ部　インクルーシブ保育時代の実践と研究のあり方

1 「甘えさせている」のか「適切な保育をしている」のかの線引きに悩む──職員間の見方の違い

　まず，自分たちの実践について，この先はどうなるのか，支援児はどうなるのか，支援児の状況はよくなるのか，クラスの子どもたちは支援児を仲間として認めてくれるのか，この実践を続けることが子どもたちにとってよいことなのか，保育者が見通しをほしいと切実に感じる具体的な状況を例にあげて考えてみる。

園や保育者が困ることを狙ったようにする子どもへの対応に悩んだ事例

　4歳になって，転居とともに入園した支援児・ケン君の10月末の様子である。朝から機嫌が悪いときには，ホールや園庭を渡り歩きながら，たまたま，出会う子どもと，ささいなことで，よく，イザコザになる。保育者が，その場から引き離して，気持ちが立ち直るまで寄り添う。そのまま，午前中を事務室で過ごすことが珍しくない。

　機嫌よく登園した日は，しばらく，いつもの好きな場所で，一人で遊んでいる。朝のお集りの時間になるとクラスに入ってくることがある。前の方の椅子に座って，保育者の話を聞いたり，一緒に歌っているかと思うと，突然，部屋から跳び出していくことがある。とくに，行事に向けて準備しているときなど，いつもと雰囲気が違うときには，クラスの中にいることができなくなる。跳び出してからは，だいたいは事務室で過ごすことになる。

　ケン君は，工作的なことが好きなので，事務室では，ブロックや折り紙で保育者と一緒に遊んでいることが多い。ただ，イザコザの後の気持ちが整理できないときには，事務室の機器など「勝手に触ってはいけないもの」を，狙ったように触ったりする。「やめなさい」と制止すれば，かえって，手当たり次第にいじり，これだけは触ってほしくないものを敏感に察して手を出す。事前に想定して，大事なものを隠しておいても，「これだけは困る」ものを見つける。しかたなく，保育者は，ケン君の気持ちが満足するまで根気よく待つしかない。

184

第6章　見通しが不確実な中で保育を創造する

　ケン君は，会話もできるし状況判断もできる（と思える）が，専門機関で発達障がいと診断されている。感覚の過敏さなど，なかなか，本人にさえわかりにくい難しさをかかえているように見える。また，これまでの育ちの中で，自信のなさと，その反面としての一番への強いこだわりと，いったん言い出したら譲れないという特徴などがつくられてきたと思われる。

　担任のサトミ先生はじめ，園の職員全体としては，ケン君が抱えている困難を受け止め，そのときの状態を見ながら，無理強いすることなく，集団生活への参加に向けて支援していこうとしている。

　ただ，職員会議でケン君の保育の話題になると，いろいろな疑問や意見が出てくる。

　一つは，「甘え」と「しつけ」をめぐる問題にかかわる。ケン君は，園のルールや，友だちとの関係で，してはいけないことをわからないわけではないと思われる。むしろ，わかっていて，それを見ている周囲を意識しながら，そうしているときがある。そういう「勝手なこと」「わがまま」を許容するのは，たんなる甘やかしに過ぎないのではないか。いけないことは，いけないこととして，きちんと教えるべきではないか。本人にとっても，これでいいのだろうかという意見が出てくる。

　ケン君は，午睡が苦手で，はじめは，少し布団で横になっていても，そのうち，騒ぎ始めると，周囲への迷惑になるので，事務室で過ごすことがよくある。それを見ていて，何人かの他の子が，うらやましく思うようで，騒いだりして先生を困らせることがある。

　クラスの子どもたちは，ケン君のことを，かなり理解して，イザコザになりそうなときには，うまく回避したりするが，5歳児の中には，ケン君の様子に我慢できずに力づくで言い聞かせようとする子がいる。また，年少の子どもたちの中には，近づかないようにして敬遠する姿が見られる。

　事務室での対応など，十分ではない園の職員体制をやりくりしながら，できるだけケン君にとって安心できる状況を保障しようと取り組みを継続している。しかし，この状態が続くことは，ケン君にとってどうなのかという疑問と同時

に，他の子どもたちにとってもよくないのではないかという意見もある。現在の取り組みを続けても，目立った変化が感じられない，なんとなく，すっきり納得できない状況で，職員の中には，このままの保育でいいのだろうかという気持ちが生まれてきている。

2 「正しく」保育しようとする実践と 「楽しく」保育しようとする実践

このケン君の事例のような状況に出会うことは，珍しいことではない。このような事態になるまでに，担任という立場でも，園全体の方針としても，確認したり，相談したりして，かなり自覚的に保育をすすめていくことになるが，いろいろな方向に向かって保育が展開していく可能性がある。例として，実際にありうる対照的といえる保育の展開を二つ描いてみる。

A：「正しく」「専門的に」保育しようとする展開　仮に，ケン君が，別の園（A園とする）に転園していたとしよう。そこでは，ケン君の保育は，担任と補助の保育者の「責任」であり，ケン君が，クラスの中できちんとしているように指導することが強く期待される。このため，ケン君が嫌がっても，強引にクラスの中に入れようとする。しかし，あの手この手を使って連れてきても，すぐに，跳び出してしまう。補助の保育者は，後を追いながら，「クラスに戻ろうね」と繰り返し声かけする。そのような対応を続けるうちに，補助の保育者は疲弊していく。担任は責任を感じたり，自分の保育力量に疑問を感じたりしてつらい気持ちをかかえることになる。行き詰まっていく中で，園長はじめ職員は，しだいに，このような発達障がい児には，「専門的」な指導が必要であると考える。また，ケン君には発達障がい児に対する専門的指導が必要である旨を保護者に説明し，専門機関での相談を促すことになる。

B：「楽しく」保育しようとする展開　一方，別の園（B園とする）に転園していたとしよう。ケン君が，クラスの活動に参加できない状況である点は変わらない。補助の保育者は，ケン君が跳び出していくのには，きっと，何か理由

があるはずだから，それを知りたいと思う。ちょっと見ただけでは，意味のない常同行動を続けているようにしか見えない。しかし丁寧につきあってみると，その中に，ケン君独自の世界があることがわかってくる。ケン君の気持ちが納得するまで，その世界につきあうことにする。そういうことを続けていると，しだいに，その世界を保育者も一緒に楽しむことができるようになる。しばらく，そういう状況が続いたのちに，あるとき，ケン君は，保育者が話しかける言葉を聞いてくれる。それから，二人で会話ができるようになる。担任は，補助の保育者が，ケン君が独特の興味や感性をもっていることを楽しそうに話してくれるのを聞く。また，二人で過ごしているときの様子を教えてもらう。それが予想外に楽しそうだったこともあり，クラスのみんなに伝えたいと思う。ケン君の話をクラスの子どもたちが聞くと，そのうち，ケン君の世界に関心をもって，一緒に遊ぼうとする子どもが出てくる。ケン君は，補助の保育者と，何人かの友だちと一緒に遊ぶようになる。

3 「最善」の保育とは？

さて，支援児にとっても，クラスの子どもたちにとっても，さらには，保育者や関係する人たちにとっても，「最善」の保育をしたい，それは，A園の保育者でも，B園の保育者でも同じ気持ちであり願いであろう。その点では変わらないのであるが，実践の方向性は，まったくと言っていいほど，異なって展開する。それは，なぜだろうか？

A園の実践を支えているのは，園長はじめ，保育者が，ケン君を理解したり指導したりする「正しい」保育があり，ケン君を「正しい方向」に導こう，導くことができるという発想・暗黙の信念である。A園では，「最善」とは，「正しい」「正解」という言葉で，ほぼ，言い換えることができる。ケン君の保育では，自分たちの保育が「正解」だと考えて取り組んでみた。これは，それまで，この園ではとくに意識することのない，自明な保育であった。ところが，今までのようには，想定したような状況には展開せず，行き詰まってしまう。それ

第Ⅲ部　インクルーシブ保育時代の実践と研究のあり方

で，これは「不正解」であるかもしれないとして修正しようとする。そのとき，発達障がいなどに関する専門機関であれば，より正しい指導を知っていると考える。このA園のように，支援児の保育に関しては，保育者は自分たちには十分に理解できない「正解」があり，それに則って保育することが「最善」だと考えることがありうる。

　一方，B園では，「最善」がなんであるかはよくわからないにしても，まずは，「楽しい」ことだと考えてみようとしている。たしかに，ケン君はいろいろな問題を抱えていて，ケン君にかかわってイザコザが生じるときがある。しかし，ケン君なりの世界を安心して楽しむことを保障することが，何より大切であると考える。その世界に寄り添い，よく付き合ってみれば，ケン君なりの見所や楽しい持ち味がある。まずは，そこに注目し，大切にして，それを理解してみよう。それから，どうしたらいいか考えよう，という発想で実践が展開する。保育者は，もちろん，子どもを指導する立場であり，そうしなければいけないということを十分に理解している。だが同時に，いろいろな場面で，むしろ，ケン君から教えてもらいながら，新たな発見をするという意味では，保育は，目の前の子どもの姿から出発し，どうしたらいいか子どもから学ぶという姿勢がある。そういう意味で，子どもと保育者は，ときに対等な関係になって楽しんでいる。この園では，「最善」とは，同僚とともに，子どもの様子やエピソードを話しながら，「それはいいね」とお互いに共感し合える過程で，「これでいいんだ」と納得できるものである。それは，同時に，子どもにとっても「楽しい」ものである。また，「最善」はどこかで到達するものではなく，意見交換や実践の展開によって，もっと「最善」になっていくという意味で，いつも，暫定的であり，更新されるものである。「最善」は，自分たちの外（たとえば，専門機関など）にある「正解」ではなく，目の前の子どもと自分たちがかかわる中にあり，それを保育者が理解し，共有する中で，見えてくるものである。

第6章　見通しが不確実な中で保育を創造する

4　保育実践の方向を左右する人間関係の特徴

インクルーシブ保育においては，実践の随所において，「最善」にするにはどうしたらいいのか，見通しが見えなかったり確信がもてなかったりする状況の中で，実践を創っていかざるをえない局面に出会う。ケン君の保育は，その一例である。その局面の後，A園とB園のように，まったくと言っていいほどに異なった方向へ実践が展開していく。

A園においては，行き詰まったところで，ケン君の状態については「専門家」が知っている「正解」に従い，保育していこうとなる。その「専門的」なケン君についての理解は，たとえば，「○○障がい」と言われる障がい児の一般的な特徴である。たしかに，それは，ケン君の状態と，類似していて，参考になることがあるとしても，目の前のケン君について，保育者自身が手ごたえをもってつかんだ理解ではない。一方で，B園では，保育者とケン君とのかかわりや対話から生まれるケン君像をもとに保育実践が創られる。それはしばしば，発達障がい児に関する一般的な理解とはかけ離れている。

この二つの実践の展開が異なることについて，その背景を，保育者・職員の人間関係と責任問題という視点から考えてみよう。

（1）役割としての人間関係と対等な人間関係

図6-1は，保育実践の場における人間関係の特徴の違いを表す。この縦軸の上方は，人間の属性（性別，年齢など）や役割（管理職，担任など）によって，お互いの人間関係が影響を受けたり，規定されたりするという特徴を示している。属性や役割は，簡単には変わりにくいので，比較的，関係が固定的になり，また，しばしば，上下関係になる極である。下方は，保育者や子どもや保護者も，おたがいに一人の人間同士として対等でフラットな関係をもつという特徴を示す。比較的，人間関係が柔軟に変化しやすい極である。

保育の場において，属性・役割にもとづく関係とは，まず，「保育者―子ど

189

第Ⅲ部　インクルーシブ保育時代の実践と研究のあり方

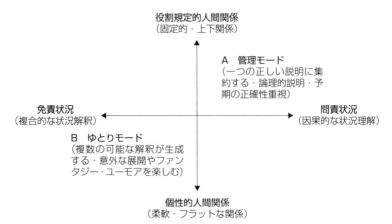

図6-1　保育実践における人間関係の特徴

も」という,「養護・教育する―される」という非対称な関係がある。また,保育者間では,管理職と保育者,担任と補助保育者などにおいても非対称な関係がある。しばしば,それらは,指示する・従うなどの一方的な上下の関係となる。このような属性・役割にもとづく関係をもとにしたコミュニケーションや付き合いでは,その役割にふさわしい言動をすることが期待される。それは,しばしば,慣例や規範が重視されるコミュニケーションになる。

　同時に,その役割にふさわしいという意味で「専門的」なコミュニケーションになりやすい。たとえば,保育者は,自分の保育者としての「専門的」な言動が,より高度で洗練されたものになる(専門性が高まる)ように努力するし,そのことが周囲から期待され,評価もされる。そのような特徴をもつコミュニケーションでは,役割にふさわしくない発想は暗黙のうちに検閲されて表面には現れないことになりがちである。保育者らしくない,「専門的」でない発言は,しばしば,抑制されてコミュニケーションの場に現れてこない。

　これとは対照的に,保育者が子どもと,仲のよい友だちのように接するという場面に出会うことは,けっして,珍しいことではない。また,職場で,お互い気がついたことは何でも気軽に話し合えるような同僚関係があり,職員の人間関係が,かなりフラットであるということもよくある。いわゆる風通しのよ

第6章　見通しが不確実な中で保育を創造する

いと言われる職場は，その一例であろう。このような，そのときの状況に応じて変化する柔軟な人間関係が，縦軸の，もう一方の極になる。

（2）保育実践における責任の問題

　図6-1の横軸は，保育実践における責任の問題が職場でどう扱われるかに関して対照的な極を示す。

　ケン君は，午睡時間を，事務室で保育者と過ごすことが多い。これは一例だが，たいていの子どもでは，通常は許可されない例外的な過ごし方をしている場面が少なくない。

　仮に，はじめて，この園を訪問して，その様子を見れば，その人が，ケン君への対応に疑問を感じることはありうる。また，他クラスの保育者は，その過ごし方について担任保育者とは異なる受け止め方をするかもしれない。「私が担任なら，そうはしないけど」と，考えても不自然ではない。

　ケン君に，午睡するように促すか，事務室で過ごすことを許容するか（もちろん，その他にも多様な対応がある）は，だれが判断するかでも，どういう状況で判断するかでもいろいろと変わりうる。担任自身でも，今日の，この状態ならば，ケン君に午睡できるように頑張ることを促すということもありうる。

　保育という教育的な営みの場では，勝手なわがままを認めて甘やかすことは好ましくないことであり，保育者は，子どもの行動が，わがままなのか，そうでないのかを見極め，その年齢やその子どもの状況に応じて，適切に指導することが期待される。

　また，集団生活の場なので，他者にとって，危険なことや迷惑がかかることは，ときには，禁止されたり，阻止されたりする。とりわけ，危険なことについては，適切という以上に，厳格な対応が求められるのが普通である。

　保育者は，本来は，どの子どもに対しても，どこまでが，「わがまま・甘やかし」であり，どこからが，そうではないかについて，判断して保育する。ただ，通常は，あらためて判断する必要がない自明なことなので，とくに，そのことを意識することがない。その自明性は職員間で共有されていれば，とくに説明

191

第Ⅲ部　インクルーシブ保育時代の実践と研究のあり方

しなくてもお互いに了解される。

　ところが，ケン君の場合は，その線引きが自明ではない。担任の判断は，他の職員にとって，必ずしもわかりやすくないので，丁寧に説明したり話し合いをもたなければ了解されない。

　どこで線引きするかの判断によって，その後の経過次第で，保育責任を問われることになる。たとえば，ケン君の状態が荒れたり，クラスの状況が悪化したりしたときに，その判断にもとづいた保育の「責任」が問われることになる。責任問題が生じるのは，わかりやすい問題（事故など）が生じた場合に限らず，その園の保育の信頼性や威信を傷つけるという，見えにくいが，その後の保育を円滑に進めるうえでの支障をきたすような場合もある。

　一般的には，子どもやクラスの状況について，「職場内で話し合い，共有し，支え合う」という意味での同僚性が高い場合と，「あなたのクラスの保育は，担任のあなたの責任です」として，職員が分断されている場合と二つの極がある。筆者の経験上，同僚性が希薄な職場，つまり，個々の職員，それぞれが担当する範囲について全面的な責任を負わされる傾向の高い職場ほど，ケン君のような支援児にかかわる問題状況が深刻化しやすいと思われる。

5　問責状況では視野狭窄が生じる

　保育における責任問題について，ありうる事態を想定しながら論を進めてみた。担任が責任を問われるという事態は，一見すると，無理のない話のように読めるかもしれない。しかし，少なからぬ読者の方は，何かおかしいと感じたり，違和感をもたれたりしたのではないだろうか。もっと大事な観点が欠けているのではないかという思いをもたれるのではないだろうか。

　おそらく，「責任問題」という切り口で保育実践について論じると，私たちは，見当違いの思い込みに陥って，一種の視野狭窄が生じてしまうと思われる。保育の問題は，本来は，広い視野で，多面的，多角的に検討されなければいけない。それなのに，先の例でいえば，その原因を無意識のうちに，ケン君の側に

192

あると考えてしまう傾向がある。また，その問題を，「困ったこと」として，否定的にとらえる傾向がある。そういう志向性にからめとられてしまい，バイアスのかかった思考に陥る。

たとえば，問題は，ケン君に起因する以外に，周囲に何があったのだろうと考えることを抑制してしまう。クラスには，いろいろな子どもがいるが，その中の，トシ君やマサ君が，ケン君が嫌がるようなことをしたのかもしれない。全体の保育が，ケン君にとっては，興味を持ちにくいものだったのかもしれない。クラスの雰囲気に問題があったのかもしれない[1]。このように，ケン君に影響を与える可能性のあることは，いろいろありうる。ケン君の問題行動は，それらについて考えさせてくれるよい契機であるという発想がありうるはずである。また，ケン君には，独特の感性や興味などがあって，それは，魅力でもある。それは，クラスの保育が，それまでとは趣の異なる方向へ展開する契機になりうる。そういうポジティブな観点を見失う。

関係者が，いわゆる，ドミナントストーリーに絡めとられた思考に陥って，状況を理解しようとする。このため，オルタナティブなストーリーを見出すことが閉ざされてしまう。

6 問責志向では排除の力学が働くが，免責することでインクルーシブな状況が生まれる

何か問題が生じたときに，責任問題を考える志向が強いとき（問責状況）には，じつは，排除が生じやすい力学が働く。逆に言えば，インクルーシブな保育実践から遠ざかってしまう。

わかりやすいエピソードで考えてみよう。これは，ある保育園の園内研修会で出されたエピソードを簡略に改変したものである。

四人で，お家ごっこをして遊んでいた。そのうちの一人，やや多動傾向のあ

（1） 支援児の行動に，周囲の子どもや状況が影響することについては，浜谷（2010）第1章を参照。

第Ⅲ部　インクルーシブ保育時代の実践と研究のあり方

るＡ君が，ぱっと動いたら，台所のタイルを立てかけて作ったお家が崩れて壊れてしまった。他の子どもが「いやだ，Ａ君」「Ａ君，やめてよ」などと，口々に言う。しかし，Ａ君は反省する様子がない。騒ぎになったので，保育者が近寄って，どうしたのと，子どもたちに事情を聞く。子どもたちが，「Ａ君が，壊した」と言ったりする。Ａ君は，うまく言えないけど，「それは違う」という表情をしている。

　このような状況で，次のように対照的な保育者の対応がありうる。

　一つは，「責任」「原因・結果」「論理的」という考えを背景にした対応である。保育者は，「Ａ君，ごめんなさい，って言おうね」とＡ君に言う。でも，Ａ君は，納得できない。Ａ君にしたら，自分が何か悪いことをしたとは思えない。でも，お家が壊れたという問題が生じている。

　仮に，壊れたものが他児にあたって傷ができたりしたら（責任問題が大きくなるので），保育者は，さらに強くＡ君に「謝ろうね」と強制して事態を収めようとする。保育者に余裕がなかったり，被害が大きかったりすると，「被害の原因があるから，それを特定しろ」「論理的に説明できるストーリーを作れ」という圧力がその場にかかる。さらには，その事態を引き起こした原因には，意思があり，責任もあるから謝罪しろ，という論理に，すぐになってしまう。その延長線上で，ケン君は，「いけない子」とレッテルを張られて，遊びから排除されていくことがある。

　一方，まったく異なる対応もよく見かける。保育者は，「あら，また，魔女がいたずらしたのね。困ったものね。みんな，もう魔女に壊されないような頑丈なお家を作りましょう」と，ファンタジーを持ち込んで，自分たちには，あずかり知らないところで，そういう現象が生じたことにしてしまう。

　子どもたちは，こういうファンタジーの世界を大好きである。一瞬にして，困ったこと，誰のせいだ，という問責志向（思考）から，魔女を想像して楽しいファンタジーの世界に思考が展開していく。こうやって，「誰がやった」と問い詰めるような雰囲気は薄れて，免責状況が生まれる。その延長線上で，「魔女から家を守れ」と，子どもたちは仲間として結束する。その仲間に，自

194

第6章 見通しが不確実な中で保育を創造する

然にA君も入り，そういう設定を違和感なく受け入れ楽しむことができる。つまり，A君が排除されることなく，仲間の一員となる共同活動が生まれてくるのである。

7 管理モード

図6-1には，二つの軸，〈役割規定的〉対〈個性的〉な人間関係という軸と，〈問責〉対〈免責〉状況という軸によって，四つに分割される空間がある。右上は，役割規定的で問責的な空間であり，管理モードとでも言うべき人間関係である。保育現場が，管理モードになれば，できるだけ正確に見通しを立てて，計画通りに実践し，可能な限り，過失が生じないようにすることを念頭においた実践が展開される。したがって，そこでは，予想外のことは，あってはならないことと見なされたり，価値のないことであると見なされる。

今日，保育現場は，以前に比べて，管理モードが強くなってきている。一例をあげよう。保育園の，給食にかかわることである。調理師が給食を作るのだが，1時から休憩時間をとるために，12時半までには，食器を調理室に返さなければいけないという園が出現してきている（もっと，厳しい場合もある）。以前は，保育士と調理師は，子どものことを考えてお互いに，協力したり融通し合ったりしていたが，時間について調理師が保育士に厳格に要求する（せざるをえない）状況が見られるようになった。

そうすると，その時間から逆算して，子どもたちの遊びを切り上げさせ，給食の準備をして食べさせて片付けるという保育をせざるをえなくなる。そのためには，段取りを分単位で計画し，それに遅れる子どもには，急かせたり，場合によっては叱責するということになる。調理師から責められる（問責される）ことがないように，保育を進行しようとするのである。

一方で，保育士と調理師は，もちろん，役割が違うが，ときには，調理師も保育室に来て，保育士と子どもの状態などについて立ち話をしたりしながら，一定程度，お互いの役割を相互補完する柔軟さがある職場もある。

195

また，保育者が管理モードになる背景に，保護者との関係が関与する場合がある。一例だが，子どものお迎えの時間を，分単位で保護者が指定する。保育者は，子どもの気持ちの状態から判断して保育して，ときには，その時間までには，帰りの支度が間に合わないことがある。そういうときに，保護者が，「○時に，お迎えに来ると言ったはずです」と責める。

保育者が書類作成に時間をとられるようになること，人事評価制度が導入されること，そして，長時間保育の進行と非常勤職員の増加などによって，職員間の連携などが困難になっていることなど，管理モードへと保育の場の人間関係が変化する要因となることは，挙げればきりがない。

管理モードが強まれば，保育の場では，事態について，多面的・複合的に解釈することを排除して，将来について予測ができる唯一の単純な論理的・因果的な説明に頼ろうとすることになる。

8 ゆとりモードとファンタジー・ユーモア

図6-1で，管理モードの対極に位置する，左下の空間は，対等で免責的な人間関係であり，ゆとりモードと呼ぶべき状態である。良質な同僚関係や，保護者との信頼関係などを構築することによって，ゆとりモードは生まれる。

先に述べたように，管理モードでは，切り替え場面に向けて，調理室との関係での終了時間から逆算して，分単位で子どもの行動をコントロールしようとする。今日，しばしばみられる，「時計の長い針が○○になったら，お片付けです」，という保育者の言葉かけは，その端的なわかりやすい例である。

筆者は，多くの保育者からの聞き取りをもとに，子どもが自然な気持ちで心地よく場面を切り替えていくのは，活動が開始され，徐々に盛り上がり，活動のピークを過ぎて少し経過したタイミングであることを主張してきた。図6-2の，Cゾーンである。子どもが楽しく遊んでいる状態が続いている（保育者にとっ

（2）　場面の切り替えについての詳細については，浜谷・江藤（2015）を参照。

第6章　見通しが不確実な中で保育を創造する

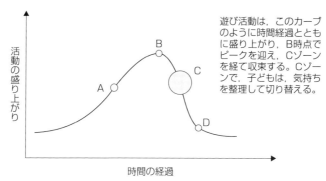

図6-2　活動の盛り上がりと切り替え時点（時間帯）

ては，それは想定外のことかもしれないが，子どもにとっては，意味ある時間である）のに，活動を終了する時間（予定）を最優先にして，片付けさせようとすると，図6-2のA時点や，B時点で，子どもに切り替えを強制することになってしまう。そういう状況になったときに，もっとも混乱しやすいのが，支援児である。そのときに，支援児が排除されやすいのである。

　ゆとりモードとは，想定外を受け入れ，想定外を楽しむモードである。第1章で紹介した，ブラックスワンの実践のように，インクルーシブな保育実践では，それは，日常的にみられることである。ブラックスワン実践の場合では，園児たちが，普段からチャボの世話をしたり，チャボと遊んだりしていたことが，活動が展開する素地となっている。また，絵本やごっこ遊びを楽しむ経験もまた，想定外の発想を楽しむ雰囲気を準備していると考えられる。

　6節で紹介した，お家ごっこで家が壊れてしまったというエピソードだが，このとき保育者は，子ども間のトラブルになりそうだなと思い，「吹き飛ばされちゃったね，ふーふーのふーだったのかな」と子どもたちに言っていた。それ以前に，クラスで「3匹の子ブタ」のストーリーを楽しんでいたので，そのストーリーに，お家が壊れたことを，とっさに組み込んで新たなストーリーをつくったのである。そうすると，子どもたちは，新たなファンタジーの世界が楽しくなり，その後，オオカミごっこのイメージで遊びはじめた。遊びは，オオカミと子ブタの追いかけっこに発展し，A君は，子ブタになって追いかけら

197

第Ⅲ部　インクルーシブ保育時代の実践と研究のあり方

れて楽しむ。このようにして，A君が排除されるのではなくインクルーシブな
状態が生まれる。

　因果的で論理的な思考で子どもに接すること，とりわけ，子どもに大人の論
理を押し付けることからは，その論理を遵守できない子どもを排除するという
力学が生まれやすい。それに対して，ファンタジーやユーモアは，すべての子
どもが共生できる柔らかで複合的な物語の世界を準備して，インクルーシブ保
育を豊かに実現する可能性を開くことになる。

9　保育者が子どもの活動から排除されている

　筆者は，巡回相談のときには，子どもたちと一緒にテーブルを囲んで弁当を
食べる。ある日のこと，支援児も含めて，5人の子どもと，筆者が一緒にテー
ブルを囲んだ。子どもたちが，自分の弁当には，唐揚げがあるとか言って，弁
当の中身の話題になった。一人の子どもが，全員の弁当にブロッコリーがある
ことを発見する。そのことに，どの子どもも少し驚いたようであった。そのと
き，大人が，「ブロッコリーは，栄養があるから，ママが入れてくれるんだね」
という話をする展開があり得る。しかし，そういう論理だと，なぜ，大人の弁
当にもブロッコリーが入っているのか，ということになる。また，そんな説明
は，子どもにとっては面白くない。その日の，巡回相談の園は，キリスト教系
の幼稚園だった。朝，礼拝堂で，子どもたちは，お祈りをしていた。それで，
筆者は，とっさに，「昨日，神様からお手紙が来たんだよ。お友だち全員の弁当
にブロッコリーが入っているから，おじさんの弁当にもブロッコリーを入れて
行きなさい，と，書いてあったんだ」と言ってみた。そうすると，子どもたち
は，そうか，神様がお手紙くれたんだ，よかったね，というような反応に始ま
って，話題が展開した。その中に，支援児もなんとなく楽しそうにしていた。
そのとき，あらためて思ったのは，そういう会話では，自分自身が子どもたち
の会話の中に入ることができた。つまり，筆者が子どもたちから排除されなか
ったのである。

第6章　見通しが不確実な中で保育を創造する

　大人の論理で話をしても，子どもたちの興味を引き付けることは難しい。そうすると子どもの気持ちが離れて，いっしょに会話を楽しむという状態にはならない。いつの間にか，筆者が，子どもたちの関係から排除されてしまう。このことは，保育者であっても同様であろうと考える。

　大人の論理を大人の言葉で話したり，園・保育者の都合・予定で保育を進めても，子どもたちは仕方なく，話を聞いてくれたり，言われたとおりにするかもしれない。しかし，そういう保育は，一方的な保育であり，保育者は，子どもを見守るだけだったり，ときには，監視・管理する保育になってしまう。そのとき，支援児が排除されるだけでなく，じつは，保育者もまた，子ども集団の活動に入っていないという意味において排除されている。

　子どもには，子どもの楽しい世界がある。それは，大人の論理とは違う。先の例でいえば，家が壊れたことの原因をA君にすることは，大人の世界の論理であり，そういう説明をされても，子どもには楽しくない。大人も，子どもの世界をともに楽しむことで，支援児だけでなく保育者もふくんだインクルーシブ保育が生まれるのではないだろうか。

10 「想定外」が楽しいドラマを生み出し　インクルーシブな状況が生まれる

　保育とは，つねに想定外のことが生じ，その予想外のドラマが生じるから楽しいということを語る保育者に出会うことは珍しくない。以下に，そういう思いをもちながら，多くの驚くような実践を生み出してきた一人の保育者の実践をとりあげてみる。

（1）実践事例[3]：職員との関係・保護者との関係がインクルーシブ保育を支える

　園では，毎年，子どもたちが大好きな本を題材にしてクリスマス会の劇づく

（3）　この実践は，国沢（2014）および，浜谷（2014）の両論文に掲載された実践記録をもとに，さらに，新たに国沢氏からの聞き取りを加えて再構成したものである。

りをしている。この年の4歳児クラス（自閉症の女児Sちゃんが支援児として在籍）の子どもたちは，『かにむかし』（木下・清水，1959）の絵本が大好きだった。子どもたちも『かにむかし』の劇をする気持ちになっていた。しかしSちゃんは，『かにむかし』にはまったく関心をもたず読もうとしなかった。Sちゃんが関心を示したのは，『あしたえんそく！らんらんらん』（武田，2002）だけだった。加配の保育者（リカ先生）と，毎日，『あしたえんそく』の絵本だけしか読まなかった。

　『あしたえんそく』の登場人物は，主人公とその母親だけである。これを4歳児全体の劇にすることはできなかった。担任のマキ先生は，どうすればいいかと悩んだが「二つとも劇にすればいい」と思いつく。さっそく，母親に相談する。それに対して，母親はみんなと同じにしてほしいと応えたが，「みんなと同じにしても，Sちゃんは楽しくないと思う。じゃあ，Sちゃんに聞いてみよう」と言ったら母親は納得した。次の日，Sちゃんに聞いてみる。担任のマキ先生の予想通り，Sちゃんは，『あしたえんそく』を選んだ。

　しかし，職員に相談すると反対意見もあった。「一人で劇？」「どういうつもり？」「そんな実践，聞いたことがない」などと言われる。しかし，担任は，Sちゃんが楽しむということが大切だと言って説得する。こうして，Sちゃん以外の子どもの劇と，Sちゃんだけの劇の二つになった。

　これが思わぬ展開になった。Sちゃんは，練習のとき，毎日，実に楽しそうに『あしたえんそく』を演じていた。出演者は，Sちゃんと加配のリカ先生だけ。リカ先生も，毎回，楽しく練習できた。二人のやりとりは普段の遊びの延長でまったく無理がなく，見ている人たちを楽しい気持ちにさせてくれた。

　園には，チョコレートが大好きなことをみんなが知っているM先生がいた。遠足にもっていくものをリュックに用意する場面になると，チョコレートの空箱を出して「M先生の大好きなチョコ，M先生にはあげなーい」というセリフを自分で入れた。その場面になると観客（子どもも先生も）は大笑いだった。

　「もうじきチョコの場面に，なる，なる」とみんなが期待して待つことになった。Sちゃんは一字一句諳んじるほど『あしたえんそく』を読んでいたので，

セリフは見事で，加配の先生との関係の中でユーモアが生まれ笑いを生みだした。本番では，保護者たちもその場面を期待して待ち，大笑いになり大好評だった。

（2）統合されていない（分離状態）がインクルーシブな保育

　この実践は，形だけを表面的にみれば，Ｓちゃんはクラスの皆の活動（かにむかし劇）に参加できず，一人だけ別の活動（あしたえんそく劇）をしていた（排除された）と解釈される。インクルーシブな保育実践とは，とても言えないということになる。しかし，Ｓちゃんが，クラスの仲間と同じ劇をした場合を想像すると，それ以上に，子どもたちとも，また，職員や保護者とも気持ちがつながる発表会になった。

　担任の，Ｓちゃんの気持ちを大事にした発表会にしたいという思いはわかるが，一人劇に疑問を感じる職員もいた。練習が進むにつれて，しだいに一人劇は楽しいものとなり，みんなで支えようという気持ちになっていった。異例の劇づくりなので，何かが起こるかもしれないという不安があったと思われるが，提案した担任の責任とすることなく，みんなで支えていた。そういう職員の同僚性が，このユニークな実践が生まれる土台にあった。みんなでつくる発表会であり，担任だけの責任ではない「免責状況」が確保されていた。担任も他クラスの保育者も，保護者も，すべての関係者は，このような楽しい劇になると予想していたわけではない。言い換えれば，見通しが不確かな中で，実践を創ることができた。

　Ｓちゃんを担任することになったときに，マキ先生は，保護者から「失敗を恐れないで経験させてもらいたい，お試しでいいのでやってみてください」と言われている。それが，マキ先生の気持ちを軽くしていた。自分がよいと考えることに遠慮なく挑戦することができ，すべてのことを保護者に率直に報告し，次の手立てをともに考える関係ができたことは幸せだったと回顧している。保護者との関係でも，マキ先生は，免責状況が確保され，思い切ってＳちゃんのためになる保育実践に取り組むことができた。

また，4月，マキ先生は，Sちゃんの保育について，リカ先生に「Sちゃんの好きなようにさせてください」と言っている。そのころ，Sちゃんには妹が産まれたばかりだった。Sちゃんは，毎日，リカ先生を相手に，新聞紙をオムツにしておしりに巻いて赤ちゃんごっこばかりしていた。長時間リカ先生に抱っこされて，リカ先生は「腕が疲れます。いつまでやったらいいのですか」と辛そうに訴えるようになった。同時に，この状態が続いてもいいのだろうかと不安な気持ちであった。マキ先生は「もう少しで満足して止めると思うので，もうちょっとだけ我慢してください」とお願いしている。しばらくして，Sちゃんは，赤ちゃんごっこから脱却し，別の遊びに移行した。Sちゃんの思いを大切にするという保育の延長線上で，この劇づくりの実践を迎えたのであった。

（3）トラブルは子どもが育つ最高の舞台
――どうするか迷ったときには子どもに聞いてみる

　この実践は，「発表会とはこういう形式で行うものである」という慣習的で常識的な理解や，「行事に向けて細部まで計画して予定通りにつくる」という発想，すなわち，保育者が管理モードになっている状況では生まれない実践である。「常識的な形式」「計画通り」を重視すれば，Sちゃん一人だけで劇をするという考えは，思いつくことさえなかったであろう。管理的な保育の形にとらわれないで，Sちゃんの気持ちに寄り添う担任の姿勢によって生まれた実践である。

　担任のマキ先生は，子どもの気持ちを尊重するという原則に立って，子どもや同僚を信じて実践している。たとえ，Sちゃんと加配保育者だけの劇がどういうものになろうとも，その結果を受け入れるという思いで，事態の推移を見守っていた。このとき，加配保育者のリカ先生には，「ゆとりモード」と言えるほどの気持ちの余裕があったかどうかは定かではない。ただ，仮に，みんなと一緒の劇の中に入れて，気乗りしないSちゃんに，セリフを言うことや役割を練習させていれば，台本通りできるかどうか不安が高まり，できなかったらどうしようという気持ち（問責状況に陥る）になったと思われる。それに比べれば，

マキ先生をはじめとして，職員全体が，一人劇を認めてくれていて，何より，Ｓちゃん自身が楽しく練習できるという状況では，気持ちが楽であったことは間違いがない。マキ先生は，何が起きようと，それはそれで，Ｓちゃんが望んだことを大事にしたという思いの結果なので，誰に責められることもない（免責状況）と考えていた。

　そういう雰囲気の中で，安心して自分を出すことができたＳちゃんから，予想を超えたユーモアのあるセリフが出てきた。Ｓちゃんが意図してユーモアを生み出そうとしたわけではないかもしれない。ただ，Ｓちゃんなりの正直な思いが言葉になったときに，関係する全員が，それを楽しい笑いとして受けとめることになったのであろう。それは，関係者がＳちゃんの気持ちを大切にしているという点でつながっていたからであろう。

　言うまでもないが，マキ先生は，保育実践において「計画する」ことを軽視しているわけではない。計画性がない実践で，子どもが育つとは考えていない。十分に計画しながらも，計画に縛られてしまって，もっと大切なことが見えなくなってはいけないし，臨機応変に計画を変更していくことが保育だと考えている。また，計画では，トラブルは発生しないことになっているのだが，実際にはトラブル場面でこそ，子どもたちが育つということを経験的に知っている。

　実践を進めていけば，いたるところで，計画にはない事態が生じたり，子どもが思ってもみないことを言ったりする。そういう全体を考えるならば，保育とは計画通りには進まないものであり，予想外のことが起こることを避けられない。それだからこそ保育は楽しいし，子どもも保育者も育つ，そう考えている。そういう局面では，どうすればよいのか，すぐには判断できない事態に直面する。そのときに，計画を軽視するのではなく，まずは「子どもに聞いてみよう」という基本哲学に立ち戻る。

　困ったときや，どうしていいかわからないときに，一番大切なことは何かという，保育の基本を職員間で確認する。そうすることで，職員間でも，子どもとの関係でも，対等でフラットな関係が生まれる。担任だからとか，園長だからとかという役割に規定される問責状況から解放されて，みんなで支え合うと

第Ⅲ部　インクルーシブ保育時代の実践と研究のあり方

いう免責状況が生まれる。

　インクルーシブ保育を支える保育者の専門性とは，過去の経験や理論を基盤にしながらも，一回きりの，その子どもたちの保育実践で生まれる意外性を楽しみ，思いもかけない楽しい実践を協働的に創造する中にあるのだろう。そういう実践が展開するときには，職員集団が対等でフラットな関係になり，お互いに支え合う免責状況が生まれている。「正解」に縛られず，目の前の子どもたちとの出会いの中で，自分たちが心動かされていくことを大切にして挑戦する，それが専門性なのであろう。

〈文　献〉

浜谷直人　2010　保育力——子どもと自分を好きになる　新読書社

浜谷直人　2014　インクルーシブ保育と子どもの参加を支援する巡回相談　障害者問題研究，**42**(3)，18-25.

浜谷直人・江藤咲愛　2015　場面の切り替えから保育を見直す——遊びこむ実践で仲間意識が育つ　新読書社

木下順二（文）清水崑（絵）1959　かにむかし　岩波書店

国沢マキ　2014　子育て支援・障害児支援における保育所の役割——香美市の保育園の実態とその中でのある実践　障害者問題研究，**42**(3)，26-31.

武田美穂（作・絵）　2002　あしたえんそく！らんらんらん　理論社

第7章 インクルーシブ保育時代までの歴史と
インクルーシブ保育の実践上の課題

浜谷直人

1 障がい児保育の時代

　保育園における障がい児保育が制度化されたのは，1970年代である。当初，都市部を中心に始まり，次第に，全国的に広がっていった。筆者は，80年代の初め，障がいのある子どもの保育にかかわることになった。当時，筆者が通った都内のある区では，障がい児がどの園にも在籍しているというわけではなかった。また，在籍しているとしても，せいぜい園に，一人か二人であり，その[1]子どもたちは，明確な医学的な診断をもち，「集団保育可能」という条件を満たすことが措置の条件であったが，今日の一般的な「支援児」にくらべれば，かなり障がいの重い子どもたちであった。

　その時代の新たな社会の動向を保育現場は敏感に受け止めながら，保育者は，できるだけ障がい児を保育園に受け入れたいと考え始めていた。同時に，はたして自分たちが障がい児を育てることができるのか，また，自分たちが障がい児の育ちを正しく理解できるのか，期待以上の不安があり，障がい児保育の進展には疑心暗鬼な気持ちももっていた。障がい児保育には，自分たちのもって

───────────────

（1）　当時，一部の保育園だけが，障がい児を受け入れる「指定園制度」の自治体が少なくなかった。その区は指定園制度ではなかったが，区全体での障がい児加配保育者の人数は一定数に限られていた。その範囲内で障がい児の入園が許可されていた。

いる既存の保育の専門性とは，別種の専門性が必要だというのが，かなり共通した認識であった。

その時代は，乳幼児の発達に関する研究が大きく進歩した時代であった。同時に，障がいに関する研究もさかんに行われ，その成果が，関連書物の形で出版されるなどして，保育現場に次々と導入されてきた。また，障がいと発達に関する研修がさかんに行われるようになっていた。少なからぬ保育者は，それらの機会で学ぶ経験を通して，自分たちも障がい児を受け入れて保育することができる，そういう希望をもつようになっていった時代であった。

今，振り返ってみると，当時，保育現場は，次々に明らかになっていく発達や障がいに関する最新の研究成果や知識を学習したいという意欲に満ちていたように思う。保育者だけでなく，乳幼児健診を担う保健師や，療育機関の専門職などが一緒になって，障がいや発達に関する学習会の場で，最新の発達理論をともに学んだり，事例を検討したりしていた。同時に，そういう知見を学ぶことで新たな保育を創り出すことができるという昂揚感を関係者が共有して熱気にあふれていた。どんな重い障がいがあっても発達していくことの確かな手ごたえ，それを確認させてくれる理論的な知見などに支えられて，各地で素晴らしい保育が創られ，交流されるようになった。

その新たな保育は，「障がい児保育」という名称で呼ばれていた。その保育における基本的な方向性は，障がい児の障がいを軽減し，発達を促進する，そういうことに重点を置いたものであった。専門機関の助言などを受けながら，「運動」「言語」「生活習慣」などの各領域ごとに，子どもの発達と障がいの状態を的確に把握し，そのうえで，子どもの「発達のすじみち」に即して適切に働きかけることを，保育者は研究しながら実践した。クラスの中に障がい児がいれば，当然，そこでは，友だち関係が生まれ，お互いに影響しあっていた。また，お互いのかかわりが豊かになるような様々な工夫や配慮も実践された。しかし，そういう集団保育の場ではあったが，あくまで，その障がい児が個としてどう育ったかという視点を中心にして実践が検討されていた。たとえば，「1歳半の節を超える」「三項関係を形成する」というようなことが，実践の目

標や成果として確認され，多くの保育者が，そういう新たな「専門的な」視点を共有していった。これらの言葉は，障がい児保育の時代を象徴している。そして，この時代に保育現場に定着した，子どもの発達を科学的にとらえる視点と力量は，今日に至っても，障がい児理解のためのもっとも重要な基礎となっている。

一部では，保育園が療育機関のような個別訓練の場になっていることを問題視されることがあったが，発達という視点をもつことで，保育者は，子どもを集団の一人として見るだけでなく，一人ひとりが，どういう思いをもち，どこに躓いていて，どこへ育とうと願っているかを丁寧に把握しようとし，実際にできるようになった意義は大きかった。子ども一人ひとりを大切にするという，いわば，保育・教育という営みの原点が，発達という科学を導入することで，きめ細かく実現できるようになった。それは，障がい児保育にとどまらず，保育一般において実践をとらえる視点に大きな影響を与えることになった。

この時代に，障がい児保育の場で生まれ発展した，個の発達と障がいについて的確に把握するという思想と実践は，今日に至っても保育実践の基本的原則として忘れてはならないものである。そのような共通理解とそのための思想と知識の基盤が保育現場で構築された時代であった。

2 統合保育の時代

（1）「共生」を実現する難しさ

障がい児保育は，全国に徐々に広がり，1980年代以降，しだいに「統合保育」という呼称で，そのあるべき保育の姿が語られるようになった。そのとき，障がい児を個として見るだけでなく，所属する集団との関係で見るという視点が徐々に共有されるようになった。当時，統合という言葉に思いを込めた少なからぬ関係者は，健常児も障がいのある子どもも，保育という場で共生するという理念を実現したいと考えていた。今日まで，数え切れない豊かな統合保育実践が創造されてきた。その中には，障がい児がたんに，集団保育の場にともに

第Ⅲ部　インクルーシブ保育時代の実践と研究のあり方

居るだけでなく，その子どもらしさと気持ちが尊重され，クラスの仲間との豊かなかかわりがもてるような活動が創造され，そのメンバーとして正当に位置づき，その子なりの発達が着実に実現され，自己肯定感を感じることができるような状態で卒園を迎えたという意味で，実質的に共生が実現されたとみなしうる保育実践があった。それらの保育実践の歴史は，貴重な財産であり，それを継承し発展することが求められているが，一方で，少なからぬ統合保育実践は，そのような共生を実現するまでに至らなかった。

　たしかに，誰にとっても，「共生」は理想である。しかし，それを実践において実現するまでには，多くの課題があった。統合保育という呼称で，支援児の保育実践が語られた時代には，多くの保育現場では，健常児集団での保育をまず構想し，一方で，少数（通常は一人ないしは二人）の支援児の特徴を考慮して，特別な配慮をしながら，支援児ができるだけ保育に参加することを目指して実践が展開されていた。言い換えれば，多かれ少なかれ，ほとんどの実践は，健常児集団の保育（活動）を前提にして，障がい児の発達や障がいの特徴に応じて，保育を工夫したり，特別な配慮を付加したりして，健常児集団の活動に障がい児を導き入れようとした。このような実践の定式は，原理的には，一人ひとりの多様性を尊重する共生とは似て非なるものである。

（2）同化的排除が生じる

　それゆえ，統合保育実践では，しばしば，形式的に障がい児が健常児集団の場にともにいるだけで，障がい児は，放置されたり，不本意な活動を強制されているという問題が生じると指摘されてきた。このような状態では，たしかに，分離というわかりやすい排除は行われていないが，一種の同化的排除が生じていたのである。

　このような同化的排除などの問題は，じつは，障がい児に関してだけ生じるわけではない。保育者が，子ども集団において，一定水準以上の密接な関係をつくる保育実践を創ろうとするとき，しばしば，その主要な集団の活動から，特定の子どもを排除しようとする力学が働き，特定の子どもは，放置されたり，

第7章　インクルーシブ保育時代までの歴史とインクルーシブ保育の実践上の課題

不本意に強制される事態が生じることになる。

　たとえば，日常保育においては，保育者は，一人ひとりの気持ちをくみ取りながら，どの子どもも楽しく参加できる状態，共生と言ってよい状態をつくっているのに，運動会や発表会という行事になると，保育者の意思の外部から，集団的な活動水準を評価する観点が導入される。その結果，集団としての形をつくろうとして，支援児だけでなく，ほんの少しの差異をもっている子どもまでもが排除されてしまうということは珍しくない。

　統合保育という言葉が使用され始めた時代においては，配慮が必要な特定の子どもとして，医学的な診断をもつ障がい児が注目されたが，しだいに，「気になる子」，被虐待児，外国籍の子ども等に，その範囲は広がり，発達障がい児への注目とともに，その数は，数倍程度に増加した。また，あまり注目されないが，原理的には，知的に高く特別な能力をもっているギフティッドな子どもも同様な事態におかれやすいことになる。

　たとえば，ギフティッドな子どもが，お集り場面で，保育者のくりかえしの説明や，聞きなれた絵本の読み聞かせに退屈している場面を見かける。しばらくは我慢しているが，そのうち，退屈さに耐えられなくなり，落ち着かなくなり，席から立ち歩いたり，他の子どもへちょっかいをかけたりするという姿を示す。一見，わがままとみなされやすい行動であるが，その子どもにしてみれば，自分の気持ちに正直に行動しているだけなのである。これは，彼らの多様性・個別性が尊重されることなく保育が行われて，彼らの権利が尊重されないという意味で同化的排除を受けている一例である。

（3）個としての支援児に焦点を当てる実践報告

　さて，その時代の実践報告を振り返ってみると，依然として，保育経過とともに，支援児が個として，どう発達し障がいが軽減されているかが，まず，記述されていた（もちろん，その関連で，保護者の状態や専門機関との関係なども記述されていた）。併せて，支援児と保育者の関係とその変化（たとえば，支援児が保育者に愛着や信頼関係をもつようになる過程など）に焦点が当てられた。健常児

第Ⅲ部　インクルーシブ保育時代の実践と研究のあり方

については，支援児とかかわりの多い少数の子どもと支援児との関係が描かれることがあるにしても，しばしば「みんな」と呼ばれて，集団としてひとくくりにされることが多かった。もちろん，同じ場所にいることで障がい児が，様々な刺激を感じて活動意欲が増して，生き生きとした表情・姿を見せたり，健常児が個としても集団としても，支援児とかかわる中で，思いやりのある姿を見せるなどの感動的な実践が多く生み出されたのは，重要な事実である。その実践の成果と意義を軽視してはならないのはもちろんである。

　とはいえ，支援児の状態とその変化に焦点を当てて実践が語られることが多く，クラスの他の子どもに注目して保育実践が検討されることはきわめて少なかった（本書の，第3章は，むしろ，健常児のそれぞれの変化や，集団的活動を中心に描いているという意味で，統合保育的実践記述とは一線を画する）。

3　インクルーシブ保育の時代
——多様性を前提として価値とする保育を創造する

　統合保育という言葉はしだいに保育現場に広く浸透していった。そのとき，暗黙のうちに二つのことが前提とされて，それについて深く検討されたり，再考されることはなかった。[2]一つは，統合は，空間的な分離の対概念として理解されたことである。それは自動的に，場所的な意味において，「支援児が健常児集団と分離されるのではなく，場をともにすること」と考えることにつなが

（2）　この点に関連して，当時の代表的な論者の一人である，茂木俊彦は，統合とは，ノーマライゼーションを実現する方法の一つであり，それにはいくつかのレベル「第1：位置的，場の統合，第2：社会的統合，第3：機能的統合・完全統合」があるとして，当時の統合保育実践が，実際には，第1の段階の統合にとどまっていること，また，第3の段階である，完全統合を性急に実現することを目指すことは，種々の問題（たとえば，障がい児の発達を保障する実践とはならない，専門機関を軽視することや，運動によって獲得された諸制度などの否定につながりかねないなど）があり，同時に，時間をかけて取り組むべき課題が多くあるので，統合保育と呼ぶことには慎重であった。このため「障害児をふくんだ保育」と呼称しようとしたことがある（茂木，1997）。

った。もう一つは，支援児のことは丁寧に配慮したのだが，統合保育の「保育」実践とはどうあるべきかについての深い議論はないままに，それまでの健常児集団への保育実践の形を所与の前提とし，その延長線上に保育しようとしたのである。支援児の様子によって，保育に工夫することはあるにしても，健常児集団を前提とした保育とは異なる保育を創造することまでは考えなかった。

　当初，この2点について，保育実践の関係者は，ほとんど，自覚的に疑問をもたなかった。というのは，80年代ごろまでの保育園では，100人程度の園児の規模で，特別支援の対象とみなされる子どもは，せいぜい1人か2人であり，大多数の健常児の中に，ごく少数の支援児を統合するという考え方を問い直さざるをえない切迫した事情はなかったからである。

　ところが，近年では，20人程度のクラスに，数人の支援対象児がいるという光景が珍しくなくなった。このような状況では，多数の健常児と，少数の支援対象児という，統合保育時代の前提が成立しなくなってきた。つまり，健常児集団の保育を前提として，支援児に加配保育者がつくなどして，特別な配慮を付加するようなことでは，保育が立ち行かなくなってきたのである。

　たとえば，次の図7-1で考えてみよう。これは，ある研修会の場に参加した保育者が，自分のクラスの苦しい状況を図示したものである。

　20数人のクラスに，担任はじめ，加配の保育者をふくめて3人の保育者がいる。統合保育時代のように，基本的に，健常児集団を前提として，子どもたちに同じ活動を提供して保育を進めようとしている。その中で，とくに行動上問題が大きいために対応が必要な支援児には，加配保育者が，クラスの活動とは少し距離を置いて，1対1で見ている。その他の2人の支援児と，2人の「ボーダー児」の計4人の対応に，2人の保育者は，四苦八苦しながら言い聞かせたり，行動をコントロールしようとしている様子が，2人の保育者から伸びた何本もの長い手で表現されている。

　一方で，そのために，行動問題が目立たない子どもたちは，保育者から適切に保育されないで，放置されているような状態になっている。ほんの小さな丸や，女の子グループと描かれているのは，彼らが楽しくなる活動が提供されて

第Ⅲ部　インクルーシブ保育時代の実践と研究のあり方

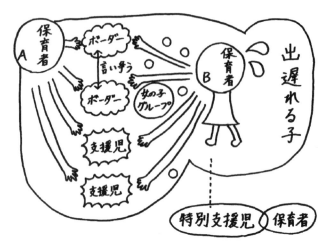

図7-1　統合保育時代の発想で保育をして行き詰まり混乱している状態

いないことや，保育者が彼らに，丁寧に気持ちを向ける余裕がない状態を表している。また，何人かの子どもは，保育者が提供する活動に，「出遅れる」と感じている（この中にも，支援が必要だと感じる子どもがいる）。

　この図7-1を描いた保育者は，現在の保育が，このままでよいとは考えていないことがよく理解できる。同時に，このままでは，行き詰まってしまうということもよくわかる。さらには，この保育者は，この保育の状態を楽しいと感じることはできないだろうことも推測できる。同様な状態の中にいる保育者は，毎日，支援児たちのトラブルへの対応などに肉体的にも精神的にも疲弊して，朝，出勤するのがつらいとか，辞職することまで考えるような状況に追い詰められることがある。

　これは，今日，広く保育現場で見られるようになっている状態の一例にすぎない。筆者の経験では，全国各地で，「クラスの半数は支援児であるために，どう対応していいのかわからなくなっている」と保育者が語ることが珍しくなくなってきている。

　そのような状況において，保育者が楽しいと感じる保育をどのように構想できるのかが，インクルーシブ保育の実践上の課題である。統合保育時代に前提

第7章　インクルーシブ保育時代までの歴史とインクルーシブ保育の実践上の課題

としていた，子どもたちの同質性を当然とすることや，健常児集団への保育に
特別な配慮をするという実践では，この状況は改善できない。そのような前提
を，根本から問い直し，子ども一人ひとりの多様性がいきる保育を創造すると
いう課題に正面から取り組むことが，インクルーシブ保育時代の実践課題であ
る。

4　インクルーシブ保育の共通理解に向けて[(3)]

さて，今日に至っても，インクルーシブ保育を明確に定義することは困難で
あることは関係者の共通の見解であるが，統合保育についての，以上の二つの
暗黙の前提を問い直す契機として定義を考えることが，新たな時代の保育のあ
り方を構築することにつながると考える。

インクルージョンの邦訳には包摂，包含，包容などの語が当てられ，いずれ
も定着していない[(4)]が，対概念であるエクスクルージョンの邦訳は排除であり，
これは明確である。

これまでに述べたように，排除を，空間的な分離ととらえることは，不適切
で不十分である。むしろ，第一義的には，人権が制限されて活動への参加機会
が剝奪されている状態を意味すると考えるべきである。保育場面において子ど
もが排除されるとは，子どもの重要な人権，つまり，意見表明権，発達権，学
習権などが十分に尊重されずに，保育の主要な活動に参加できない状態と規定
されるべきである。

さらに保育場面の特徴を考慮すれば，排除とは，活動をともにする，保育者
や他の子どもと関係を取り結ぶこと（つながること）から締めだされている状

（3）　本節の内容は浜谷（2014）の内容の一部を，改変して転載したものである。
（4）　従来，インクルージョンは，「包摂」と訳されることが多かったが，障害者権利条約の邦
　　　訳（政府訳）では，Article 3　General principles（c）Full and effective participation
　　　and inclusion in society という文言は，「社会への完全かつ効果的な参加及び包容」と訳
　　　され，「包容」が採用されている。

第Ⅲ部　インクルーシブ保育時代の実践と研究のあり方

表7-1　保育における子どもの参加・排除と統合・分離状態

	統合 (integration) すべての子どもが空間的に近接し、場を共有して生活している。			分離 (segregation) 特定の子どもと多くの子どもが別の場でも生活して生活している。
インクルージョン (inclusion) どの子どもも人権が尊重されている。子どもは主要な活動においても、子ども・保育者間でも、つながっている。どの子どもも、主要な活動に参加している。子どもそれぞれの多様性・複数性が前提とされた協働が創られている。メンバー一間において対等な対話が成立している。	A インクルーシブ保育（統合・参加型）(participation) A1 協調・共同 (cooperation) 子どもそれぞれの違いが尊重されて、お互いに対等に対話し、共有する目的に向かって共同的に活動している。	A2 共生 (participation) 共生 (symbiosis) どの子どもたちもそれぞれの違いが尊重されて、相互に関与（ときに依存）しながら、対等に対話し、肯定的な影響を与えつつで活動している。	自立共生 or 共愉 (conviviality) * どの子どもも自立して創造的に交わって対話・活動している。	B インクルーシブ保育（分離・参加型）(participative coexistence) 少数派の子どもは多数派の子どもとは、別の場で活動することを選択し、それぞれに意欲的に活動している。お互いに関心をもって同時に、お互いの活動に肯定的な影響を与える。
排除 (exclusion) 人権が尊重されないいずれかが存在する。主要な活動において、子どもや保育者とのつながりを断たれているような子どもがいる。主要な活動に参加できないような少数派の子どもがいる。子ども集団は、多数派と少数派に分かれていて、多数派の子どもを前提とした活動が多い。メンバー一間に、優位・劣位の関係があり、支配・服従的なコミュニケーションがある。	C 統合保育（ダンピング型）(dumping) C1 適応・同化 (adaptation) 少数派の子どもは、多数派の子どもの活動と同様な活動を強制させられる。一部のメンバーが他のメンバーに対して支配的な関係にある。	C2 放置・放任 (neglect) 少数派の子どもの活動は多数派の子どもから関心をもたれない。	C3 差別 (discrimination) 少数派の子どもの活動は、多くの子どもから否定的に評価される。	D 分離保育（隔離・孤立・隠れい型）(isolation) 少数派の子どもは、多数派の子どもとは別の場で活動している。お互いに無関心である。ときには、意図せずに、お互いの活動が相互に害を及ぼす。しばしば、多数派の子どもが優位で、少数派の子どもが劣位の非対称的な関係になる。

* イリイチ（1989）は、conviviality（コンヴィヴィアリティ・自立共生あるいは共愉）について、「各人のあいだの自立的で創造的な交わりと、各人の環境との同様の交わりを意味させ、他人と人工的環境によって強いられた需要への各人の条件反射づけられた反応とは対照的な意味をもたせ、人間的な相互依存のうちに実現された個的な自由である」、としている。かかる社会においては、コンヴィヴィアリティが一定の水準以下に落ち込むにつれ、産業主義的な生産性はどんなに増大したとしても、自身が社会成員間に産み出す欲求を有効に満たすことができできなくなる」と言う。また、コンヴィヴィアルな社会について「他者から操作されることの最も少ない道具によって、すべての成員に最大限に自立的かつ創造的に構想されるべきだ。道具が一定の水準をこえて成長すると、統制・依存・収奪・不能が増大するに従って、その言説は、保育現場のような子どもなどもたちの自立や依存といった」ー人ー人のコンヴィヴィアリティの、子どもと環境との創造的な交わりが活発な状態」で、遊びや生活といった道具で、子どもは創造的なコンヴィヴィアリティになるが、一定の度を過ぎたり、集団的なパフォーマンスが高くなることで、子どもたちは、依存したり束縛したりするということとを含意することを考えられて興味深い。

（出所）浜谷（2014）

214

態と規定するべきである。つながりの遮断は，部分的には参加が制限されることと重なるが，理論的には区別されるべきであろう。それに対して，インクルージョンでは，つながる双方が，支配・服従のような非対称の上下関係ではなく，相互的で対等な対話可能な関係でなければならない。

　もう一つ重要なことは，保育における子ども集団を，多数派（しばしば健常児集団とする）と少数派（支援児）とに大別し，多数派のための保育を少数派に強制する保育とは異なる構造としての集団と保育が想定されなければならないという点である。言い換えれば，子ども一人ひとりの違い，多様性・複数性を前提として保育が創造されることがインクルーシブ保育の特徴でなければならない。

　このような観点から保育の状態を整理したのが表7-1である。

5　インクルーシブ保育実践の現状と課題

　第1章から第5章までに，具体的で詳細な保育実践を取り上げてきた。また，表7-1は，インクルーシブ保育とは，何であるか，また，何であってはいけないか，ということについて保育関係者が議論できる土俵をつくることをめざして作成した試行的な枠組みである。これまでの実践の特徴を，表7-1を参照しながら整理して，インクルーシブ保育とは何であるかについて迫ってみたい。

（1）インクルーシブ保育──統合・参加型と分離・参加型
　表7-1は，インクルーシブ保育には，二つの状態があることを含意している。一つは，クラスの子どもたちが全員，活動の場を共有したり，その場に近接したりしている状態（統合状態）であり，かつ，成員相互に対等な対話があり，全員が活動に参加している状態である。これを，統合・参加型のインクルーシブ保育と呼ぶことにする。もう一つは，特定の少数の子ども（本書では，支援児を主に想定していた）が，多数の子どもとは異なる空間にいる（分離状態）が，クラスの仲間として，お互いに肯定的な影響を与えている状態である。これを，

第Ⅲ部　インクルーシブ保育時代の実践と研究のあり方

分離・参加型のインクルーシブ保育と呼びたい。

　統合・参加型をインクルーシブ保育と考えることには異論がないだろう。しかし，分離している状態をインクルーシブ保育と呼ぶことについては，異論がありうる。こういう枠組みで考えるべきだとする理由は，統合を優先しようとすると，実際には，しばしば，表7-1における，統合・排除の状態になってしまい，特定の少数の子どもが，活動から疎外され，劣位の立場に置かれた状態になるからである。このため，性急に統合を優先するのではなく，分離していてもインクルーシブ保育とみなしうる状態があるということを担保したい。

　そのわかりやすい例は，第6章で紹介した，マキ先生の支援児一人だけの劇の実践である。4歳児クラスのみんなは，『かにむかし』の劇に取り組んだが，Sちゃん一人だけ加配保育者と『あしたえんそく！らんらんらん』の劇をすることになった。これは，統合ではなく分離とみなしうる状態だったが，結果的に，Sちゃんは，クラス全体の子どもたちと相互に肯定的な影響を与え，仲間関係が深まることになった。それだけでなく，職員・保護者も深い喜びと満足感を経験している。この状態を，Sちゃんが排除されていたとみなすことは妥当ではなく，参加していたと考えるべきであろう。

　第5章で，ごっこ遊びにおける参加について論じた。ごっこ遊びが発展していく経過においては，複数の小グループや，一人だけで遊んでいる子どもがいる状態がある。そのとき，その異なるグループの子どもたちが，相互に意識しながら，お互いの発想を取り入れたりしながら遊びを発展させ，しだいに，合流していくことになる。その経過的な状態を見るならば，別々のグループの子どもたちは，分離状態であるとしても，参加している状態と考えるべきだろう。

　一方，表7-1の統合・排除の状態にあるとき，たとえば，支援児がクラス活動の場にいるが活動に参加できない状態があるときに，このまま放置することはよくないと考えて，支援児だけ，別の空間に移動して，加配保育者などと支援児が関心をもって取り組む活動を保障しようとすることがある。担任保育者は，支援児の様子をときどき，クラスの子どもたちに紹介したりしながら，分離していても，クラスの子どもも支援児も，お互いに関心をもち肯定的な影響

216

を与えているように保育され，しだいに，たとえば，支援児の活動にクラスの子どもが関心をもって一緒に活動するというように展開することがある。このような場合も，その過渡的な状態として，分離してはいるがインクルーシブ保育であると考えることが妥当なことがありうる。

　しかし，支援児の活動に対して，クラスの子どもが無関心であったり，さらには，それを足手まといと感じて邪魔だとする態度をとるなど，お互いに負の影響があったり，相互にまったく無関係・無関心である場合は，支援児は排除されていると考えるべきであろう。また，クラスの活動に参加できるように，支援児にソーシャルスキルなどを指導するために分離することは珍しくない。この場合も，たいていの場合は，クラスの子どもたちと支援児の関係が遮断され，相互に負の影響を与えることが多いので，支援児は排除されていると考えるべきだろう。これらの場合では，しばしば，表7-1の，分離保育（隔離・孤立・隠ぺい型）の状態になりやすいのである。

　第２章の実践では，集団の遊びに乗ることができない一部の支援が必要な子どもたちに対して，別に小集団でゆっくり好きな活動を保障していた。その後，グループ替えのとき，その小集団と一緒になった子どもが，『えっ，なんで僕が一緒のグループなの？』と驚いたことに，保育者がショックを受けている。保育者はお互いにとってよいことだと考えて，別の場で丁寧な発達の保障をしてきたつもりだが，子どもの間に壁があることが，それによって可視化していた。これも，保育者の思いとは別に，子どもたちの間に排除関係が生じていた例であり，保育現場でしばしば見かける光景である。

（２）排除とはどういう状態か

　さて，既述したように，クラスの中に支援児が多数いる状況になり，統合保育の発想では保育が立ち行かないという点で，第２章の実践（以下，ファンタジー実践）も，第３章の実践（以下，対話実践）も共通する。

ファンタジー実践の場合

　ファンタジー実践では，４歳児の最初の状況は「クラス全体が落ち着かず，

第Ⅲ部　インクルーシブ保育時代の実践と研究のあり方

トラブル対応と注意に明け暮れる毎日だった」と記述され，対話実践では，5歳児の初期の状況は，一部の子どもが閉鎖的で固定的な仲間関係を作り，その他の子どもを見下したり無視したりして排除し，仲間の中でも支配・服従関係があり，対話が欠如しているという状態であった。

　ファンタジー実践では，担任の一人は3歳児クラスまでは困難を感じていないが，4歳児になって7人の「やんちゃグループ」がトラブルを頻発して，それがクラス全体に波及して，集団全体として騒がしくなり，その対応に追われるようになっている。一般的に，3歳児までは，子どもたちは，楽しそうなことに無邪気にとびついて遊ぶが，4歳児になると慎重になったり怖気づいたり，保育者を試すようなことがでてきて，クラス運営が難しいと感じる保育者は珍しくない。実際，担任の一人は，4歳児の保育への苦手意識があった。そういう背景があると，ちょっとしたふざけやイザコザが収束しないまま混乱状態が続くことがある。

　そこで，ファンタジーのある活動を導入して，子どもたちにつながりをつくろうとしている。つまり，子どもたちが関心をもつ活動がないので，それぞれが，すぐに，バラバラになっていると考えて，魅力的な活動を導入しようと考えた。自然な発想であろう。

　そうすると，やんちゃグループの子どもたちを中心にして，ファンタジー遊びに意欲的に参加して楽しむ子どもが生まれる。一方で，支援児を含む子どもたちは，「いつも集まりの外側に近いところで，陸翔や花蓮が大騒ぎするのを眺めていただけで，そこには興奮の渦が広がっていなかった」「しばらくすると，一人，また一人とお絵かきやままごとに戻っていってしまう」という状況になり，担任は，「大人が話の筋（物語）を創ってしまって，それに乗っかることができる子どもばかりが活動を楽しんでいた」のであり，子ども一人ひとりの気持ちから立ち上がっている活動ではないのではないかと反省する。つまり，大人主導で活動を創ることで，置いてきぼり状態になる子どもが生まれる。このように大人主導で活動を導入することで，結果的に，表7-1の，統合だが排除の状態とみなしうる状況が出現している。ファンタジー実践は，この排除の状

218

態を出発点として，統合・参加型のインクルーシブ保育を目指すことになる。

対話実践の場合

　対話実践では，4歳児クラスのときに，リュウジ君という何でもよくできる子どもが活動を創り出し，そこに，何人かの子どもが集まり，固定的で排除的な集団が形成されたと考えられる。4歳児クラスにおいて，そういう（面白い遊びを生み出す）ボス的な子どもを中心としたグループができることは珍しくない。5歳児の最初の時点で，子ども主導の活動がつくられていたが，それが排除の構造（できる子グループが，一部の子どもに対して無関心だったり，からかったり，無視する）をもっていた。それは，表7-1で言えば，分離保育と呼びうるような状態であった。それだけでなく，リュウジ君の「サッカーやろうぜ！」の呼びかけに，いつものメンバーがリュウジ君のもとに集まるが，すぐに，リュウジ君は「やっぱやめーた」と言い，リュウジ君についていくと，今度はドロケイをやろうと言い出し始めるが，リュウジ君がつかまりそうになると「作戦タイム！」と言ってゲームを中断しても誰も文句は言わない。このように，できる子グループ内でも，言いたいことが言えない支配服従関係が固定していた。担任が，この状態を問題だと考えたのは自然なことであろう。

　この実践は，1年間で，統合・参加型のインクルーシブ保育に近づいた。そのポイントは，担任の「このクラスをまとめようと思っていませんでした。一人ひとりの子どもをつないでいっただけです」という語りにあるように，最初から，クラス全体の状態をつくろうとは考えずに，局所的に楽しく活動できる対話的な小さな関係をつくっていったことの積み重ねであった。このように局所の活動と楽しさと対話が，徐々にクラス全体に広がるとともに，インクルーシブ保育に近づいていくという展開は，第1章で紹介したブラックスワン実践や運動会の竹馬実践と共通する。

（3）共生のいくつかの形態

様々に異なる子どもたちがともに生きる時代

　さて，本書の主要な目的は，表7-1における，統合・参加型のインクルーシ

第Ⅲ部　インクルーシブ保育時代の実践と研究のあり方

ブ保育とは，どういうものであり，そこに至る実践とはどういうものであるか
を，試論的ではあるが，実践的・理論的に提示することである。

　表7-1では，その状態を，2種類の共生状態と協調・共同状態に3分類して
いる。表7-1には，それぞれの簡単な説明を入れたが，多くの人が納得できる
記述までには至っていない。このような枠組が，より精緻で共有可能な説明へ
と発展するうえで，本書がささやかな契機になればと願う。

　さて，共生論は，社会的正義と公正をどう実現するかを構想するときに避け
て通ることのできないテーマであろう。一つの時代の限られた地域において，
比較的同質な人々がともに生きるときには，大きな葛藤はないが，価値観など
が異質な他者がともに生きるとき，様々な摩擦を生じることになる。本書では，
保育の歴史を，多数の同質的健常児と少数の異質な他者（支援児）がともに生
きることを課題とした統合保育の時代から，現在は，種々に異なる子どもたち
がともに生きることが課題となったインクルーシブ保育の時代を迎えていると
とらえたうえで，この時代において，子どもたちが保育の場で「ともに生き
る」こととはどういうことであるかを描くことを課題としている。

　共生論に関する膨大な議論を踏まえることは筆者の手に余るが，本書では，
なによりも，保育場面における子どもたちの状態を説明・解釈することに即し
た論を構成したいので，以下では，具体的な保育場面のエピソードを材料に論
じていくことにする。

共生（symbiosis）とは

　周知のように，共生には，symbiosis と conviviality という二つの言葉に由来
する異なる意味がある。

　共生（symbiosis）の意味は，生物における共棲状態を考えるとわかりやすい。
すなわち，双方が一ところに生きながら，お互いに利益を得ている相互依存の
状態である。子ども同士が，お互いに依存しながら，元気になったりしている
姿は，よく見られることであり，一種の共生状態と考えることができるのでは
ないか。具体的エピソードを見てみよう。

　カンファレンス実践（第4章）（7月5日）：保育者がユキオ君を抱っこして優

しくプールに入れようとしても嫌がって諦めていたときに，ライト君が「ユキオ君，ほら，おいで」と手を差し伸べたら，ユキオ君は大人から離れて，ライト君の手をとってプールに入った。保育者は，このことに驚いているのだが，ライト君の存在とやさしさが，ユキオ君が一歩を踏み出す勇気を支えている。

　おそらく，ライト君の存在は，このときの，このユキオ君を支えたのだが，他の誰かを同じように支えることができるわけではない。だから，ライト君は，一般的に誰に対しても優しい存在なのではない。

　これを，二人の「共生」関係とみなすならば，それは，その1か月前から一緒に食事をするようになったことなどで生まれ，その後，「あれからずっと，ライト君のことばっかり話しています」というユキオ君の母親の言葉にあるようにこの関係は続くのだが，ライト君が，休まず登園するようになると，この共生関係は消滅していく。

　もう一例あげよう。おっとりとして，穏やかな虫探しグループの子どもたちが集まって，ユキオ君の圧力から解放されて，お互いを支え合っている様子について保育者が，話し合っている場面である。「ハルト君がリードできるようになったことは，すごいですよね。この子たちは，遊ぶときは対等な感じなので，やっぱりそこが心地いいんでしょうね。」このような心地よい共生状態は，カンファレンス実践には随所に出てくる。

　第1章の運動会のリレーでは，一人で走ることが不安だったのが，友だちの一言が支えとなって一歩を踏み出し，友だちが自分の揺れる心を理解していることがわかって，一人で走ることができるようになっている。

　子どもたちが，クラスの中で，怖気づいたりしながらも，本当はやってみたいことに挑戦したり，考えていることを思い切って言ったりするというような意味において，自分らしさを表現したり，持ち味を出すときに，特定の子どもや，仲間が支えになっていることがある。保育における，共生（symbiosis）は，暫定的に，そのようなものとして考えてみてはどうだろうか。

自立共生（conviviality）とは

　もう一つの共生（conviviality）は，もともとは，宴を楽しんでいる，人々で

第Ⅲ部　インクルーシブ保育時代の実践と研究のあり方

賑わっている，というような状態を意味する。そういう場面では，異質な他者が，お互いの価値観の違いはあるとしても，そのときは棚上げして，一定の作法を守りながら，無用な葛藤を避けて楽しく過ごす状態である。食事やおやつの場面において，楽しく会話している姿がそれに相当するだろう。一方，表7-1では，イリイチ（1989）が，産業化とともに人間が，自らのことを専門家にゆだねた（健康を医療に，教育を学校にゆだねるなどした）結果，強いられた条件反射的な行動が形成されたとして，自立的で創造的な人間を回復する，そのありようとして，conviviality（自立共生 or 共愉）という言葉を使っているが，その含意を借りている。

　対話実践（第3章）において，ユタカ君は，できる子グループの一員として，リュウジ君の判断にゆだねて，自分で考えることを抑制して，いわば，条件反射的に従っていた。それが，オタマジャクシの世話という活動場面では，誰に強いられたわけでもなく，自分なりに考え，オタマジャクシについて調べたりして必死に育てる。飼育仲間が生まれ，それぞれに，自立しながら，響き合うようにして愉しい関係が生まれている。あるいは，第1章の運動会の竹馬実践でも，同様に，仲間が生まれ，様々な竹馬の技を工夫して楽しむという，自立的で創造的な活動が展開している。たしかに，子どもたちが，それぞれに，自分なりに考えたり調べたり工夫したりして，一つのことにかかわっている姿を保育場面でみることができる。conviviality を，そのようなものとして考えてみてはどうだろうか。

　イリイチ（1989）は，活動の効率性が一定水準を超えたときに，自立的で創造的な姿が失われ，強いられた条件反射的な行動が生じると指摘する。保育場面では，行事などで，保育者が設定した完成水準を短い期間の練習で達成しようとするときなどに，子どもから自立性と創造性が失われてしまうことは，思い当たることであろう。もちろん，子どもの能力などに差があるので，一部の子どもが，先に，自立性と創造性を失う。運動会・発表会の達成水準を確保しようとしたときに，一部の子どもが，ただ，ついていくだけになったり，練習に参加できなくなったりする。対話実践（第3章）では，そのようなことは，

保育者が主導する活動において生じるだけでなく，子ども集団内の力学においても生じることを指摘している。そのうえでその状態から，子どもたちが対等に自立した関係になっていく過程を描いている。イリイチ流の自立共生とは，一人ひとりの子どもが，自分なりに判断しながら（しだいに，ユタカ君が，リュウジ君のことを気にせず，自分が入りたいグループを選べるようになったように）活動に参加している状態である。保育者が主導した場合でも，子ども集団の力学が働いた場合でも，集団的パフォーマンスや規律を優先して，一定以上の達成水準や同質性を求めれば，排除が生じてしまう。

協調・共同（cooperation）とは

　表7-1の統合・参加型のインクルーシブ保育状態には，もう一つの状態，協調・共同状態を設定している。一定の集団活動に，一人ひとりの子どもが，継続的に参加して，共有された目標の実現に向けて，お互いの思いを尊重しながら，力を合わせている協調的で共同的な状態である。本書で，インクルーシブ保育実践例として紹介した，それぞれの実践は，十分にそういう状態が実現できたかと言えば，様々な評価があり得るだろうが，一定程度，実現できている実践であると考えることはできる。

　支援児を含むクラスの担任になったとき，たいていの場合は，日常的な自由遊びや設定保育においても，運動会や発表会などの行事においても，子どもたちが相互理解しながら協調的に共同して，何かを創り上げたり，成し遂げたりする姿を目標としてイメージするのではないだろうか。これは少なくない保育者にとっては，無意識のうちに抱いてしまう暗黙の保育観とでもいうべきものである。本書で取り上げた実践を見てみると，最初から，多数の子どもたちの集団や，クラス全体で，そういう状態が実現できるわけではないこと，また，そうしようとした場合，一部の子どもが排除されるのは避けられないということを示唆している。

　ファンタジー実践（第2章）では，クラスにまとまりをつくろうとして，ファンタジーを導入するが，その経過の中で，支援児など，活動に乗り切れない子どもたちがいることに気づき，保育者の主導で活動がつくられたのではない

かと，実践をとらえ直して，子どもたちの自然な発想や気づきを丁寧に拾い上げて，あらためて活動を創り上げていっている。対話実践（第3章）のアキ先生は，「どうやってクラスをまとめたのか？」と質問されたときに，自分は，まとめようとしたことはなく，一人ひとりのつながりをつくろうとしただけだと答えている。第1章のブラックスワン実践でも，運動会の実践でも，その点は，共通している。

　このことは，子どもたちが協調して共同的な活動を楽しむようになるまでには，時間がかかることを示唆する。4月に担任になって，すぐに，そういう状態が実現できるわけではない。局所の小さな共生状態が，クラスのあちこちに生まれてきて，それを大切に育てる経過の中で，たまたま，どれかの共生状態から魅力的な活動が発展して，そこに，他の子どもたちが引き付けられ，しだいに，大きな集団活動へと発展する。時間をかけて，子どもたちの気持ちを大事にしながら創り上げる，運動会や発表会の練習風景の中でも，そのような発展過程を見ることができる。

　このようなことを図示化すると，図7-2のようになるだろう。

　子どもたちが自分を大切にして仲間の中で自分を表現し（自立共生），ときには，お互いに支え合っている（共生）状態を基盤にして，随所に，協調・共同的な集団活動が生成し，発展する。そのとき，集団の圧力や，保育者からの無理な強制があると，子どもたちの自分らしさ，自立，創造性が失われて，ダンピング型の統合保育状態に移行する（左の矢印）。インクルーシブ保育とは，そ

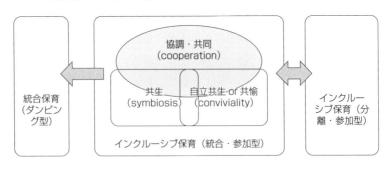

図7-2　インクルーシブ保育における状態間移行

第7章　インクルーシブ保育時代までの歴史とインクルーシブ保育の実践上の課題

ういう排除が生じるという状態と，つねに背中合わせにある。一方，第6章の支援児一人だけの劇をつくった実践は，ある時点で，統合・参加型の状態をつくることは，子どもの自立性・創造性を阻害すると考えて，分離・参加型の状態をつくっている。ただ，そのとき，クラスの子ども同士の関係を失わないようにしているので，時間を経て，統合・参加型の状態に戻ることになる。これが図の右側の両方向の矢印である。

（4）実践を記述する問題

個としての障がい児の状態と変化を記述した時代

　筆者は，統合保育の時代，保育者とともに研修会などの場に準備する実践報告を作成する機会を多数経験してきた。その当時，障がい児の発達（しばしば，言語，社会性，運動，生活習慣などの観点に分けられていた），そのときの保育者の働きかけ，その結果としての障がい児の変化，この三つの関連が見えるように時系列に沿って整理した表を作成し，最後に成果と課題を記載する，そういう形式が一般的であった。社会性の発達の中には，友だちとの関係が記述されたが，あくまで，記述の多くは，個としての障がい児の状態と変化であった。

　このような記述の形式が採用されていた背景には，発達すべきは，あるいは，変化すべきは，障がい児であるという強固な信念があったことは間違いない。周知のとおり，WHOのICFモデルが生まれたのは，障がいの医学的な理解から社会学的な理解への転換という世界的な大きな動きが背景にある。熊谷（2015）は，自らも脳性麻痺の当事者として，子ども時代から研究者になる過程において，社会に受け入れられない自身の身体を矯正すべきものとして，専門家に訓練された経験の不毛性を告白し，この身体を受けいれない社会にこそ問題があると告発する障がい者運動に出会った驚きとともに，そこに集う障がい者の間に，差別と排除が生じるメカニズムがはたらくことをわかりやすく教えてくれる。その全体像は複雑であり，それを可視化することは容易ではない。ただ，熊谷らが取り組む当事者研究が教えてくれることは，我々の障がい理解というものが，今日に至っても圧倒的に不十分であり，真実を隠そうとする各

225

第Ⅲ部　インクルーシブ保育時代の実践と研究のあり方

種の圧力があるということであろう。

子ども・保育者の関係全体を記述する

　統合保育時代の実践の記述の形式は，そのときの，関係する人たちの良心によって生まれたものであるとしても，インクルーシブ保育の時代の記述としては，不十分であるとともに，弊害を生むという意味で有害であるということを自覚するべきだろう。私たちは実践を記述する，新たな形を創造しなければいけない。

　カンファレンス実践（第4章）で，ケース検討会の対象児童は，ユキオ君だったが，関係図を作成しはじめたとき，「まず，クラスの中心的な子どもを真ん中にして描き始めることで，クラス全体の子ども同士のつながりが見えやすい。保育者たちが，クラス関係図の作成にあたって話し合い，試行錯誤しながらたどり着いた一つの描き方」とされ，ユキオ君が描かれるのは，最初ではなく，後からであった。この保育者にとっては，この順番が自然なのであろう。つまり，ユキオ君をなんとかしたい，というような発想であれば，ユキオ君を最初に描くだろうが，それは違うのである。ユキオ君がどんな子どもであるかは，クラスの子どもたちとの関係で立ち上がってくるのであり，ユキオ君を単独で見ていても，ユキオ君を中心にして見ているだけでも，絶対にわからないのである。だから，保育者がもっとも気になり，大切だと思う関係から図に描き入れて話し合う。

　筆者はある保育園の園内研修会に招かれたとき，事前にクラスの子どもの関係図を作成してもらったことがある。研修会の冒頭で，「まず，どこから描きましたか？」と担任に質問した。その後，園長は，「困ったと思う子どもたちから描くか，楽しく活動している子どもたちから描くかで，その後の保育はまったく違いますね」と感想を述べていた。どちらが正しいわけでもないが，楽しく活動しているところから描くということは，保育者がそこを発展させて楽しい保育を創りたいという志向性が優位であるからであろう。困ったと思う子どもたちから描く場合は，その困ったことをなんとか収めたいという志向性が強いからであろう。

226

ケース検討会の途中，ユキオ君の困った行動を取り上げ，その理由はどこにあるだろうと考える場面がある。そのとき，ネガティブな側面に焦点化され，日々のかかわりの中で，「なかなか積みあがらない」という担任の悩みが語られる。このような場面は，統合保育時代の事例研究の場でよく見られた状況であるが，そのとき，その場が重苦しくなり，会話が停滞している。ときに，こういう時間が必要な場面があるかもしれない。しかし，この実践を豊かにしたのは，その後に生じた，保育者が自分の気づきや思いや発想を，枠組みを取り払って，思わず自由闊達に交換したくなる対話的な場であろう。

子どもが育ちを切り開く姿を記述する

さて，統合保育時代の実践記述を支えた，もう一つの信念は，保育者が意図的・計画的に障がい児に働きかけることで，子どもが発達するというものである。周辺状況について触れることがあるにしても，実践は，「保育者→（実践）→子ども」という単純な一方通行の働きであると考える。そういう保育者主導のやり方で子どもを変えることができるし，そう期待されてもいるというドミナントストーリーに支配されて，実践は記述されていたということができる。

保育者が実践によって子どもをよい発達に導くことができるという，パターナリスティックなドミナントストーリーに支配された実践では，排除の状態が生じることを，本書の諸実践はわかりやすく教えてくれる。

大人は，子どもが育ってほしい姿について願いをもつことはできるが，大人の都合のよいように子どもを変えられるものではないし，変えてはいけない。子どもと子ども集団の育ちは，周囲の環境などの様々な影響を受けながら，子どもが切り開いていくものである。本書の実践の記述には，そういう真実を反映して生まれたものが随所に見られる。

このように，本書の実践記述は，統合保育時代の実践記述とは異なる特徴が少なくない。インクルーシブな状況がつくられる様子を描くためには，クラスのほとんどの子どもについて，その重要なエピソードを記述せざるをえない（登場人物が多く，支援児は，そのうちの一人に過ぎない）。何人もの主役と脇役が登場するいくつものドラマが織り込まれた記述になっている。結果として長

文にならざるをえない。「予想外のことが起きる」「偶然がいきる」「子どもに助けられ，子どもの力を借りる」「子どもの発想はすばらしい，子どもの発想を楽しむ」という，統合保育時代の実践記述では，しばしば，注目されることがなかったことや面白いエピソードがあふれる記述になっている。

　もちろん，本書の実践記述は，標準を目指すものでも，典型であろうとするものでもない。今後，これらの実践記述を一つのきっかけとして，さらに豊かな実践記述が，各所から生まれてくることを期待したい。

　付記
　本章の1～3節は，浜谷（2018）の論文をもとに，加筆修正したものである。

〈文　献〉
浜谷直人　2014　インクルーシブ保育と子どもの参加を支援する巡回相談　障害者問題研究，**42**(3)，18-25.

浜谷直人　2018　統合保育からインクルーシブ保育の時代へ　首都大学東京人文科学研究科　人文学報教育学，**53**，1-45.

イリイチ，I.　渡辺京二・渡辺梨佐（訳）1989　コンヴィヴィアリティのための道具　日本エディタースクール出版部

熊谷晋一郎　2015　当事者研究への招待（第1回）生き延びるための研究　臨床心理学，**15**(4)，537-542.

茂木俊彦　1997　統合保育で障害児は育つか──発達保障の実践と制度を考える　大月書店

あ と が き

　インクルーシブ保育は，特別な保育のあり方ではなく，じつは，保育の基本であって，本来保育のあるべき姿である。これは，本書の執筆にあたり，浜谷氏を中心に四人の著者がインクルーシブ保育について語り合う中で確認してきたことだ。本文の中で浜谷氏は，保育には目の前の子どもの姿から出発し，どうしたらいいか子どもから学ぶ姿勢がある（第6章3節）と述べている。子ども一人ひとりの思いや発達する姿を大事にして，かかわりながら子どもをより深く理解し，どの子も生き生きとできる環境を試行錯誤しながら創っていくというのが保育の基本姿勢であろう。三山氏と五十嵐氏の章（第2章，第3章）は，そのような実践を見事に描いている。

　通常の保育現場に障がい児を受け入れる統合保育が制度化され45年ほどが経つ。その中で，試行錯誤しながら，障がい児を含めて子どもがともに育つ感動的ともいえる実践が数多く報告されてきた。一方で，1980年代から，発達障がいに特徴的な行動や独特のモノの見方，人とのかかわり方，感覚などへの関心が高まり，医学，心理，教育，福祉などの幅広い分野で研究が進んできた。保育現場に専門家が入ることも増えてきた。実際，筆者らも，心理・発達の専門性をもつ相談員として，現場にかかわっている。

　その中には，保育についてよく理解していない専門家も多く，自分の専門性の視点から子どもを評価し，専門用語を駆使して説明する状況が広がった。また，そのような研修なども頻繁に開かれるようになった。保育に悩む現場の保育者は，はじめて聞く用語や，自分とは異なる子どものとらえ方に新鮮さを覚え，問題解決への活路を見出そうとした。特別な子どもには，保育にはない専門性から子どもを理解し，それに沿った対応によって困難に感じている状況を解決していけるのだと。そして，障がいが明確な子どもの保育，発達障がいが疑われるグレーゾーンと言われている子どもの保育，そして，それ以外の健常

の子どもの保育を区別して考える傾向が広がってきたように思う。このような背景により，クラスを分断し，特定の子どもを排除する状況が生み出されやすくなってきたのではないだろうか。

　統合保育が始まった当時から，保育現場の子どもの姿は変化してきている。保育者が理解しにくいと感じるのは，統合保育が対象としてきた障がいのある子どもだけではない。貧困，複雑な家庭背景，国や文化の違いなど，子どもの生活背景は急速に複雑化し，子どもの姿に反映されてきている。このような現状の中で，今度は，困難を抱える子どもをその背景ごとに分類し，それぞれに専門的な対応が必要だと考えるべきだろうか。

　そうでないことは，誰の目にも明らかなことだ。そうではなく，今こそ，子どもの多様性を前提とし，どの子も排除されることなく，多様性がいきる保育が求められるようになってきたといえるだろう。まさに，インクルーシブ保育が必要とされる時代が来ているのだ。それぞれの分野で研究されてきた知見は，ともに育つ保育の専門性の中に生かされるべきであって，保育を支配するものであってはならない。あくまでも保育の主体者は保育者であり，主役は子どもなのだ。

　その当たり前のことを実現するのがインクルーシブ保育なのかもしれない。多様性が前提であれば，当然柔軟な姿勢が必要になる。日々起こる思いがけないことに対応するアドリブの力が問われることになるだろう。予想がつきにくいことを楽しむ力こそがインクルーシブ保育に求められるのかもしれない。本書においても，ファンタジーを子どもとともに楽しむ保育者の姿がたくさん描かれている。子どもの姿を見て沸き上がるイメージを保育者が表現し，それに子どもが応えて予想を超える展開が繰り広げられる。

　ところで，保育を豊かに展開することは，保育者個人の資質に依存するのだろうか。もしそうであるなら，インクルーシブ保育は，一部の人にしか実現できないことになる。そうではなく，柔軟で，予想外なことを楽しむ保育の風土や，共感し支え合う同僚性が，保育者個人に力を与えてくれるのだろう。理解し，支え合う関係があるからこそ保育者は安心して，子どもとともに保育を展

あとがき

開していくことができる。本書では，第4章で保育者間の対話が，新たな保育の創造につながっていくことを実際の検討会の事例の中で示した。

　対話は，保育者間のつながりをつくり，新たな保育を生み出す。同様のことが，保育者と子ども，子ども間にも当てはまる。それぞれの対話によって生まれるつながりが，保育を豊かにし，よりインクルーシブなものにしていくのだろう。

　豊かな対話が生まれ，どの子も安心して自分の力を発揮してクラスがつくられていく，そんなインクルーシブな保育がもっと広がっていくことを心から望んでいる。

　　2018年4月

執筆者を代表して　芦澤清音

　付記

本書は，平成27年度科学研究費基盤研究C課題番号15K04079（代表者；浜谷直人）の成果の一部をもとにしたものである。

《著者紹介》

浜谷直人（はまたに　なおと）まえがき，第1章，第5章，第6章，第7章
東京大学大学院教育学研究科博士課程満期退学
現　在　東京都立大学 名誉教授
主　著　『発達障害児・気になる子の巡回相談——すべての子どもが「参加」する保育へ』（編著）ミネ
　　　　ルヴァ書房，2009年
　　　　『保育力——子どもと自分を好きになる』新読書社，2010年
連絡先　naotoha@jt6.so-net.ne.jp

芦澤清音（あしざわ　きよね）第4章，あとがき
東京都立大学大学院人文科学研究科博士課程単位取得退学　博士（教育学）
現　在　帝京大学教育学部 教授　臨床心理士，臨床発達心理士
主　著　『発達障がい児の保育とインクルージョン——個別支援から共に育つ保育へ』大月書店，2011
　　　　年
　　　　『1・2歳児の自己肯定感の土台を育む——泣いて笑って育ちあう16人の物語』（共著）ひと
　　　　なる書房，2015年
連絡先　asizawa@main.teikyo-u.ac.jp

五十嵐元子（いがらし　もとこ）第3章
東京都立大学大学院人文科学研究科博士課程単位取得退学
現　在　帝京短期大学こども教育学科 准教授　公認心理師，臨床心理士
主　著　『子どもと保育者の物語によりそう巡回相談——発達がわかる，保育が面白くなる』（共著）ミ
　　　　ネルヴァ書房，2016年
　　　　『仲間とともに自己肯定感が育つ保育——安心のなかで挑戦する子どもたち』（共著）かもが
　　　　わ出版，2013年
連絡先　igarashi-m@teikyo-jc.ac.jp

三山　岳（みやま　がく）第2章
東京都立大学大学院人文科学研究科博士課程単位取得退学　博士（教育学）
現　在　愛知県立大学教育福祉学部 准教授　公認心理師，臨床心理士，臨床発達心理士
主　著　『子どもと保育者の物語によりそう巡回相談——発達がわかる，保育が面白くなる』（共編著）
　　　　ミネルヴァ書房，2016年
　　　　『発達障害児の発達支援と子育て支援——つながって育つ・つながりあって育てる』（共著）
　　　　かもがわ出版，2016年
連絡先　miyama@ews.aichi-pu.ac.jp

《協力者紹介》
第1章
須永瑞代（すなが　みずよ）学校法人八王子学園なかよし幼稚園 主幹教諭
東　恵美（あずま　めぐみ）社会福祉法人たんぽぽ福祉会朱一保育園 保育士
谷沢英輝（たにざわ　ひであき）社会福祉法人たんぽぽ福祉会朱一保育園 保育士
第3章
足立孝子（あだち　たかこ）元東京都公立保育園 園長
第4章
バオバブ霧が丘保育園（神奈川県横浜市）

多様性がいきるインクルーシブ保育
──対話と活動が生み出す豊かな実践に学ぶ──

2018年6月10日　初版第1刷発行	〈検印省略〉
2023年3月1日　初版第3刷発行	

定価はカバーに
表示しています

著　　者	浜　谷　直　人
	芦　澤　清　音
	五　十　嵐　元　子
	三　山　　　岳
発　行　者	杉　田　啓　三
印　刷　者	田　中　雅　博

発行所　　株式会社　ミネルヴァ書房

607-8494　京都市山科区日ノ岡堤谷町1
電話代表（075）581-5191
振替口座 01020-0-8076

©浜谷・芦澤・五十嵐・三山，2018　　創栄図書印刷・新生製本

ISBN978-4-623-08371-8

Printed in Japan

| 子どもと保育者の物語によりそう巡回相談 | 四六判／272頁 |
| ——発達がわかる、保育が面白くなる | 本体　2400円 |

浜谷直人・三山　岳 編著

| 発達障害児・気になる子の巡回相談 | 四六判／230頁 |
| ——すべての子どもが「参加」する保育へ | 本体　2500円 |

浜谷直人／編著

| 保育を支援する発達臨床コンサルテーション | Ａ５判／226頁 |
| 東京発達相談研究会・浜谷直人／編著 | 本体　2200円 |

| 子どもの発達の理解から保育へ | Ａ５判／240頁 |
| ——〈個と共同性〉を育てるために | 本体　2400円 |

岩田純一／著

| 子どもを「人間としてみる」ということ | 四六判／308頁 |
| ——子どもとともにある保育の原点 | 本体　2200円 |

子どもと保育総合研究所 編

| 共　　感 | 四六判／232頁 |
| ——育ち合う保育のなかで | 本体　1800円 |

佐伯　胖／編

| 保育のためのエピソード記述入門 | Ａ５判／256頁 |
| 鯨岡　峻・鯨岡和子／著 | 本体　2200円 |

| エピソード記述で保育を描く | Ａ５判／272頁 |
| 鯨岡　峻・鯨岡和子／著 | 本体　2200円 |

| 子どもの心の育ちをエピソードで描く | Ａ５判／296頁 |
| ——自己肯定感を育てる保育のために | 本体　2200円 |

鯨岡　峻／著

| 保育の場で子どもの心をどのように育むのか | Ａ５判／312頁 |
| ——「接面」での心の動きをエピソードに綴る | 本体　2200円 |

鯨岡　峻／著

———————————— ミネルヴァ書房 ————————————

https://www.minervashobo.co.jp/